2023年重庆市教育委员会人文社会科学青年项目(项目批准号：23SKGH212)

新时代社会主要矛盾转化下人的全面发展研究

江亲祥　著

吉林大学出版社

·长　春·

图书在版编目(CIP)数据

新时代社会主要矛盾转化下人的全面发展研究 / 江亲祥著. —长春：吉林大学出版社，2023.10
ISBN 978-7-5768-2739-2

Ⅰ.①新… Ⅱ.①江… Ⅲ.①全面发展(教育)—研究—中国 Ⅳ.①G40-012

中国国家版本馆 CIP 数据核字(2023)第 241996 号

书　　名：新时代社会主要矛盾转化下人的全面发展研究
XINSHIDAI SHEHUI ZHUYAO MAODUN ZHUANHUA XIA REN DE QUANMIAN FAZHAN YANJIU

作　　者：江亲祥
策划编辑：黄国彬
责任编辑：张维波
责任校对：王默涵
装帧设计：姜　文
出版发行：吉林大学出版社
社　　址：长春市人民大街 4059 号
邮政编码：130021
发行电话：0431-89580036/58
网　　址：http://www.jlup.com.cn
电子邮箱：jldxcbs@sina.com
印　　刷：天津鑫恒彩印刷有限公司
开　　本：787mm×1092mm　1/16
印　　张：14
字　　数：210 千字
版　　次：2025 年 3 月　第 1 版
印　　次：2025 年 3 月　第 1 次
书　　号：ISBN 978-7-5768-2739-2
定　　价：68.00 元

版权所有　翻印必究

序

人的全面发展是马克思主义的最高价值追求和崇高理想。马克思和恩格斯在《共产党宣言》中就明确指出："代替那存在着阶级和阶级对立的资产阶级旧社会的，将是这样一个联合体，在那里，每个人的自由发展是一切人的自由发展的条件。"人的问题始终是马克思主义的逻辑起点和核心，关注人生活的现实世界，关注现实世界中人的生活，是马克思主义唯物史观区别于唯心史观的主要标志。

马克思主义关注人的发展与关注社会历史发展是紧密相连的。在马克思主义看来，在不同历史发展阶段，不同社会生产力条件下，人的发展境遇和条件是不一样的。在不同社会生产力条件下，社会发展呈现的主要矛盾不同，社会发展要解决的历史任务不同，为人的全面发展创造的环境和条件也就不同。中国共产党作为马克思主义人的全面发展理论的忠实继承者和积极开拓者，无论在革命战争年代，社会主义建设时期，还是改革开放和社会主义现代化建设时期，始终把实现人的全面发展这一崇高理想同不同历史时期的社会主要矛盾、主要任务统筹起来加以理论思考和实践推进，进而不断在认识、判断和化解社会主要矛盾的历史进程中，确立并完成每个历史时期我国人的全面发展的目标和任务。中国特色社会主义进入新时代，社会主要矛盾转化为人民日益增长的美好生活需要和不平衡不充分的发展之间的矛盾，社会主要矛盾的转化对人的全面发展提出了新的目标和任务要求，研究新时代社会主要矛盾转化下人的全面发展问题成为新时代继承和发展马克思主义人的全面发展理论与实践的重大问题，具有重要的理论和实践价值。呈现在读者面前的《新时代社会主要矛盾转化下人的全面发展研究》一书，是青年学者江亲祥同志将他的博士论文修改完善以后形成的理论专著，对新时代社会主要矛盾转化视角下人的全面发展问题作了探索性的研究。

专著立足于马克思社会发展理论、社会矛盾理论以及人的全面发展理论，将人的全面发展问题置于新时代社会主要矛盾转化视域中进行全面考察，力求从新时代社会主要矛盾的"供需"两侧的双重变化中，探究新时代中国人的全面发展的新目标新要求、现实挑战以及实现路径等基本理论问题。专著首先从概念分析入手，对新时代社会主要矛盾的核心概念、科学内涵、基本特征以及人的全面发展的内涵展开具体分析，并对新时代社会主要矛盾与人的全面发展的关系展开全面研究，系统地回答了本研究的立论前提是什么。其次，从研究的实际需要出发，分别对马克思主义社会矛盾理论和马克思主义人的全面发展理论进行了历史性梳理和提炼，从而回答了新时代社会主要矛盾转化下人的全面发展的理论基础是什么。第三，根据对社会主要矛盾与人的全面发展、美好生活需要与人的全面发展的关系的全面分析，阐明了满足人民高品质的物质生活需要、充盈的精神生活需要、民主法治的政治生活需要、高质量民生保障需要以及优美生态环境需要是人的全面发展在新时代的现实要求。第四，从对社会发展与人的全面发展的关系分析入手，探究当前我国各个领域发展的不平衡不充分问题对人的全面发展带来的挑战，从而回答了新时代社会主要矛盾转化下人的全面发展面临的挑战是什么。第五，结合前面对新时代人的全面发展的新要求和现实挑战的科学分析，分别从经济建设、政治建设、文化建设、社会建设以及生态文明建设五个领域探究了化解新时代社会主要矛盾，促进人的全面发展的有效路径。

江亲祥同志的专著系统全面地论述了新时代社会主要矛盾转化下人的全面发展问题，充分体现了习近平总书记关于"以人民为中心的发展"的思想要求，也是中国共产党坚持人民至上历史经验的时代体现，具有重要的理论价值和实践价值，其理论特色和优势表现为：一是研究视角独特，目前理论界研究新时代社会主要矛盾和人的全面发展的文章可谓汗牛充栋，但绝大部分都是分别进行研究，真正把二者结合起来进行研究，特别是锁定新时代社会主要矛盾转化视角下研究人的全面发展问题的理论成果却十分罕见，目前尚

序

无一本系统研究的专著问世,因而其研究视角具有独特性和创新性;二是研究体系结构独特,该专著不是一般性、平面性地研究马克思主义人的全面发展理论和新时代社会主要矛盾转化问题,也不是简单地分析马克思主义人的全面发展理论在中国化时代的发展,而是具有立体感和整体性地对新时代社会主要矛盾转化对人的全面发展的理论和实践带来的新变化、新要求、新发展进行系统全面的研究,在内容分析和结构体系上深化了马克思主义人的全面发展理论,并赋予新时代社会主要矛盾转化以新特征;三是现实问题关注独特,该专著不是一般性地研究社会现实问题,而是紧扣新时代社会主要矛盾转化下人的全面发展面临的现实挑战,从经济、政治、文化、社会和生态文明等五个方面分析了随着社会主要矛盾的转化,特别是不平衡不充分发展对人民的美好生活需求,对人的全面发展所带来的各种挑战,这样的认识和分析具有强烈的时代性和现实性,也体现出研究的独特性,使研究更具针对性和现实性。

作为江亲祥同志的博士导师,是江亲祥同志专著的第一位读者,我认为该专著对新时代社会主要矛盾转化下人的全面发展问题进行了系统全面的研究,有理论创新、有问题导向、有实践探索,是一本较好的融理论性和实践性于一体的研究论著。该专著的选题研究远未结束,希望江亲祥同志继续关注此问题的发展研究,力争在未来的研究中有更大突破,有更新的成果问世。

陈 跃

2023 年 10 月于北碚

目　录

第一章　新时代社会主要矛盾转化下人的全面发展相关理论阐释 ………（1）
　一、新时代社会主要矛盾的理论界说 …………………………………（1）
　　（一）新时代社会主要矛盾的核心概念 ………………………………（1）
　　（二）新时代社会主要矛盾的内涵分析 ………………………………（8）
　　（三）新时代社会主要矛盾的基本特征 ………………………………（16）
　二、人的全面发展内涵的多维阐释 ………………………………………（19）
　　（一）人的全面发展的"主体"是全体人民 …………………………（20）
　　（二）人的全面发展是人的多方面本质的全面占有和实现 …………（21）
　　（三）人的全面发展是一个持续推进的过程 …………………………（25）
　　（四）人的全面发展是建设中国特色社会主义本质要求 ……………（27）
　三、新时代社会主要矛盾与人的全面发展的关系厘定 …………………（28）
　　（一）社会主要矛盾与人的发展之间的关系 …………………………（28）
　　（二）美好生活需要与人的全面发展的关系 …………………………（30）
　　（三）不平衡不充分的发展与人的全面发展的关系 …………………（33）
　　（四）化解新时代社会主要矛盾与人的全面发展的关系 ……………（36）

第二章　新时代社会主要矛盾转化下人的全面发展的理论基础 ………（43）
　一、马克思主义社会矛盾理论 …………………………………………（43）
　　（一）马克思、恩格斯的社会矛盾理论 ………………………………（44）
　　（二）列宁和斯大林关于社会矛盾的理论 ……………………………（47）
　　（三）中国共产党人的社会矛盾理论 …………………………………（49）

二、马克思主义关于人的全面发展理论 ……………………………… (57)
　　(一)马克思、恩格斯的人的全面发展理论 ……………………… (58)
　　(二)列宁关于人的全面发展的理论 ……………………………… (61)
　　(三)中国共产党人的人的全面发展理论 ………………………… (64)

第三章　新时代社会主要矛盾转化下人的全面发展的新要求 ……… (75)
　一、人的全面发展要以高品质的物质生活为基础 …………………… (75)
　　(一)高品质物质生活是人民美好生活需要的基本内容 ………… (76)
　　(二)物质生活是人的存在和发展最基本的前提和基础 ………… (80)
　　(三)高品质物质生活需要的满足有助于人的全面发展 ………… (81)

　二、人的全面发展要以民主法治的政治生活为保障 ………………… (84)
　　(一)民主和法治是人民美好政治生活的根本内容 ……………… (84)
　　(二)民主需要的满足可为人的全面发展开辟道路 ……………… (86)
　　(三)法治需要的满足可为人的全面发展提供保障 ……………… (88)

　三、人的全面发展要以充盈的精神生活为条件 ……………………… (91)
　　(一)充盈的精神生活是人民美好生活的突出内容 ……………… (92)
　　(二)人的精神生活是人的存在的重要组成部分 ………………… (94)
　　(三)精神生活需要的满足有助于人的全面发展 ………………… (97)

　四、人的全面发展要以高质量民生保障为追求 ……………………… (100)
　　(一)高质量的民生保障是人民美好生活的应有之义 …………… (100)
　　(二)民生问题是关乎人民生存和发展的现实利益问题 ………… (102)
　　(三)高质量民生保障需要的满足有助于人的全面发展 ………… (103)

　五、人的全面发展要以优美的生态环境为依托 ……………………… (106)
　　(一)新时代人民对优美生态环境的需要日益增长 ……………… (107)
　　(二)生态环境是人类赖以生存和发展的根基 …………………… (110)
　　(三)优美生态环境需要的满足有助于人的全面发展 …………… (113)

第四章　新时代社会主要矛盾转化下人的全面发展面临的挑战 …… (116)
　一、经济建设问题带来的挑战 ………………………………………… (116)
　　(一)物质产品生产质量不够高制约人民高品质的物质生活 …… (117)
　　(二)产业结构绿色化不充分制约人与自然关系的和谐发展 …… (118)

（三）经济"脱实向虚"问题动摇人民生存发展的经济基础 …… (120)
　　（四）城乡区域发展结构性失衡阻碍城乡区域人的平等发展 … (122)
二、民主法治建设问题带来的挑战 ………………………………… (123)
　　（一）利益表达渠道不完善制约人民利益表达权的实现 ……… (124)
　　（二）全民普法教育不充分影响人民法治素养的提高 ………… (126)
　　（三）法律工具主义倾向的存在削弱人民的法律信仰 ………… (127)
三、精神文化建设问题带来的挑战 ………………………………… (129)
　　（一）高质量文化产品供给不充分制约人民精神文化需求 …… (129)
　　（二）公共文化服务不平衡制约人民文化需求的平等满足 …… (131)
　　（三）社会道德领域存在的突出问题侵蚀着人民精神世界 …… (133)
　　（四）西方错误社会思潮的渗透冲击人民的思想政治观念 …… (135)
四、民生保障建设问题带来的挑战 ………………………………… (137)
　　（一）城乡教育发展的不平衡阻碍人的平等发展 ……………… (138)
　　（二）就业领域中存在的问题影响人的全面发展 ……………… (139)
　　（三）健康服务供给不足制约人民健康发展水平 ……………… (141)
　　（四）收入分配差距不断扩大制约人的全面发展 ……………… (143)
五、生态文明建设问题带来的挑战 ………………………………… (145)
　　（一）绿色生活方式践行不理想影响人与自然和谐发展 ……… (146)
　　（二）依然突出的环境污染问题威胁着人民的身体健康 ……… (149)
　　（三）仍旧严峻的生态破坏问题危及人民的生存和发展 ……… (151)

第五章　新时代社会主要矛盾转化下人的全面发展的路径选择 …… (154)
一、夯实实现人的全面发展的经济基础 …………………………… (154)
　　（一）深化供给侧结构性改革 …………………………………… (154)
　　（二）实施创新驱动发展战略 …………………………………… (158)
　　（三）大力实施乡村振兴战略 …………………………………… (159)
　　（四）推进区域协调发展战略 …………………………………… (161)
二、强化实现人的全面发展的政治保障 …………………………… (163)
　　（一）坚持中国共产党的全面领导 ……………………………… (164)
　　（二）健全社会主义民主制度 …………………………………… (166)

(三)加强社会主义法治建设 …………………………………(168)
三、创造实现人的全面发展的文化条件 …………………………(170)
　　(一)繁荣发展社会主义文艺 ………………………………(170)
　　(二)弘扬社会主义核心价值观 ……………………………(173)
　　(三)加强社会思想道德建设 ………………………………(175)
　　(四)深入实施文化惠民工程 ………………………………(177)
四、提升实现人的全面发展的民生质量 …………………………(178)
　　(一)努力办好人民满意教育 ………………………………(179)
　　(二)促进更高质量和更充分就业 …………………………(182)
　　(三)大力实施健康中国战略 ………………………………(184)
　　(四)深化收入分配制度改革 ………………………………(186)
五、优化实现人的全面发展的生态环境 …………………………(189)
　　(一)加强全民生态文明宣传教育 …………………………(189)
　　(二)坚持绿色发展方式和生活方式 ………………………(193)
　　(三)建立健全生态文明制度体系 …………………………(194)

参考文献 ……………………………………………………………(198)
后　　记 ……………………………………………………………(212)

第一章　新时代社会主要矛盾转化下人的全面发展相关理论阐释

社会主要矛盾和人的全面发展问题是历史唯物主义论域中经常为人们所探讨的两个重大理论问题。其中，作为在社会关系中居于主导地位的矛盾，社会主要矛盾既是我们考察人类历史演进规律的重要抓手，也是我们研判一个国家历史方位、基本国情、人民需求、发展战略的根本遵循。在人类历史发展过程中，社会主要矛盾总是伴随着生产力、生产关系、上层建筑等因素的发展和变化而发生相应的历史演变。新中国成立以来，我国社会主要矛盾已发生过多次转化，每次转化都会给我国社会发展和人的发展带来深远影响。新时代社会主要矛盾转化是人的生存发展条件改善以及社会发展问题和人的全面发展要求凸显的必然结果。新时代社会主要矛盾与人的全面发展具有内在的本质关联性。为此，基于新时代社会主要矛盾转化探究人的全面发展问题，既要求我们深刻阐释新时代社会主要矛盾和人的全面发展的基本理论，还要求我们全面厘清新时代社会主要矛盾与人的全面发展之间的关系。

一、新时代社会主要矛盾的理论界说

基于新时代社会主要矛盾转化研究人的全面发展问题，首先要对新时代社会主要矛盾理论展开深入研究，特别是要求我们对新时代社会主要矛盾的核心概念、内涵要义和基本特征展开深入分析。

(一)新时代社会主要矛盾的核心概念

对核心概念的界定不仅是确立理论研究领域的关键所在，而且是建立理论体系的逻辑起点。从概念结构来看，新时代社会主要矛盾是由"矛盾""主要矛盾""社会主要矛盾"等核心概念有机组合而成。对这些核心概念的界定是我们正确认识新时代社会主要矛盾内涵的理论前提。

1. 矛盾的内涵

"矛盾"是我们日常生活中较为常见的一个词语,其含义涵盖的范围非常广泛且易混淆,"有时是指问题、事物、对象,有时是指困难、障碍、危机;有时是指错误、谬误、否定,有时是指事物的本质、本性、规律等"[①]。那么,哲学研究论域中的矛盾是什么呢?在马克思主义哲学诞生以前,中外哲学家们对矛盾的概念已有不同的认识和见解。从词源上来看,"矛盾"一词最早出现于我国战国时期《韩非子·难一》一文。该文在讲述楚人卖"盾"和"矛"的故事中最先引出了矛盾的思想。然而,这个故事中所讲的"矛盾"实际上是一种逻辑矛盾,也通常称之为"自相矛盾","它是指在同一思维过程中,使相互矛盾或相互反对的思想同时为真的谬误,是违反矛盾律逻辑要求的结果"[②]。从性质上看,逻辑矛盾是字面上的、臆造出来的矛盾,是人们思维混乱的结果,通常只存在于认识者的思维领域,因而"无论在经济分析中或在政治分析中都是不应当有的"[③]。与逻辑矛盾相对的矛盾是辩证矛盾。与逻辑矛盾不同,辩证矛盾不是思维混乱的结果,而是存在于客观现实本身并为对象所固有的一种矛盾,是现实的辩证法在人们思维中的正确反映。[④] 它既可以是同一事物中肯定和否定两个方面的对立统一关系,也可以是在一定条件下两个事物之间所构成的对立统一关系。概而言之,唯物辩证法的"矛盾是反映事物内部或事物之间对立和同一关系的基本哲学范畴"[⑤]。斗争性(对立性)和同一性(统一性)是矛盾的两个根本属性。要深刻理解唯物辩证法中的矛盾的内涵,须对矛盾的两个根本属性及其二者之间关系进行全面分析。同一性表征为矛盾双方

---

① 左亚文,刘争明. 论逻辑矛盾与辩证矛盾及其辩证关系——辩证矛盾法再探之一[J]. 马克思主义理论学科研究,2019(5):39.
② 中南财经政法大学哲学政治学系. 马克思主义在当代:2002[M]. 北京:中国财政经济出版社,2002:534.
③ 列宁全集:第二十八卷[M]. 中共中央马克思恩格斯列宁斯大林著作编译局,译. 北京:人民出版社,2017:131.
④ 中南财经政法大学哲学政治学系. 马克思主义在当代:2002[M]. 北京:中国财政经济出版社,2002:536.
⑤ 肖前,等. 辩证唯物主义原理(修订本)[M]. 北京:人民出版社,1991:230.

第一章　新时代社会主要矛盾转化下人的全面发展相关理论阐释

的依存性和转化性。例如，老子所讲的"祸兮福之所倚，福兮祸之所伏"就体现了矛盾的同一性，其中，祸在福中存在，福在祸中隐伏，福与祸不仅互相依存，而且相互转化。斗争性表征为矛盾的互斥性和分离性。例如，生物界中每时每刻所进行的弱肉强食生存竞争、社会生活中人民内部的批评和自我批评等都可归为矛盾的斗争性。作为构成矛盾的两个方面，同一性和斗争性之间是相互联系、不可分离的关系，二者共同决定着事物的存在，推动着事物的发展。

2. 主要矛盾的内涵

在纷繁复杂的世界中，矛盾始终存在，并不以人的意志为转移。然而，在推动事物发展的诸多矛盾系统中，有且只有一个矛盾起着最关键、最主要的作用，这个矛盾就是主要矛盾。主要矛盾表明了在诸多矛盾运动发展过程中，具体矛盾的地位和作用是不平衡的。早在新民主主义革命时期，毛泽东就在其《矛盾论》一文中明确指出："在复杂的事物的发展过程中，有许多的矛盾存在，其中必有一种是主要的矛盾，由于它的存在和发展规定或影响着其他矛盾的存在和发展。"[①]从毛泽东对主要矛盾所下的定义来看，主要矛盾的内涵主要体现在三个方面。一是主要矛盾客观存在于复杂的矛盾系统之中，换言之，任何矛盾系统中都必然存在着一个主要矛盾。二是主要矛盾在矛盾系统中居于主导地位，因而要求我们要善于从复杂的矛盾系统中找准主要矛盾，并根据主要矛盾提出主要任务，进而围绕主要任务制定科学的工作方针和计划。三是尽管非主要矛盾具有受动性，但它并不是消极被动的因素，在一定环境和条件下可以影响和制约主要矛盾，并且主要矛盾和非主要矛盾的地位也不是固化的，二者在一定条件下可相互转化，因此，我们在实际工作中，既要重视主要矛盾，也要兼顾非主要矛盾，努力发挥二者相互促进、相互制约的作用，以不断推动事物的发展。实际上，同一矛盾的诸方面的地位也是不平衡的。同时，矛盾的主次方面的地位也不是固定的，二者在一定条件下也会互相转化，共同推动着事物性质的不断变化。总之，主要矛盾和矛盾的主要方面，都是基于矛盾的不平衡性提出的，我们在认识世界和改造世界过

[①] 毛泽东选集：第一卷[M]. 北京：人民出版社，1991：320.

程中，既要善于找准主要矛盾，也要善于分析矛盾的主要方面，进而不断推动事物的发展。

3. 社会主要矛盾的内涵

马克思主义对矛盾的认识的高明之处在于首次将矛盾的分析方法引入对社会规律的考察之中，揭示了隐藏在社会发展背后的深层矛盾，即社会基本矛盾和社会主要矛盾，从而使唯物辩证法中的矛盾跨出了一般的哲学园地，上升到历史唯物主义的高度，为我们今天把握人类社会发展规律提供了"密钥"。在马克思主义论域中，人类社会的发展是一个充满了矛盾的过程，包括城乡矛盾、工农矛盾、干群矛盾、民族矛盾、宗教矛盾、种族矛盾、贫富矛盾等在内的诸种矛盾是社会主体——现实的人在实践活动中产生的各种社会矛盾。如前所述，在矛盾系统中有且必有一个居于支配地位，并对其他矛盾起规定作用的主要矛盾。同理推之，在社会矛盾系统中也必然存在这样的主要矛盾，即社会主要矛盾。因此，参照前面对主要矛盾的认识方法，可对社会主要矛盾做以下三个方面的理解。

首先，社会主要矛盾是社会基本矛盾在不同社会形态及其不同历史阶段的具体表征。社会主要矛盾是如何产生的？其产生的根源在哪里？对于这些问题，国内学界普遍认同社会主要矛盾派生于社会基本矛盾的观点，强调社会主要矛盾是社会基本矛盾在不同历史阶段的具体表征。如李慎明提出："社会主要矛盾是社会基本矛盾在一定社会各种具体矛盾的表现中居于支配的地位，起着规定或影响其他矛盾的矛盾。"[①]那么，社会主要矛盾是如何从社会基本矛盾中派生出来的呢？对于这个问题，目前学界尚无明确答案，要求我们对此作进一步研究。社会基本矛盾是历史唯物主义的核心范畴，是马克思研究人类历史发展规律的思想结晶。尽管马克思生前并未明确提出"社会基本矛盾"这一概念，但是马克思却对社会基本矛盾的思想内涵作过经典表述："社会的物质生产力发展到一定阶段，便同它们一直在其中运动的现存生产关系或财产关系（这只是生产关系的法律用语）发生矛盾。于是这些关系便由生产

---

① 李慎明.正确认识和科学把握中国特色社会主义新时代社会主要矛盾[J].世界社会主义研究，2018(02)：7.

第一章　新时代社会主要矛盾转化下人的全面发展相关理论阐释

力的发展形式变成生产力的桎梏。那时社会革命的时代就到来了。随着经济基础的变更，全部庞大的上层建筑也或慢或快地发生变革。"①作为人类最基本的实践活动，物质资料生产是人类社会存在和发展的基础，而在物质资料生产基础上形成的生产力与生产关系、经济基础与上层建筑的矛盾，即社会基本矛盾则是人类社会发展的根本动力，贯穿于人类社会发展过程的始终。然而，虽然社会基本矛盾是一切历史冲突的根源并存在于一切社会形态之中，但是较之于其他社会矛盾，它显得过于抽象而不易把握，因此，当我们把社会基本矛盾与每一种社会形态相联系，它都会具体化为某种特定的生产力与生产关系的矛盾，具体表现为一定的阶级矛盾，抑或是需要与生产的矛盾，这样就又与社会主要矛盾相联系和同一起来。② 总之，存在于一切社会形态之中的社会基本矛盾，最终都会通过社会主要矛盾具体表征出来，并通过社会主要矛盾对社会发展产生现实影响和作用，这也充分表明社会主要矛盾具有派生性特点。社会主要矛盾的派生性特点要求我们，必须善于从抽象的基本矛盾运动过程中准确把握具体的主要矛盾。

其次，社会主要矛盾是推动社会发展的直接动力。毛泽东在《矛盾论》中指出："一切事物中包含的矛盾方面的相互依赖和相互斗争，决定一切事物的生命，推动一切事物的发展。"③可见，任何事物都包含着矛盾，矛盾是一切事物发展的动力，事物的发展正是在旧的矛盾解决、新的矛盾产生过程中实现的。同样，社会领域也包含了各种矛盾，社会的发展也是通过不断解决社会矛盾来推动的，社会矛盾是推动社会发展的动力。在社会矛盾系统中，社会基本矛盾是贯穿人类社会发展过程始终的根本矛盾，也是推动人类社会不断由低级向高级发展的根本动力。然而，社会基本矛盾在不同的社会发展阶段总是通过社会主要矛盾表征出来，社会基本矛盾作为社会发展的根本动力也要通过社会主要矛盾的化解来最终得以实现，因此，社会主要矛盾是社会发展的直接动力。一方面，社会主要矛盾的解决直接影响着其他各种社会矛盾

---

① 马克思恩格斯全集：第三十一卷[M]. 中共中央马克思恩格斯大林著作编译局，译. 北京：人民出版社，1998：412-413.
② 刘培平. 社会矛盾与近代中国[M]. 济南：山东教育出版社，2000：42.
③ 毛泽东选集：第一卷[M]. 北京：人民出版社，1991：305.

的最终解决。社会的发展是在化解各种社会矛盾中实现的。改革开放以来，虽然我国经济社会发展取得了举世瞩目的历史成就，但是发展起来之后的社会矛盾并不比未发展起来之时少，诸如城市劳动就业矛盾、收入分配矛盾、社会治理矛盾等各种矛盾给社会发展带来一定的挑战，而这些社会矛盾统统都由社会主要矛盾所决定和支配，并随着社会主要矛盾的解决而随之相应地得到有效解决。另一方面，社会主要矛盾决定了社会发展的主要任务。一般而言，社会的发展是通过历史主体完成社会主要任务来实现的。在人类社会发展过程中，每个历史时期的人们所面对的社会主要任务都不尽相同，只有准确把握社会主要任务，才能使社会发展避开不必要的弯路，而每个历史时期的主要任务最终都由该时期的社会主要矛盾反映出来，并随着社会主要矛盾的解决而最终完成。

最后，社会主要矛盾是随着社会历史条件和矛盾两方面的变化而不断发展变化的矛盾。与社会基本矛盾相比，社会主要矛盾在不同的社会形态及其不同的历史时期有着不同的表现形态。尽管社会主要矛盾因受社会基本矛盾运动所决定而在社会发展序列中具有相对稳定性，"但这并不意味着社会主要矛盾的表现形态是一成不变的，它会根据具体现实条件与实践水平的变化而变化"[①]。新中国成立以来，我国社会主要矛盾发生过多次历史性转化，每次转化都会对社会发展产生深刻影响。1949年中华人民共和国的成立，标志着中国人民从此站立起来了，正式成为国家的主人，表明了中国近代以来旧的生产关系和旧的社会秩序已被打破，而代表广大人民根本利益的新的生产关系和新的社会秩序即将建立，社会主要矛盾也由"帝国主义与中华民族的矛盾，封建主义与人民大众的矛盾"转化为"资产阶级与无产阶级的矛盾，社会主义道路与资本主义道路之间的矛盾"。1956年随着我国社会主义制度的建立，一方面，彻底斩断了剥削和压迫人民的经济根源，使人民自主参与、支配社会生产的愿望得以实现，人民渴望摆脱贫困、实现温饱的愿望开始不断突显；另一方面，逐步建立起完整的社会主义经济文化制度，使人民经济文化利益有了根本的制度保障，个体经济文化需要也得到较大释放。然而，从

---

① 赵中源. 新时代社会主要矛盾的本质属性与形态特征[J]. 政治学研究，2018(02)：63.

第一章　新时代社会主要矛盾转化下人的全面发展相关理论阐释

社会发展的现实层面来看，社会主义建设初期的中国仍然是一个经济文化都比较落后的农业国家，工业基础十分薄弱，社会生产力远远落后于社会生产关系。为此，1956年党的八大从中国现实的具体国情和人民经济文化需求出发，对我国社会主义初期社会主要矛盾作出明确判定："我们国内的主要矛盾，已经是人民对于建立先进的工业国的要求同落后的农业国的现实之间的矛盾，已经是人民对于经济文化迅速发展的需要同当前经济文化不能满足人民需要的状况之间的矛盾。"[①]遗憾的是，党的八大召开后不久，受国际国内政治局势变动的影响，党的八大提出的社会主要矛盾论断没有在全面建设社会主义时期坚持下来，而以阶级斗争为主要主题的社会主要矛盾错误论断逐渐在社会上占据"上风"，这也导致后面党在探索社会主义道路过程中连续出现严重失误，给党和人民的事业造成了巨大损失，留下了深刻的历史教训。改革开放初期，以邓小平为核心的第二代中央领导集体，在总结党的历史经验教训的基础上，科学地审视国际国内形势，立足中国现实国情，一方面坚定不移地纠正党的指导思想上的错误，彻底否定以阶级斗争为纲的政治路线；另一方面积极开创社会主义现代化建设新局面，提出以改革开放为动力的发展思维，并对中国社会主要矛盾作出全新的概括："在社会主义改造基本完成以后，我国所要解决的主要矛盾，是人民日益增长的物质文化需要同落后的社会生产之间的矛盾。"[②]这一主要矛盾论断既符合当时我国社会发展的客观实际和现实要求，也契合人民生存发展的利益诉求。随着改革开放的深入推进，我国用不到四十年的时间就创造了令世界为之惊叹的"两大奇迹"，即经济快速发展的奇迹和社会长期稳定的奇迹，不仅过去长期以来的落后的社会生产状况得到明显改善，而且过去人民以"生存"为主题的物质文化需要也得到基本满足，以"享受"和"发展"为主题的美好生活需要日益凸显出来。为此，党的十九大通过综合考量人民需求和社会生产的双重变化，提出了新时代社会主要矛盾这一新的政治论断。

---

① 中共中央文献研究室. 建国以来重要文献选编：第九册[M]. 北京：中央文献出版社，1994：341.
② 中共中央文献研究室. 改革开放三十年重要文献选编（上）[M]. 北京：中央文献出版社，2008：212.

综上所述，我国社会主要矛盾不是一成不变的，而是不断随着社会历史条件和矛盾两方面的变化而不断发展变化，这就要求我们在推进中国特色社会主义事业的伟大进程中，必须立足社会发展的现实和人民需求的变化，准确地对我国社会主要矛盾的变化作出判断，并据此调整社会发展和人的发展的理念和策略。

(二)新时代社会主要矛盾的内涵分析

党的十九大所提出的社会主要矛盾新论断，既彰显了中国共产党以人民为中心的执政理念，也反映了新时代人民需求的新变化，同时折射出当前我国经济社会发展的新瓶颈。因此，正确认识新时代社会主要矛盾的内涵，有助于党和国家明确主要任务和中心工作，正确把握人民发展的目标和方向。而要正确认识这一矛盾的内涵，须对这一矛盾的两个方面，即"人民日益增长的美好生活需要"和"不平衡不充分的发展"的内涵展开深入分析。

1. "人民日益增长的美好生活需要"的内涵

与过去相比，新时代社会主要矛盾在"需求侧"的最大变化就是新的"发展需要"代替了旧的"生存需要"。而作为需要的客体，"美好生活"与"物质文化"在内涵上有着巨大差别，因此，首先要对"美好生活"这一核心概念展开理论分析。

自人类进入文明社会以来，就没有停止过追求美好生活，更没有停止过追问美好生活。什么是美好生活？如何实现美好生活？千百年来哲学家们给出了诸多答案。在古代中国，儒家最早用"小康"来表达对美好生活的憧憬，用"大同"景象来描绘未来最高理想社会；道家认为真正的美好生活应该是一种"小国寡民"状态；墨家则构织出一幅"兼爱""非攻"的和谐美好生活图景。虽然中国古代哲学对美好生活的认识还多停留在感性层面，但并不妨碍我们透过这些思想去体悟当时不同社会阶层的生活状态和理想追求。在西方哲学史上，古希腊哲学最早从伦理学、政治哲学的角度对美好生活予以阐释。苏格拉底主张把哲学当作美好生活的向导，把美好的生活视为追求智慧的生活；亚里士多德则将美好生活等同于"eudaimonia"(幸福)，并详细阐明了什么幸福。他认为幸福美好生活不等于物质满足，最幸福美好的生活是智慧或沉思的生活；幸福美好也不等于消遣和快乐，而是合乎德性的活动。同时，幸福

第一章　新时代社会主要矛盾转化下人的全面发展相关理论阐释

的获得不仅有赖于个人的学习和实践，而且必须在公共生活中，由政治学来把握。[1]虽然亚里士多德的观点带有浓厚的主观唯心主义色彩，但对我们今天认识美好生活这一概念的原始初义和哲学意蕴具有重要参考价值。然而，古希腊哲学所构建的伦理生活观还未来得及在现实生活中证明它的存在和实现之可能，就被中世纪神学引上了一条"神秘"的发展道路，从此，信仰上帝成为一切美好（包括美好生活）的根源和实现途径。但是，这种抬高神性贬低人性的美好生活观，随着启蒙运动的到来很快被扫进了历史的"坟场"，取而代之的是一种以工具理性为显著特征的美好生活观，即把经济增长等同于幸福增长。随着资本主义生产方式在全球的强势推进和扩张，以工具理性为显著特征的美好生活观很快在资本主义日益严重的生活危机面前黯然失色，遭到了一大批当代西方哲学家们的严厉批判。然而，囿于阶级立场和时代条件的局限，以马尔库塞为代表的当代西方哲学家们在面对资本统治下的现代性生活危机时，只能站在道德的高地发几声廉价的"牢骚"，他们既没能解释造成现代性生活危机的根本原因，也无法提出走出现代性生活危机的科学道路，更无法从根本上揭示美好生活的本质。

马克思在批判地吸收前人关于美好生活思想的合理内核的基础上，通过全面分析他所处的那个时代生产条件下的人们对生活的理解以及社会制度对人们生活的影响，首次从历史唯物主义的高度科学阐明了美好生活的内涵。早在中学时期，马克思不仅用"完美""幸福"等词汇表达美好生活，而且把个体社会价值的实现与个体幸福的获得统一起来。随着哲学思想的日趋成熟，青年时期的马克思开始从一般规律的角度出发审视何种生活才是真正的美好生活。在青年马克思看来，美好生活绝不是那种动物本能式的低级生存需要和生活状态，而是由作为主体的人以美为尺度、以实践为手段创造出来的一种高级的需要和生活状态。后来，随着资本主义生产方式在欧洲的普遍实施和发展，无产阶级在私有制和异化劳动条件下的片面发展和悲惨生活引起了马克思的深切同情和理论关注。为此，他在《1844年经济学哲学手稿》中，一

---

[1] 沈湘平，刘志洪. 正确理解和引导人民的美好生活需要[J]. 马克思主义研究，2018(08)：125-132，160.

方面用悲情的笔触描述了异化劳动条件下工人阶级非人的生活境遇,另一方面用辛辣讽刺的语言批判了资产阶级骄奢淫逸、铺张浪费、纸醉金迷的异化生活。这一时期,虽然马克思的哲学思想中仍残存着一些人本主义的东西,并且没有直接告诉我们美好生活是什么样子,但从他对"异化劳动"进而对"异化生活"的批判中不难看出,他实际所认可的美好生活应该是扬弃了异化劳动后的生活。后来,随着马克思哲学世界观的建立,尤其在深入研究政治经济学之后,他愈发清晰地认识到,生产私有制是制约人的美好生活实现的根本因素,无产阶级只有联合起来推翻资本主义,才能真正实现物质富裕、精神充实的美好生活。总的来看,马克思对美好生活的认识可以概括为四个方面。一是美好生活不是靠上帝的恩赐和他人的施舍获得的,而由作为主体的人通过劳动实践创造出来的。二是美好生活不是一个抽象而空泛的概念,它包含着与人的生存发展需要密切相关的丰富内容。三是美好生活的实现受社会发展的影响和制约,与社会发展过程具有同步性。四是共产主义是人类美好生活的终极之维。总体而言,美好生活本质上是与幸福一致的,"都是指人们对于生活积极肯定的、愉悦的、质的感受,是一种良性的理想状态,是人们生活的意义所在,其他一切都不过是这一状态的具体展现,或者是实现这一状态的手段"[①]。

从上述分析不难看出,马克思总是基于人的发展和需要来认识美好生活,并把实现美好生活当作现实的人的价值追求和美好理想。因此,在正式分析"人民日益增长的美好生活需要"的内涵之前,除了正确理解"美好生活"这一概念外,还要对"需要"这一哲学范畴加以理论分析。在历史唯物主义论域中,需要不仅表征人的本质力量,展现人的生存状态,而且是社会发展状况的一种体现。与动物本能式的需要不同,人的需要具有客观物质性、社会历史性和主观能动性等属人属性。就其客观物质性而言,需要是人的生命存在的客观反映,它不以人的主观意志为转移;就其社会历史性而言,人的需要是由社会生产出来的,并且随着社会生产的发展而不断丰富和满足;就其主观能动性而言,需要与需要的对象是互为前提、相互确认、同时产生的,即需要

---

① 沈湘平,杨仁忠. 新时代社会主要矛盾与人的发展[M]. 北京:经济管理出版社,2019:5.

第一章　新时代社会主要矛盾转化下人的全面发展相关理论阐释

总是在需要对象那里确立的，任何时候都不能脱离它的对象而独立存在。[①] 同样，人民需要与美好生活在新时代背景下也是互为前提、相互确认、相互契合的关系。因此，通过对"需要"和"美好生活"这两个概念的综合阐释，本书对"人民美好生活需要"的内涵作如下分析。

首先，新时代我国美好生活需要的主体是全体人民。对生活的追求不仅是现实的人维持生命存在、延续和发展的内在要求，而且是人类社会不断从低级向高级发展的动力所在。在历史唯物主义论域中，人民不仅是历史的创造者，是社会生产实践的承担者，而且是美好生活的追寻者和创造者。人民是一个集政治、历史、数量为一体的哲学范畴。其中，作为政治范畴，人民是指具有积极能量的、代表历史进步潮流的人，是推动社会进步的阶级与阶层的集合；作为历史范畴，人民不是固定不变的，在社会发展的不同阶段，是会发生变化的，例如，我国抗日战争时期、解放战争时期以及中华人民共和国成立后的人民并不完全相同；作为数量范畴，人民是指人群的大多数，由个人集合而成，其中从事物质生活资料生产的劳动者始终是人民的主体部分。虽然任何生活都彰显了人作为主体的社会属性和价值追求，但不是所有人都有资格成为新时代我国美好生活需要的主体。只有那些拥护和参与中国特色社会主义建设、支持国家统一的社会阶层和个体才有资格成为美好生活需要的主体，因为他们不仅是新时代我国美好生活的积极追求者，而且是新时代我国美好生活的创造者和享受者。在社会实践和交往过程中，人民通过追求美好生活而获得发展动力，通过创造美好生活而实现自身价值，通过享受美好生活而达到自身完善。也正是因为人民是美好生活需要的主体，并且在满足美好生活需要过程中发挥着主体作用，因而新时代我们党始终把人民对美好生活的追求纳入自身奋斗目标，并相信人民、依靠人民不断创造美好生活，不断增强人民的幸福感。

其次，美好生活需要是比物质文化需要更多样化更高层次的需要。马克思主义认为，社会生产决定人的需要。人的需要具有超越现实性，总是不断从低级往高级方向发展。改革开放初期，受客观历史因素的影响，我国社会

---

① 赵太长. 马克思的需要理论及其当代价值[M]. 郑州：河南人民出版社，2008：75-77.

生产水平还比较落后，国内生产总值和人均收入水平均远低于世界发达国家的水平，"温饱"成为人们最朴素最真实的生活追求。可以说，过去很长一段时期我国人民所追求的物质文化需要无论在类型上还是层次上均未脱离最基本的生存需要范畴，如吃饱饭、有衣穿等。随着改革开放40多年来，尤其是党的十八大以来，我国经济社会快速发展，人民以"温饱"为主要目的的物质文化需要得到基本满足，开始从享受和发展层面提出了美好生活需要。与物质文化需要相比，新时代人民美好生活需要具有超越生存需要的多样性和高层性。从需要的范围来看，美好生活需要的对象已经突破了原来物质文化需要的范围，扩展到人们在社会发展各个领域的生活需求。从需要的层次来看，美好生活需要是在原来的物质文化需要"量"的积累基础上的一种"质"的升级。虽然当前物质文化需要仍是人民不可或缺的"硬需求"，但与过去相比，人民的"软需求"变得更突出了。不仅如此，美好生活需要凸显了人民对文化滋养、民主法治、和谐社会、优美生态、共同富裕等方面的更高层次的价值诉求。

最后，人民美好生活需要的实现是一个不断更迭的无限过程。古往今来，人类从未停歇过追求美好生活的脚步，不同时期的人们有着对美好生活的不同理解和不同追求。同时，人们正是在追逐美好生活的过程中，不断满足物质需求、丰富精神世界、拓展社会关系以及提升生存能力。因此，满足和实现人民美好生活需要是新时代社会主要矛盾转化对党和国家提出的新任务和新要求。从现实层面来看，虽然人民美好生活需要具有客观现实性，可通过人民的辛勤劳动最终得以实现和满足，但是实现和满足它的过程不是一蹴而就的事情。具体原因有两个方面。一是人民美好生活需要的实现受社会生产的影响和制约。生存和发展是人们生活的根本目的，社会生产实践是人们生活产生的基础和条件，美好生活的实现必须建立在社会高度发展的基础之上。虽然新时代社会主要矛盾的转化昭示着我国社会生产摆脱了过去长期以来的落后面貌，美好生活的图景已生动地呈现在人民面前，但是新时代社会主要矛盾的转化并未改变我国基本国情，不平衡不充分的发展已成为制约人民美好生活实现的根本因素。当前社会发展所面临的问题是在原有社会生产问题基本解决之后产生的一种新的更复杂的发展问题。可以说，发展起来以后的问题一点儿也不比发展时少，也不会比发展时的问题更容易解决。正因如此，

第一章　新时代社会主要矛盾转化下人的全面发展相关理论阐释

人民美好生活需要的实现不可能是一件轻轻松松就能完成的任务。二是人民美好生活需要呈日益增长的发展态势。美好生活是指能带来愉悦、快乐的生活，体现了人们对生活积极肯定的、愉悦的、质的感受。可见，从某种意义来看，美好生活具有一定的主观性，生活美不美好在某种程度上需要人民通过切身感受来体验。尽管如此，我们并不能就此将新时代人民美好生活需要视之为毫无客观依据的"虚无"东西。实际上，党的十九大在提出新矛盾论断的同时，对人民美好生活需要的具体内容作出了明确规定，如更高层次的物质文化需要、民主、法治、公平、正义、安全、环境等，只是这些内容不是固定不变的，其内容和要求总是随着中国特色社会主义的发展而不断变化。正因如此，人民美好生活需要的实现必将是一个不断更迭的无限过程。

2. "不平衡不充分的发展"的内涵

经过长期努力，我国过去长期制约人民物质文化需要的问题已基本解决，不平衡不充分的发展问题不断凸显出来，成为当前制约人民美好生活需要的根本因素，并构成了新时代社会主要矛盾的主要方面。正确认识和理解不平衡不充分的发展的内涵，是科学把握新时代社会主要矛盾内涵的内在要求，也是我们明确新时代人的全面发展方向的现实要求。由于"发展不平衡"与"发展不充分"不是并列的，而是互为整体的关系，因此，我们不仅要分别阐明"发展不平衡"和"发展不充分"的内涵及表现，而且要对二者的关系进行分析，唯有如此，才能从整体上把握"不平衡不充分的发展"的内涵。

(1) 发展不平衡的内涵

自然辩证法认为，物质的结构比例关系决定着任何事物在发展过程中都会呈现出平衡和非平衡两种状态，并且这两种状态不是固定的，而是在一定条件下相互转化。一般而言，当构成该物质结构的诸因素在比例上达不到或不能维持在某一定值时，该物质就会处于非平衡状态。新时代社会主要矛盾中的"不平衡"主要是指社会有机体在运行和发展过程中的一种非平衡状态。社会是一个高度复杂的有机系统，构成系统的内部各要素之间的平衡性是社会运行和发展的基本条件。然而，正如矛盾的斗争性永远是绝对的而同一性通常是暂时的一样，平衡性只是社会发展的暂时状态，不平衡才是社会发展的常态。而所谓社会发展的不平衡，主要"是指社会总体内部各部分或各要素在发展上不一致或不均衡的状态"[①]。这种不平衡,一般表现为社会结构要素的不平衡,抑或是区域间的发展不平衡。具体主要体现在四个方面。一是"五位一体"发展不平衡。改革开放40多年来,我国经济发展速度明显快于政治、文化、社会、生态发展速度,物质文明与精神文明、政治文明、生态文明之间呈不平衡状态。二是社会各领域发展不平衡。从经济领域来看,与发达国家相比,第三产业在三大产业中的占比较低,服务业在第三产业中也不占优势;第二产业中的高污染、高能耗、低效率的重工业比例仍较高,高新技术产业有待进一步发展。从政治领域来看,"党的集中统一领导仍需加强,中央和地方关系有待进一步协调"[②]。社会主义法治发展存在诸多不平衡之处,如法治发展与经济社会发展不平衡、法律制度供给与需求不平衡、法律规范体系与法治实施体系发展不平衡、国内法治与国际法治之间不平衡等。从文化领域来看,当前人们旺盛的文化需求与有效供给短缺之间的矛盾较为突出,意识形态领域中一元主导与多元共存的关系仍亟须处理。三是城乡间、区域间发展不平衡。就城乡发展而言,改革开放以来,尽管我国实施了一系列旨在促进城乡协调发展的经济改革举措和政策措施,但是我国城乡发展差距扩大之势并未改变,城乡二元经济结构矛盾依然突出,城乡居民在文化素质、收入水平等诸多方面均存在较大差距;就区域发展而言,虽然改革开放以来党和政府一直致力于区域协调发展,但东、中、西部在经济、政治、文化、民生等方面仍存在较大的差距,区域性落差式发展态势明显。四是城乡、地区、行业、人群收入不平衡。改革开放以来,虽然我国居民的人均可支配收入一直保持了较快的增长速度,但是我国居民收入分配格局和收入差距发生了显著的变化:城乡收入差距、区域收入差距、行业收入差距和人群收入差距都在不断扩大,产生了严重的收入分配不平衡问题。[③]

(2)发展不充分的内涵

从字面意思来看,"不充分"是"充分"的否定词,具有不够、不足、缺乏、

[①] 李瑞清. 论社会发展的不平衡性[J]. 前沿, 2002(06): 2.

[②] 李红松. 不平衡不充分的发展与人的全面发展——社会哲学层面的一种思考[J]. 郑州轻工业学院学报(社会科学版), 2020(04): 1-8.

[③] 李皋. 变迁与启示——改革开放四十年化解社会矛盾经验研究[M]. 北京: 中国民主法治出版社, 2018: 40.

第一章　新时代社会主要矛盾转化下人的全面发展相关理论阐释

匮乏等含义。而所谓发展不充分是指社会在纵深发展中呈现出来的发展质量、效率不足状态。如果说发展不平衡主要侧重于从结构层面表征发展的失衡状态，那么发展不充分则主要从"数量"或"质量"层面表征发展的状态。改革开放40多年来，虽然我国已甩掉了过去贫穷落后的"帽子"，人民基于温饱目的的物质文化需要也得到基本满足，但若横向对照当今世界发达国家的社会发展水平，抑或纵向对照接下来我们所要赓续完成的第二个百年奋斗目标，就很容易从过去"胜利"的喜悦中冷静下来思考——当前中国的发展还存在诸多不完善、不充分之处。正确认识和分析当前发展不充分问题，有助于党和国家明确未来工作的着力点和主要方向。对我国发展不充分的认识，同样须对社会发展的各个领域展开具体分析。具体而言，主要体现在五个方面。一是经济领域的发展不充分。我国社会主义市场经济体制仍存在诸多不完善之处，市场秩序不规范、生产要素市场发展滞后、市场规则不统一、市场竞争不充分等问题仍较为突出。二是政治领域的发展不充分。新中国成立70多年来，虽然我国民主政治建设取得了显著成绩，但仍存在诸多不完善之处：人民民主意识和民主素质有待提升，参政议政渠道建设相对不足，社会主义协商民主需进一步发展，政治体制改革有待进一步深入等；从我国法治建设来看，与建设社会主义法治强国目标相比，新时代中国特色社会主义法治体系建设相对滞后于经济社会发展要求，执法过程中仍存在工具理性思维，公民法治思维和法治能力还有待进一步提升。三是文化领域的发展不充分。当前，我国的文化事业和文化产业发展尚难充分满足人民日益增长的精神文化需要，社会主义先进文化建设过程中仍存在一些消极现象，中华优秀传统文化创造性转化还不够，社会上一些道德滑坡现象和不良风气仍屡禁不止。四是民生领域的发展不充分。从教育发展情况来看，当前，我国幼儿教育发展尚不充分，幼儿园少，普惠性幼儿园更少，问题较为突出；职业教育财政性教育经费投入不充分，西部欠发达地区和农村基础教育经费仍需增加，乡村教师和学前教育教师队伍发展不够充分。从住房保障情况来看，当前我国住房租赁市场还不够完善和规范，难以满足居民租房需求；保障性住房存在类型单一、总量缺口大、职住分离、管理水平落后等问题；针对大城市青年人、新市民和"夹心层"的住房政策支持力度不够。此外，在健康服务、就业、养老、住房保障、食品安全等方面也存在发展不充分的现象。五是生态领域的发展不充分。自党的十八大把生态文明建设纳入"五位一体"总体布局之后，从中央到地方都在认真贯彻执行党的生态文明建设理念和政策，我国生态环境较之过去已有了明显改善，但是距离满足人民美好生态需要和美丽中国建设目标还有一段距离，资源短缺、环境破坏、立体污染等问题依然严峻，这不仅制约着我国社会的可持续发展，而且制约着我国人民的可持续发展。

(3)不平衡与不充分的关系

从上述分析不难看出，"不平衡"和"不充分"从不同的视角高度概括了当前中国发展面临的主要问题。从当前文献梳理情况来看，学界在阐明"不平衡不充分的发展"内涵时，大多数学者能正确认识到"不平衡"与"不充分"之间的区别，并具体阐明二者的不同内涵及表现，但是很少有学者关注"不平衡"与"不充分"之间的内在联系。实际上，"不平衡"与"不充分"之间是相互影响、相互制约的。一方面，发展的不平衡根源于发展的不充分。当前，从我国产业结构分布情况来看，第一产业主要集中分布在广大乡村，第二、第三产业则主要集中分布在城市，而第二、第三产业的经济效益和发展程度远高于第一产业，这不仅直接导致城乡之间收入不平衡，还间接导致城乡之间在教育、医疗、卫生、环境等方面的不平衡。与东部地区的经济、政治、文化发展程度相比，西部和中部地区在这三个方面发展都相对落后，这也是导致当前我国区域之间发展不平衡的主要原因。除此之外，我国其他方面的发展不平衡也是由构成事物发展的内部结构因素中的某一方面的发展不充分造成的。另一方面，发展的不平衡会进一步加剧发展的不充分。例如，由于城乡之间经济发展不平衡，导致大量农村人力资源外流，反过来使得农村经济发展变得更加困难；物质文明与精神文明之间的不平衡得不到有效改善，会进一步加剧整个社会重物轻人、重利轻义的错误价值取向。总之，作为新时代我国发展问题的两个主要方面，不平衡与不充分本质上是一体两面的关系，它们彼此相互交织、互为因果、融为整体，因而要求我们必须全面综合地把握不平衡不充分的发展的内涵。

(三)新时代社会主要矛盾的基本特征

社会主要矛盾总是随着生产力、生产关系、上层建筑等因素的发展变化

第一章　新时代社会主要矛盾转化下人的全面发展相关理论阐释

而在某一历史时期发生转化。由于引起社会主要矛盾转化的诸多因素具有显著的社会历史性，因而不同历史时期的社会主要矛盾具有不同的内涵和特征。正因如此，要全面认识新时代社会主要矛盾，除了要对其内涵展开深入分析外，还必须正确分析其所包含的基本特征。对新时代社会主要矛盾的特征分析，就要对比新旧社会主要矛盾的前后变化，放眼世界。具体而言，新时代社会主要矛盾的特征主要体现在以下四个方面。

一是继承性。前面提到，社会基本矛盾既决定了社会主要矛盾的性质和内涵，又影响着社会主要矛盾的产生、转化和化解。在阶级社会中，由于落后的生产关系和腐朽的上层建筑是制约社会基本矛盾运动的根本因素，因而社会基本矛盾在阶级社会中所具化的社会主要矛盾一般表现为人与人之间的阶级矛盾，如奴隶社会中的奴隶主与奴隶的矛盾；与此对应，由于社会主义社会铲除了阶级剥削的制度根基，人与人之间在根本利益上趋于一致，因而这时社会基本矛盾所具化的社会主要矛盾一般表现为人与自然之间的生产矛盾，即人的需要与社会生产之间的矛盾。自社会主义制度在我国建立后，落后的生产关系不再是我国社会基本矛盾的主要方面，取而代之是落后的社会生产，因而我国社会主要矛盾在整个社会主义阶段都表现为人民需要与社会生产之间的矛盾。新时代，虽然"人民日益增长的美好生活需要"代替了"人民日益增长的物质文化需要"，"不平衡不充分的发展"代替了"落后的社会生产"，但是新时代社会主要矛盾本质上仍是"人民需要"与"社会生产"之间的矛盾，社会发展阶段也仍是社会主义初级阶段。可见，对比新旧社会主要矛盾不难看出，新时代社会主要矛盾在本质上体现了继承性特征。

二是发展性。虽然新时代社会主要矛盾的本质并未发生改变，但这并不意味着它在内涵层面也毫无突破性。通过对比"美好生活需要"与"物质文化需要"不难看出，无论是需要的范围方面，还是需要的层次方面，美好生活需要都对物质文化需要有了较大突破和发展。就需要的范围而言，美好生活需要的对象已不仅限于过去单一的物质文化需要，它涉及人民在社会发展的各个领域和各个方面的诉求；就需要的层次而言，美好生活需要虽然包含了物质文化需要，但物质文化需要的品质比过去更高了。不仅如此，美好生活需要在层次上还主要体现为人民在自我享受和发展方面的精神诉求。通过对比"不平衡不充分的发展"和"落后的社会生产"不难看出，虽然二者都体现了社会供给不足方面的问题，并且本质上都是"发展"的问题，但是"追求发展上的平衡和充分是发展到一定阶段后才会出现的社会现象"①。可见，无论从"需求侧"来看，还是从"供给侧"来看，新时代社会主要矛盾在内涵方面都有新的历史突破。

三是人民性。历史唯物主义认为，人民群众是推动社会发展进步的决定力量。人民性是我们党最鲜明的政治底色。新时代社会主要矛盾论断的提出，体现了党对人民现实生活利益的关切，表明了党坚持以人民为中心，破解发展障碍的决心和勇气。从新时代社会主要矛盾的需求侧来看，人民美好生活需要是党在总结我国过去几十年经济社会发展成就的基础上，对人民生活追求作出的一种新的价值判断。这一判断，不仅遵循了人民需要由低级向高级发展的一般规律，而且在具体内容上体现出党始终不变的殷殷初心和深厚的为民情怀。党的十八大以来，以习近平同志为核心的党中央不仅具体绘制了人民美好生活的美好蓝图，而且就如何实现人民美好生活做好了顶层设计和战略安排。从新时代社会主要矛盾的供给侧来看，正是遵循了以人民为中心的发展理念，才使得新时代社会主要矛盾能够准确定位制约人民美好生活需要的根本性因素——"不平衡不充分的发展"，进而为新时代实现人民美好生活、促进人的全面发展提供了问题导向、价值指引和路径选择。

四是全局性。党的十九大在提出新时代社会主要矛盾科学论断的同时，明确指出这一矛盾的变化具有全局性影响力。新时代社会主要矛盾无论内涵还是外延，都较之转化前的主要矛盾要更丰富、更广泛。从这一矛盾的需求侧来看，这一需要不仅包含了物质文化需要，而且在此基础上延展出了诸多更高层次的需要，这些需要涉及社会发展各个领域和各个方面的内容；从这一矛盾的供给侧来看，不平衡不充分的发展是在解决过去落后社会生产这一旧问题之后而产生出来的新的发展问题。如果说过去落后的社会生产主要聚焦于经济发展层面的话，那么不平衡不充分的发展问题则要复杂得多，它不仅涵盖了社会各个方面的发展问题，而且包含了人自身的发展问题。新矛盾

---

① 刘光明. 辩证认识新时代我国社会主要矛盾[N]. 经济日报，2018-01-04(13).

第一章　新时代社会主要矛盾转化下人的全面发展相关理论阐释

双方内涵的广泛性决定,供需两侧之间的矛盾影响具有全局性,它不仅贯穿于未来中国发展的方方面面,而且意味着所有的工作将围绕解决这一主要矛盾而展开。① 因此,对于中国共产党而言,在领导各族人民共同实现第二个百年奋斗目标的伟大征程中,必须牢牢把握新时代社会主要矛盾,不断把化解这一主要矛盾作为全局性工作的重中之重,唯有如此,才能有效解决阻碍这一伟大奋斗目标实现的所有问题。

二、人的全面发展内涵的多维阐释

何谓人的全面发展?对这一概念的界定,目前我国理论界存在诸多认识和看法,其中代表性的观点有:(1)以人的"数量"为界定标准,将人的全面发展理解为社会全体成员或每个人的全面发展;(2)以人的"类别"为界定标准,分别对个人的全面发展、群体的全面发展和类的全面发展进行了理论阐释;(3)从"全面"的角度出发,将人的全面发展界定为人的需要、能力和素质、社会关系、自由个性等的充分发展;(4)从人的本质的角度出发,将人的全面发展理解为一个完整的人对自己全面的本质的占有;(5)从人的发展的价值出发,将人的全面发展理解为每个人都能得到平等、和谐、自由的发展;(6)从人的发展内容的某个方面来界定人的全面发展。例如,有的学者认为人的全面发展就是人的综合素质的全面提升或人的潜能的不断开发,有的学者则认为人的全面发展就是"个人所具有的类特性、社会特性和个性三种基本特性在个人那里的全面发展"[2];(7)从历史规定和现实规定出发,将人的全面发展理解为一个不断推进的现实过程。通过综合分析学界已有研究成果不难看出,目前我国学界对人的全面发展概念的界定已初步构建起了以"'人'、'全面'和'发展'为支柱的认识体系"[3],而这些研究成果和认识视角为本书探究人的全面发展内涵提供了重要借鉴和支撑。因此,笔者认为,人的全面发展是指每个人在参与社会发展过程中其需要不断满足与发展、能力和综合素质不断提升、社会关系不断丰富与拓展、个性不断实现的历史过程。具体可从以下几

---

① 石建勋.新时代我国社会发展的主要矛盾研究[M].北京:人民出版社,2019:92.
② 杨东升.促进人的全面发展研究[M].北京:中国文联出版社,2007:17.
③ 杨竞业,姜晓丽.人的全面发展问题的当代论域[M].湖北:武汉大学出版社,2009:27.

个方面进行分析。

(一)人的全面发展的"主体"是全体人民

黑格尔虽然"把人的自我产生看做一个过程……，把对象性的人、现实的因而是真正的人理解为人自己的劳动的结果"[①]，但是其视野中的劳动并不是指人感性的、物质的生产劳动，而是精神性的抽象思维活动，因而其思辨哲学中是没有个体甚至也没有人的地位的。费尔巴哈试图以"以自然为基础的现实的人"来批判黑格尔的"绝对精神"，进而唤起哲学对人的思考和重视。然而，由于费尔巴哈"只是从客体的或者直观的形式去理解"人与客观物质世界的关系，致使他只能从人的"类生活"来说明人的本质，将人的类特性直接视为人的本质，进而否定人的本质的社会性和历史性。这样一来，费尔巴哈只能将"人"理解为一种抽象的"类"。后来，施蒂纳在批判费尔巴哈的人本主义哲学过程中试图用"唯一者"——唯一的个人取代费尔巴哈的"类"，从而使"类"从"共同本质"转向个体，但是他所声称的"唯一的个人"却是非历史非现实的，因而必然要被马克思所超越。[②]

马克思在批判地吸收前面哲学家们的人学思想基础上，第一次从"感性的人的活动"出发，把"现实的个人"作为其考察人类历史的前提，从而从历史唯物主义高度对人的发展的主体——现实的人做出最科学的解释。从文本分析可看出，马克思所理解的"现实的个人"主要包含了三层含义。一是"现实的个人"是从事社会实践活动的人。人只有从事社会实践，才能创造自己的历史，才能把自身从其他生物的类属性中区分出来。二是"现实的个人"是处于一定社会关系中的人。人们只要涉足社会活动和物质生产，就会自觉或不自觉地建立起各种复杂的社会关系，而"现实的个人"既是这张巨大关系网的编织者，也是这张巨大关系网的"网中人"。三是"现实的个人"是具有主体能动性的人。人和动物的根本区别在于人具有主体能动性。千百年来，人类正是靠着能动性和创造性，才能不断战胜各种生存危机和挑战，创造出各种令人惊叹的文

---

① 马克思恩格斯文集：第一卷[M]. 中共中央马克思恩格斯列宁斯大林著作编译局, 译. 北京：人民出版社, 2009：205.

② 王友洛. 人的全面发展与社会主义：多重视域的研究[M]. 北京：社会科学文献出版社, 2016：51.

明成果。可见,在马克思人的全面发展论域中的"人"首先必须是"现实的个人"。

长期以来,我国学界对于全面发展的"人"究竟是作为个体的人,还是作为"类"的人,存在较大争议。如果仔细考察马克思对人的全面发展的相关论述不难发现,他在多部著作中论及"全面发展"时,前面冠以的都是"个人"或"每个人"。而实际上,对于究竟作为个体人的发展,还是作为类的发展,我们不能仅从马克思的这些字面表述就简单地做出判断,而应该深入到整个马克思政治哲学中去考察。马克思在考察资本主义私有制和分工时,清醒地认识到资本主义社会是以牺牲或葬送占社会人口绝大多数的无产阶级的发展机会来换得占社会人口少数的资本家的发展。虽然这种非正义的人的发展社会状态在某种程度上为整个社会的进步和未来社会每个人的发展创造了历史条件,但是在漫长的人类发展进程中,这种发展状态只不过是匆匆一瞥。因此,在马克思看来,在私有制完全消灭之前,个体的发展与类的发展之间的矛盾和对抗会始终存在。可见,马克思在论及人的问题时总是"把人的发展分为类的发展与个体的发展,并把着眼点放在人的个体发展上"[①]。可见,人的全面发展作为个体发展与类的发展矛盾解决之后的一种高级发展状态,其主体既不是一些人或某个人,也不是抽象的类,而是每个现实的个人。我国是人民民主专政的社会主义国家,人民是国家和社会的主人,也是实现自我价值和自我发展的主人,因此,在社会主义中国,人的全面发展的主体就是全体人民。

(二)人的全面发展是人的多方面本质的全面占有和实现

个体的生命是有限的,只能在一定领域中活动,因而人的全面发展不能简单地理解为人可以无所不能。但是,人的全面发展并不是人的某一方面的发展,而是人的多方面本质的全面占有和实现。从内容的维度来看,人的全面发展涵盖了人的需要的不断满足与发展、能力和综合素质的不断提升、社会关系的不断丰富与拓展以及个性的不断实现。具体可从以下四个方面进行

[①] 王友洛. 人的全面发展与社会主义:多重视域的研究[M]. 北京:社会科学文献出版社,2016:52.

分析。

一是人的需要的不断满足与发展。马克思在《1844年经济学哲学手稿》中指出:"人以一种全面的方式,也就是说,作为一个完整的人,占有自己的全面的本质。"①由此可见,人的全面发展表现为人的本质的全面占有。在现实生活中,由于每个人都按照自己的需要从事各种实践活动,并为满足自己的需要而与他人发生各种交往和联系,因此,每个人具体本质的形成是由其特定的需要所决定的,需要即人的本质。可以说,需要的产生与发展不仅构成了人的全面发展的逻辑起点,而且构成了人的全面发展的动力。从需要的归属来看,需要并不专属于人,动物也存在需要,但是动物的需要仅限于"活着"的唯一目的,并且表现为一种无意识的本能反应。"生存并不等于活着,活着也不等于生存。动物也可以活着,然而谈不到生存。"②与动物的本能需要相比,人的需要不仅受其意识的支配和社会条件的制约,而且自人类社会产生那一刻起它就已经超越了动物的需要的"活着"的原始意义,始终遵循着由生存向发展、由单一向多样、由片面向全面的发展路向。与人的需要的丰富性和发展性相对应的是,"人的生命活动就是从需要的产生到需要的满足再到新的需要的产生及其满足这样一个连续不断、循环往复的持续过程"③。正是由于人的需要对其各项活动具有先导性作用,因而它也就构成了人的发展的原始动力。但必须强调的是,本书所论及的能够构成人的全面发展动力的需要必须是合理的需要。总之,由于人的需要在人的全面发展中的特殊地位和意义,因此,新时代我们必须要高度重视人民日益增长的美好生活需要,并通过满足这一需要不断实现人的全面发展。

二是人的能力和素质的不断提升。马克思认为人的全面发展是指"社会的每一个成员都能完全自由地发展和发挥他的全部才能和力量"④。所谓人的能

---

① 马克思恩格斯全集:第四十二卷[M]. 中共中央马克思恩格斯列宁斯大林著作编译局,译. 北京:人民出版社,1979:123.
② 齐英艳. 生活质量与人的全面发展[M]. 北京:中国社会科学出版社,2010:15.
③ 任国忠,李丙清,仲爱萍. 中国特色社会主义与人的全面发展[M]. 北京:中国社会科学出版社,2016:27.
④ 马克思,恩格斯. 共产党宣言[M]. 中共中央马克思恩格斯列宁斯大林著作编译局,译. 北京:人民出版社,2018:69.

第一章　新时代社会主要矛盾转化下人的全面发展相关理论阐释

力,是指作为主体的人在认识世界和改造世界的活动中所展示出来的客观的能动的力量。实践活动是人的能力形成和发展的载体和依托。一般而言,人的活动水平越高,活动能力越强,人的潜能就越能够得到挖掘、外化和表现,就越能够促进人的全面发展。与人的活动的丰富性和多样性相对应,人的能力也是多方面的。从能力主体的类别来看,主要包括个体能力和集体能力,而本书所强调的人的全面发展主要是指社会中每个个体能力的全面发展,当然,马克思并不否认集体和集体能力的存在及价值,甚至认为个体能力是以集体能力的形式存在并发挥实际作用。从能力的来源来看,人的能力可分为自然力和社会能力。其中,自然力是指人与生俱来的天赋和才能,通常包括人的体力、感觉、思维力等,而社会能力则是人在社会化进程中所习得的各种能力,如人的物质生产能力和精神生产能力,这种能力从产生就已经打上了人的思维和意识的"烙印"。从能力表现的状况来看,人的能力可分为潜在能力和现实能力。其中,潜在能力是指人尚未表现出来的能力,既包括人尚未表现出来的自然力,也包括人实践中有待开发的社会能力。实际上,马克思谈论得最多的是人的体力和智力,他认为任何社会使用价值的生产都是人的体力和智力运用的结果。

　　能力与素质是两个关系紧密且易混淆的概念。素质是能力的内在基础和条件,能力则是素质的外在表征,能力的大小主要由素质的高低所决定。人的素质不仅包括人们从母体基因中遗传下来的先天素质,如身体素质、智商水平、运动能力等,而且包括人们在社会化进程中习得的后天素质,如思想道德素质和科学文化素质,概括起来主要体现在德、智、体、美、劳等诸方面。其中,"德"指的是人的思想政治素质,主要包含人的思想观念、政治素养、道德人格、法治意识等方面;"智"指的是人的科学文化素质,它主要体现为人们掌握一定科学文化所需的智力状况,现有的科学文化知识状况,创造性运用所掌握科学文化知识的能力状况,以及对科学文化作用的认识状况;"体"指的是人的身体素质,它"不仅包括健康水平,而且包括身心两个方面对外界的适应能力"[①];"美"指的是人的审美、创美和发现美的素质;"劳"指的

---

① 齐英艳.生活质量与人的全面发展[M].北京:中国社会科学出版社,2010:15.

是人的劳动实践素质，主要包括正确的劳动观念、劳动习惯和一定的劳动技能。需要注意的是，人的全面发展是一个动态的历史演进过程，任何有关"人的全面发展等于全知全能"的论调都违背了人的全面发展的本真要义和基本规律。可以明确地说，今天我们社会所倡导、追求的人的全面发展意指构成人的能力和素质的基本方面均能得到全面培养和综合提升。同时，由于人的能力和素质都是在实践活动中形成的，受到各种社会因素的影响和制约，因此，我们只有在实践中不断优化各种环境和提升教育质量，才能不断提升人的能力和素质。

三是人的社会关系的全面发展。人是社会关系的产物，社会关系由现实的人所织就。因此，社会关系不仅使个体的人变成社会的人，而且决定一个人能够发展到什么程度。人的全面发展在某种意义上就是人的社会关系的全面发展。对于社会关系的全面发展可从两个方面进行理解。其一，个体的人进入他者的认识和利益范围的空间不断扩大。社会交往与社会关系是有机统一的。"人的社会关系首先是在交往中展开和实现的，正是交往使活动主体与他人发生一定的社会关系。"[①]因此，要实现社会关系融洽、和谐和全面发展，使人真正成为"自己关系结合的主人"，必须不断扩大社会交往，并通过各种形式的社会交往使人的社会关系全面建立起来。其二，人对社会关系的全面占有和共同控制。在现实社会中社会关系能否被人们占有和控制，主要取决于他们所处的社会阶段及其生产关系的性质。例如，在资本主义社会，无产阶级不可避免地陷入个人同自己或同他人相异化的社会关系之中，他们除了在生产中能支配和控制自己的四肢外，无法按照自己的本质去控制这些社会关系。因此，只有通过无产阶级革命彻底消灭资本主义私有制，才能从根本上消除非人的物化的社会关系对人的全面奴役和压制，使每个人都能成为社会关系的真正主人。

四是人的个性的全面发展。在马克思人学中，处于一定社会关系中的现实的人不是整齐划一的人，而是在特性方面存在各种差异的人，也即有个性的人。从内容上看，人的个性是由不同子系统所构成的具有整体功能和综合

[①] 袁贵仁，韩庆祥. 论人的全面发展[M]. 南宁：广西人民出版社，2003：114.

功能的特殊系统,它既包含了个人倾向性特征,如人的需要、动机、兴趣、理想信仰等,也包含了个人心理特征,如人的气质、性格和能力等,还包含了个人的社会人格特征,如个人的道德风貌、习惯、社会形象、社会角色以及其他精神状态。从本质上看,它集中表现为作为实践主体的个人在其从事的活动中所展现出来的具体的、独特的主体性。主体性是指个人在所从事的实践活动中展现出来的自觉能动性、自主性和创造性。人的个性是人的主体性的个体表现,通过个人主体性的充分发挥,每个人都可彰显自己独特的存在,呈现出与众不同的差异性。因此,从个性的内容上来看,人的个性的发展意味着个人性格、气质的不断完善,个人社会人格的不断完善;从个性的本质规定来看,人的个性的发展则体现为个人主体性的充分实现,具体表现为人的自觉能动性、创造性和自主性的全面发展。人的个性的全面发展是一个历史的渐进的过程,它与人类社会形态的演进过程是相互统一的。为此,马克思在《1857—1858年经济学手稿》中,从人的个性发展的视角将人类社会划分为三大形态,即人的依赖性社会、物的依赖性社会和个人全面发展的社会。其中,在人的依赖性社会,个人因依附于血缘共同体而无法获得独立的人格;在物的依赖性社会,"资本具有独立性和个性,而活动着的个人却没有独立性和个性"[1],个人仍摆脱不了对物的依赖;只有到共产主义社会,每个人的个性才会实现自由而全面的发展,整个社会才会变成各具个性的自由人的联合体。

(三)人的全面发展是一个持续推进的过程

社会历史在人的实践活动中生成的同时,人的本质也在实践中得以实现和确证。在马克思看来,"人们的社会历史始终只是他们的个体发展的历史,而不管他们是否意识到这一点"[2]。为此,马克思在1857—1858年所写的《政治经济学批判》中,基于人的发展阶段的视角,以人类解放为终极目标,将社会形态划分为三种形态,从时间维度上揭示了人类解放进程与历史发展进程

---

[1] 马克思恩格斯选集:第一卷[M].中共中央马克思恩格斯列宁斯大林著作编译局,译.北京:人民出版社,2012:415.

[2] 马克思恩格斯选集:第四卷[M].中共中央马克思恩格斯列宁斯大林著作编译局,译.北京:人民出版社,2012:409.

是相互统一的。

一方面,全面发展的个人是历史的产物。人的全面发展同社会的全面发展一样,都要经历一个持续推进、不断完善的历史过程。因此,人的全面发展不是在人们的浪漫臆想中就能实现的,而是要经历一段以人类历史发展为基础,由具体的实践活动构成的现实的历史过程。人的全面发展是在遵守社会历史发展规律前提下循序渐进的过程,我们也可以将这一过程描述为不断向前发展的螺旋式上升的过程。发展是克服旧事物、产生新事物的过程,人要实现全面发展意味着人的本质力量要得到彻底的彰显,即人的个性、知识、能力等方面能得到充分的发展,人们可以依照自己的兴趣选择愿意做的事情。有观点认为人的全面发展实际是一种"回归自然"的浪漫主义,强调的是对个人感受和体验的高度重视。这种观点的根本错误在于违背了社会历史规律去谈人的发展。实际上人的发展与社会发展的进程是相一致的,而不是退回到不发达的、自给自足的原始的自然状态中。根据马克思关于社会发展"三形态"的观点,从人的依赖性社会发展到物的依赖性社会是必然的历史过程。在物的依赖性社会中,以私有制为前提的资本主义生产方式导致了异化现象的普遍存在,人与人的关系被物与物、物与人的关系所取代,人的本质不再表现为对自己生命的全面占有,而表现为一种完全异化、物化的状态。只有通过扬弃物的依赖性社会,才能进入到人的自由全面发展的共产主义社会。因此,资本主义异化是社会发展的必经阶段。异化在造成了人的本质丧失的同时,其本身也内蕴了消灭自己的力量,即资本主义私有制所积累的经济条件为扬弃自身和实现人的全面发展提供了物质基础和基本前提。为此,我们既不能因为厌弃资本主义社会关系的物化和颠倒而选择回到原始社会的发展状态,更不能因为暂时无法摆脱资本主义社会关系的物化和颠倒而违心地接受这种物化和颠倒。历史是向前发展的,"现实的人"是创造历史和发展历史的主体,"现实的人"和历史的发展是在运动中展开的,不能停留更不能倒退。综上可知,人的全面发展永远都处于超越过去、突破现在、面向未来的向前趋向之中。

另一方面,人的全面发展是一个逐步提高、永无止境的开放过程。唯物史观认为,人的全面发展总是受到一定社会历史条件的制约,实现全面发展

第一章　新时代社会主要矛盾转化下人的全面发展相关理论阐释

不是一蹴而就的,需要经过不同层次和不同阶段的历史发展,人的全面发展是生成性的过程。因为世界总是处于运动变化之中,在其中进行实践活动的人是现实的具体的人,不是抽象的类存在物。人和社会总是通过历史的现实的实践而慢慢发展起来的。处于发展中的人和社会都不可能达到绝对完善或完成发展的状态。实践是人实现全面发展的根本依据,为人的发展全面性由可能向现实转化创造了基本条件。而人的实践又是向未来敞开的,人的全面发展就是在实践中不断超越自身现有规定性的过程,这个过程是一直向前运动的,不是一成不变的真空状态,也更不可能是发展的终点。共产主义社会也是如此,尽管人的发展只有在共产主义社会才能最大限度地不受限制地发展,但是共产主义社会本身也处于运动变化中,不是一个既定的永恒的状态。综上可知,无论是社会生产力的发展、财富的积累、文明的演进,还是创造这一切的人的自身发展,都不会在一夜之间就能促成,更不会因某种外在因素的干扰而中止进程。一句话,只要人类还存在一天,其追求和实现人的全面发展的历史脚步就永远不会停歇下来。

(四)人的全面发展是建设中国特色社会主义的本质要求

虽然马克思主义强调只有在共产主义社会人的全面发展的崇高理想才能最终实现,但这并不意味着在社会主义发展阶段人们只能对人的全面发展抱以遐想而不能有任何实际行动,如果这样,实际上就抹杀了社会主义与资本主义的本质区别。实际上,从人类社会发展的角度来看,人的自由全面的发展并非在某一个历史时刻突然就能够实现,而是需要经历一个逐步递进的漫长历史过程,因为共产主义社会本身也要经历一个由低级到高级的发展过程。[①] 虽然人类追求的终极理想社会是共产主义社会,但是以社会主义制度取代资本主义制度、消灭私有制建立公有制则是人类在通往这一理想社会的必经之路。在社会主义条件下,人的全面发展的过程已经现实地展开了,但是,由于受到社会生产水平的制约,这一阶段人的全面发展主要表现为初始形态的特征,即不充分不彻底的人的全面发展状态,换言之,社会主义条件下具

---

① 杨圣文,焦存朝.社会形态嬗变与人的发展进程研究[M].北京:首都经济贸易大学出版社,2011:256.

备了人的全面发展的政治前提和基础,但是这种发展还没有充分地展开,没有完全地实现。正是因为社会主义已具备了人的全面发展的初始状态,因此,要求中国共产党在领导人民推进伟大事业的历史进程中自觉把人的全面发展确立为社会的价值目标和本质要求。同时,我们应清醒地认识到,从进入社会主义阶段到结束社会主义发展历程也要经历一个漫长的历史过程,因此,在社会主义不同的历史阶段,人的全面发展应该具有与之相适应的具体的价值目标。可以说,我们正是通过推动社会主义的每个阶段的人的全面发展具体目标的实现,才能在未来一步一步到达自由而全面发展的幸福彼岸。党的十八大以来,习近平总书记在治国理政相关论述中反复强调一个最根本的客观事实,即中国特色社会主义是社会主义,不是别的什么主义,进而告诫全党在领导伟大事业中不能把社会主义这一最根本的东西给丢掉了,否则,将会犯下无可挽回的颠覆性的错误。虽然中国特色社会主义打上了鲜明的中国烙印,处于并将长期处于社会主义的初级阶段,但是它始终坚持科学社会主义的基本原则。正基于此,我们就不难理解为何人的全面发展是中国特色社会主义本质要求这一科学社会主义原理。

三、新时代社会主要矛盾与人的全面发展的关系厘定

新时代社会主要矛盾是围绕人的需要以及如何满足人的需要而提出的,新时代社会主要矛盾的转化则是人的生存发展条件改善以及社会发展问题和人的全面发展要求凸显的体现。可见,新时代社会主要矛盾具有丰富的人学意蕴。基于新时代社会主要矛盾的转化,探究如何实现人的全面发展问题,必须厘清社会主要矛盾与人的发展、美好生活需要与人的全面发展、发展不平衡不充分与人的全面发展以及化解新时代社会主要矛盾与人的全面发展的关系。

(一)社会主要矛盾与人的发展之间的关系

自步入社会主义社会以来,阶级矛盾便不再构成我国社会领域的主要矛盾,我国社会主要矛盾集中体现为人民需求与如何满足人民需求之间的矛盾。人民需求不仅是中国共产党认识和判断社会主义初级阶段社会主要矛盾及其变化的重要抓手,而且是我们分析社会主要矛盾与人的发展的关系的根本立

第一章　新时代社会主要矛盾转化下人的全面发展相关理论阐释

足点。而正确认识社会主要矛盾与人的发展的关系则是我们进一步认识和分析新时代社会主要矛盾与人的全面发展的关系的理论起点。

首先，社会主要矛盾的解决有赖于人的发展。任何社会矛盾都是人的社会关系的一种表现形式，都是相对于人的生存和发展而言的，离开了现实的人，就无所谓社会的存在和社会主要矛盾的存在。而人作为社会关系的存在物，既是社会关系的生产者，也是社会关系的调解者。因此，社会主要矛盾的化解既离不开人的参与，更离不开人的发展。第一，人的需要的发展是推动社会主要矛盾化解的内驱动力。社会主要矛盾的化解既要通过社会生产来具体推动和实现，也要通过社会生产的成果来确证。因此，社会主要矛盾的化解正是在"需要"—"满足需要"—"需要"的过程中不断实现的。第二，人的本领的增强有利于社会主要矛盾的化解。这里所提到的"本领"主要泛指人的能力和素质。一般而言，现实的人在化解社会矛盾中的主体作用主要通过推动社会生产发展体现出来。其中，社会生产发展的水平越高，社会主要矛盾化解得就越顺，而人作为社会生产的主体力量，其能力和素质越高，就越有利于推动社会生产的发展。

其次，社会主要矛盾的解决促进人的发展。人类社会的矛盾规律与人的发展规律是一个统一体，一方面人本身就是包含矛盾的丰富性与多样性的存在，在社会矛盾生存与发展中存在；另一方面社会矛盾的化解过程，就是解决存在（being）与成为（becoming）之间矛盾的过程。[1] 而对社会主要矛盾的"化解"，可以从目标、过程、结果三个维度加以不同的理解。从目标之维来看，社会主要矛盾的化解是以促进人的发展为根本目标。人的发展是社会发展的价值旨归，离开了现实的人及其发展谈社会发展是毫无意义的。而社会主要矛盾作为社会发展的动力，本质上也是人的发展动力，人们正是在认识和解决社会主要矛盾中不断完善和发展自己。从过程之维来看，社会主要矛盾的化解是一个动态的历史过程，即不断调节基本矛盾关系并使之相适应的过程。作为社会关系的存在物，人的发展受社会关系的影响和制约，而生产关系作为社会关系中最核心的内容，其不仅直接反作用于生产力的发展，而且会对

---

[1] 刘荣春. 新时代社会主要矛盾与人的全面发展[M]. 北京：经济管理出版社，2020：100.

人的发展产生一定的影响。社会主要矛盾的化解过程就是不断调节生产关系使之更好地适应生产力的发展和人的发展的过程。在这个过程中，人们可以逐步摆脱各种限制自身发展的社会因素，例如，落后的社会生产、落后的体制等，充分发挥主观能动性，提升改造世界的能力，不断创造出丰富的物质生活资料，使自身更多的需求能很好地得到满足，进而将社会发展与人的需求推向更高的层次和阶段。从结果之维来看，社会主要矛盾的化解不仅意味着社会的发展与进步，更意味着人的过往需求得到满足，新的需求不断产生。总之，无论从哪个维度来看，社会主要矛盾的化解对促进人的发展都有着现实而深远的意义。

最后，社会主要矛盾的解决与人的发展统一于人的全面发展。由于人的全面发展是一个逐步提高、永无止境的开放过程，因此，人的全面发展在每个历史阶段都有着具体的、现实的实践内容和奋斗目标。不可否认，虽然人类在资本主义及其以前的社会形态也曾创造过丰富的物质财富和精神财富，人类文明的巨轮始终滚滚向前，这也为人类自身的发展奠定了坚实的历史基础。但是，我们必须清醒地认识到，在以往私有制社会，尤其是在资本主义社会，生产资料私有制使人的发展不可避免地陷入异化的、畸形的、片面的"泥淖"之中。只有社会主义社会才真正把每个人的全面发展作为自觉目标和行动纲领，社会主要矛盾及其化解不仅以促进社会全面发展为目标追求，而且以促进人的全面发展为现实目标。我国自确立社会主义制度以来，尤其是改革开放以来，党和国家对社会主要矛盾精准把握，将人民需求及其变化作为判断不同历史时期社会主要矛盾的根本依据，并通过着力解决制约人民需求满足的社会发展问题，而不断推动社会主要矛盾化解和人的发展。人民需求随着我国社会主要矛盾的化解而不断趋于满足和发展，并最终达到人的全面发展的要求。综上可知，人的全面发展不仅是社会主义的本质要求，而且是社会主义社会主要矛盾的化解和人的发展的最高价值目标，社会主要矛盾的化解与人的发展统一于人的全面发展。

(二)美好生活需要与人的全面发展的关系

新时代社会主要矛盾本质上是一种"供需"矛盾，即人民对美好生活的需求与社会如何满足人民对美好生活的需求之间的矛盾。因此，新时代社会主

第一章 新时代社会主要矛盾转化下人的全面发展相关理论阐释

要矛盾与人的全面发展的关系,实际上可以理解为美好生活需要与人的全面发展的内在关系。廓清二者之间的关系,既有助于深刻认识新矛盾的人学意蕴,也有助于立足人民美好生活需要并准确把握人的全面发展的现实要求。具体可从以下三个方面展开分析。

首先,人的全面发展离不开美好生活需要的满足。在马克思看来,全面发展的个人是历史的产物,是历史的生成,作为人的发展的终极理想,唯有步入共产主义社会,这一理想才能最终转化为现实。尽管如此,这并不意味着社会主义初级阶段的我们只能对人的全面发展抱以遐想而不能有所作为,如果是这样,实际上就抹杀了社会主义与资本主义的本质区别。社会主义是人类历史上迄今为止最理想、最先进的社会形态,社会主义制度不仅能极大地推动社会生产发展和社会文明进步,而且能极大地促进人的解放和人的发展。因此,作为一个奋斗目标,人的全面发展既是令人无限憧憬的理想追求,也是实实在在的现实活动或社会实践过程,并且总要在社会生活实践过程中通过需要的不断满足来实现。[①] 在马克思主义人学论域中,需要即人的本性,是人的内在的本质规定,现实的人必须按照自己的需要从事实践活动,并为满足需要而与他人发生或建立各种交往和联系。可以说,需要的产生是人的发展的逻辑起点,需要的满足是人的发展的重要表征,需要的满足程度则标志着人的发展程度。从人的发展角度来看,新时代社会主要矛盾就是针对人民的需要、为了满足人民的需要而提出来的,它不仅彰显了中国共产党以人民为中心的执政初心,而且体现了党对中国特色社会主义发展规律和人的全面发展规律的准确把握。较之于人民过往的需要而言,新时代人民美好生活需要的内涵更丰富、外延更广阔,可以说是一种更具完整性和全面性的需要,也是一种更接近人的全面发展要求的需要,它不仅囊括了基本的物质生活需要,而且包含了人们在其他生活方面的诸多需要。为此,基于新矛盾转化的人的全面发展离不开美好生活需要的满足,必须以满足人民对美好生活的需要为现实出发点和目标追求,否则人的全面发展只能是一句空话。

其次,美好生活需要的不断增长与满足是人的全面发展的巨大动力。人

---

① 丰子义. 人学视域中的"美好生活需要"[J]. 学术界,2021(11):11-13,17.

的全面发展总是围绕人的需要而展开,"需要不仅构成了人的全面发展的起点,而且是人们进行一切实践活动和生成全部社会关系的内在根据和原初动力"①。正视人的需要是马克思研究人类社会发展规律的根本出发点和重要方法,他曾毫不掩饰地指出,现实生活中,每个人都有着诸多的需要,而人正是"以其需要的无限性和广泛性区别于其他一切动物"②。虽然马克思极为重视人的需要问题,并在其诸多论著中都深刻阐释过人的需要理论,但是马克思从来不会脱离现实的人的实践活动而孤立、抽象地讨论人的需要问题,他总是结合社会生产来分析需要的产生和发展规律。在马克思主义人学论域,人的需要与社会生产之间相互影响、相互作用。一方面,社会生产是满足人的需要的根本手段,规定着需要的产生、性质和对象;另一方面,人的需要也规定着社会生产,为社会生产提供动因、目标和各种要求。一句话,没有需要也就没有生产。通过分析二者之间的关系不难看出,需要是人们进行一切实践活动和生成全部社会关系的动力,人的生命活动就是从需要的产生到需要的满足再到新需要的产生及其满足这样一个连续不断、循环往复的持续发展过程。③ 从新时代社会主要矛盾的转化及其内涵不难看出,当前我国人民的需要已从过去的生存性需要向如今的发展性需要和享受性需要演变,美好生活需要构成新时代我国人的全面发展的现实起点。然而,新时代人民美好生活需要并非一成不变的,而是不断向前发展的,人民的期待总是伴随着社会生产的发展而不断提高,而人民正是在追逐和满足美好生活需要的过程中不断推动自身的发展和完善。

最后,美好生活需要与人的全面发展具有内在统一性。新时代,满足人民美好生活需要不仅体现了我国发展的本质要求,而且是人的全面发展理论在新时代的具体表征。人民美好生活需要与人的全面发展具有内在的统一性。具体主要体现在三个方面。一是美好生活需要的全面性和丰富性契合人的需要的全面发展根本要求。在马克思主义人学论域中,现实生活中的每个人都

---

① 丁文湖,牟文谦. 人的需要和人的全面发展的互动关系探微[J]. 改革与战略,2012(01):13.
② 马克思恩格斯全集:第四十九卷[M]. 中共中央马克思恩格斯列宁斯大林著作编译局,译. 北京:人民出版社,1982:130.
③ 任国忠,李丙清,仲爱萍. 中国特色社会主义与人的全面发展[M]. 北京:中国社会科学出版社,2016:27.

按照自己的需要从事实践活动，并为满足自己的需要而与他人建立各种交往和联系，每个人具体本质的形成也由其特定的需要所决定，需要即人的本质，人的全面发展也可以理解为人的需要的不断丰富和全面满足。新时代人民美好生活需要是人民生活发展到一定历史阶段的产物，是一种更能体现人的发展要求的更高层次、更多样化的需要，它不仅囊括了最基础的物质文化需要，而且涵盖了人民其他领域的生活需要。可见，美好生活需要实际上是一种全面性的需要，它与人的需要的全面发展具有统一性。二是美好生活需要的发展规律与人的需要的全面丰富和发展具有内在统一性。与动物的本能式需要不同，人的需要不仅受其自身意识的支配和所处社会条件的制约，而且自人类社会产生那一刻起，人的需要就不再止步于"活着"的原始意义，始终遵循着由生存向发展、由单一向多样、由片面向全面的发展路向。前面提到，在四十多年改革开放经济快速发展的时代背景下，当前我国人民的生活追求正朝着多方面、高层次的目标方向不断发展。从马克思主义人学角度来看，恰恰是这种多方面、高层次的生活需要既体现了人的生存状态，也展示出人的理想向度，因而构成了人的全面发展的重要内容。三是满足美好生活需要与促进人的全面发展的统一。新时代，美好生活需要是在人民生存需要已基本满足的基础上提出来的一种致力于人的全面发展的高级需要，它不仅是新时代我国人的全面发展的现实内容，而且能够为实现人的全面发展提供强大动力。因此，人们追求美好生活、满足美好生活需要的过程与当前人的全面发展的过程是统一的。

(三)不平衡不充分的发展与人的全面发展的关系

从新时代社会主要矛盾的内涵来看，发展不平衡不充分是相对于满足人民对美好的生活需要而提出的，是社会生产质量与效益不能适应时代需要的直接体现，是对当前中国社会发展问题的高度概括。实际上，从本质上说，发展不平衡不充分与人的全面发展的关系中囊括社会发展与人的发展的关系，对二者关系的分析是我们正确认识发展不平衡不充分与人的全面发展关系的前提和基础。

首先，社会发展与人的发展相互作用。在现实世界里，社会与人是不可分割、相互依赖的关系：人依赖于社会，以社会为前提，受社会的制约；反过来，社会也依赖于人，以人的存在和发展为前提和基础。实际上，人与社会不仅互为前提、相互依赖和制约，而且相互作用。

一方面，社会的发展促进人的发展。人类社会形成之后，始终处于一个不断发展的过程之中，这种发展既要靠人来实现，又会推动作为社会成员的每一个人的发展。社会的发展对人的发展的促进作用集中体现在三个方面。第一，社会发展促进人的能力的全面提升。人的能力的提升是人的发展的重要表征。人的能力包括了体力、智力、知识、技能等诸多要素。然而，在现实生活中，无论何种能力的发展都要取决于社会发展的状况。例如，就人的体力发展而言，人的体力取决于人的生活状况，一般而言，人们的生活状况越好，可供体力生成和发展的营养摄入就越充分，而人的生活状况归根结底是由社会生产力的发展水平所决定的。第二，社会的发展促进人的个性的发展。人的个性是指在个人内在生理素质的基础上，于特定历史条件下，通过社会实践磨砺与陶冶而形成的特殊气质，社会的发展为人的个性发展提供了可能和空间。第三，社会的发展促进人的社会关系的不断发展。人的发展总是在特定的社会关系中实现的。而社会发展不仅能够促使人们突破地域和民族的狭隘界限，在全世界范围内实现人的"普遍交往"，而且能够促使人们在政治、经济、文化和社会生活诸方面得到协调发展，进而建立各种平等的社会关系。

另一方面，人的发展能够促进社会的发展。人的发展对社会发展的推动作用主要体现在两个方面。第一，人的发展推动社会生产力的发展。在马克思主义看来，判断一个社会的文明进步不是靠某些天才人物的主观臆断，而应将推动社会发展的根本力量——生产力的发展状况作为判断的根本尺度。一般而言，生产力是在人的推动下不断发展的，因为人是社会生产实践的主体，是生产力中起主导作用的核心要素。第二，人的发展推动社会科学文化的发展。人不仅是物质生产的主体，而且是精神生产的主体。科学文化作为精神生产的成果，正是人们能动创造的结果，一般而言，人的素质和能力越高，其精神生产能力就越强，创造出来的精神产品就越丰富。

其次，发展不平衡不充分制约着人的全面发展。上文大篇幅地分析了社会发展与人的发展的关系，就是为接下来进一步深入探究不平衡不充分的发

第一章 新时代社会主要矛盾转化下人的全面发展相关理论阐释

展与人的全面发展的关系做好理论铺垫。从历史逻辑和现实逻辑的角度分析,当前我国所面临的不平衡不充分的发展问题是在我国过去落后的社会生产问题得到基本解决的基础上衍生出来的一种新的发展问题,这种发展问题既体现为发展的公平问题,也体现为发展的质量和效益问题,并且后者是更为突出的问题。然而,无论是从公平的视角来考察,还是从质量效益的维度来分析,不平衡不充分的发展问题本质上仍是社会发展问题,并且其范围涵盖社会发展的各个方面和领域。由于社会发展对人的发展具有促进作用,是实现人的全面发展的根本条件,因而当前社会发展的不平衡不充分问题势必会制约我国人的全面发展目标的实现。具体主要表现在两个方面。一方面,社会发展的不平衡会导致人的发展的不均衡。在当今中国,人的全面发展完全可以理解为全体人民的共同发展,这主要是由中国共产党的根本宗旨和我国社会性质决定的。改革开放四十多年来,中国共产党在领导人民实现共同富裕和共同发展的道路上取得了举世瞩目的伟大成就,我国人民的生活水平和综合素质都较之过去有了大幅度提升。然而,受社会发展的空间不平衡因素的影响,致使在城乡之间、区域之间个体的发展呈现出较大的差距。例如,城市居民普遍因其所享有的教育发展资源、机会和条件优于农村居民而直接导致城乡居民发展的不均衡。另一方面,社会发展不充分制约着人的全面发展目标的实现程度和水平。前面提到,人的全面发展是一个生成性的历史过程,总是受一定社会历史条件的影响和制约,一般而言,人类社会发展每向前迈进一步,距离实现人的全面发展目标就更进一步。正是由于社会生产的发展是人的全面发展的根本条件,因而社会生产发展的水平就会直接影响人的全面发展目标的实现程度和水平。当前,我国社会各个领域均存在不同程度的发展不充分问题,如经济发展质量不充分、民主法治建设不充分、高品质的文化供给不充分、民生保障质量不充分,等等。这些发展不充分问题不仅在某种程度上会直接影响我国人民美好生活的实现,而且会制约当前我国人的全面发展目标的实现程度和水平。

最后,人的全面发展是推动不平衡不充分发展问题解决的根本动力。在马克思主义人学论域中,人在社会发展中居于主体地位。人作为社会发展的主体,是相对于人被作为工具而言的。因此,社会的发展就是人的发展的具体体现。不仅如此,历史唯物主义认为,历史不是神创的,也不是由个别天才人物独自创造的,而是由一个个从事具体生产实践的现实的人创造的,现实的人是社会历史发展的根本动力。正因为人既是社会发展的主体,又是社会发展的根本动力,因此,解决任何社会发展问题和矛盾都必须以人的发展为根本出发点和落脚点。而人的全面发展作为社会发展的终极理想和价值追求,是推动新时代我国社会发展不平衡不充分问题解决的根本动力。人的需要的丰富和发展推动着社会发展不平衡不充分问题的解决。作为人的本质规定,需要总是伴随着人的实践的发展而不断被满足和占有,同时,旧的需要的满足又会为新的需要的产生和发展开辟道路,而人的全面发展正是在需要的满足过程中不断向前推进。需要还是人们所从事的一切活动的动因,人们奋斗的一切都与他们的需要息息相关。新时代社会主要矛盾就是针对人们的需要的变化和发展而提出的。人民对美好生活的需要是一种比物质文化需要更多样化、更高层次的需要。美好生活需要的满足与发展既是人的全面发展的现实要求,也是推动社会发展的不平衡不充分问题解决的动力所在。

(四)化解新时代社会主要矛盾与人的全面发展的关系

化解新时代社会主要矛盾不仅是当前促进我国社会平衡充分发展的根本举措,也是新时代实现我国人的全面发展的现实途径。由于人既是社会发展和化解社会主要矛盾的实践主体,也是社会发展和化解社会主要矛盾的价值主体,因此,人的全面发展也就构成了化解新时代社会主要矛盾的现实追求。

1. 化解社会主要矛盾是人的全面发展的现实途径

"要化解社会主要矛盾,要求在顶层设计和制度设计上,充分考虑'人'的因素,科学地将'人'的发展需求与化解社会主要矛盾对接起来,这是实现人的全面发展的现实途径。"[①]新时代社会主要矛盾与人的全面发展的关系,也可理解为美好生活需要与人的全面发展的关系。满足美好生活需要是人的全面发展的现实要求,也是实现人的全面发展的现实途径。从新时代社会主要矛盾的两个方面的关系来看,不平衡不充分的发展是制约人民对美好生活的需要的根本因素,也是化解新时代社会主要矛盾的根本着力点。解决不平衡不

---

① 刘荣春. 新时代社会主要矛盾与人的全面发展[M]. 北京:经济管理出版社,2020:104.

第一章　新时代社会主要矛盾转化下人的全面发展相关理论阐释

充分的发展问题不仅是化解新时代社会主要矛盾的根本途径,而且是满足人民对美好生活的需要、促进新时代人的全面发展的现实途径。可见,新时代,化解社会主要矛盾是实现中国人的全面发展的现实途径。具体可从以下几个方面展开详细分析。

首先,化解新时代社会主要矛盾必须大力解放和发展生产力,这是实现人的全面发展的根本途径。生产力是社会基本矛盾运动的核心要素,也是社会发展的决定性因素,解放和发展生产力是推动社会不断向前发展的根本途径。改革开放以来,我们党正是始终致力于把解放和发展生产力作为推进中国特色社会主义事业的根本途径,才使得我国仅用几十年的时间就基本解决了十四亿多人口的温饱问题,进而为人民追求和实现美好生活奠定了坚实的物质基础。然而,在我们欣喜于过去巨大成就的同时,应清醒地认识到当前我国基本国情并未因新时代社会主要矛盾的转化而发生实质性的改变,作为当今世界上最大的发展中国家,我国仍处于并将长期处于社会主义初级阶段。为此,领导全国各族人民解放和发展生产力仍是中国共产党执政兴国的第一要务,仍是化解新时代社会主要矛盾的根本途径。从人民需求侧来看,只有在现有发展基础上创造出比过去更高水平的社会生产力,才能更好更充分地满足人民对美好生活的需要。从社会生产实际来看,生产力发展质量和效益不充分的问题已构成当前我国生产领域最突出的问题,并成为制约我国人民美好生活和全面发展的突出因素。具体可从两个方面展开分析:一方面,当前我国社会生产总量还只能从整体上满足人民较低层次的生存需求,并且在城乡、区域、群体间还存在供给不平衡问题;另一方面,无论是与发达国家相比,还是对照中国式现代化的远景目标,当前我国经济发展质量不充分问题仍比较突出,难以有效满足人民更高品质的生活需求。因此,无论从人民需求侧来看,还是社会供给侧来看,大力解放和发展社会生产力都是调解新矛盾的根本途径。同时,我们应注意到,作为生产力最核心的构成要素,现实的人及其发展水平本身就可以通过生产力的发展而得到相应确证。正是由于化解新时代社会主要矛盾与人的全面发展统一于社会生产发展之中,因此,化解新时代社会主要矛盾是实现人的全面发展的根本途径。

其次,化解新时代社会主要矛盾必须以全面深化改革调整生产关系,这是实现人的全面发展的重要途径。尽管解放和发展生产力能够为实现人的全面发展奠定物质基础和创造有利条件，但是并不意味着只要提高社会生产力就一定能够实现人的自由全面发展。如果是这样的话，我们就无法解释为何早期资本主义一方面创造了无比巨量的生产力，另一方面占社会人口绝大多数的无产阶级却日益陷入异化的片面的发展境地。一般而言，生产力的发展能否真正推动人的全面发展的实现，关键还要看与之相对的社会生产关系的性质。在资本主义社会，资本主义生产关系虽然早期把"一切封建的、宗法的和田园诗般的关系都破坏了"[1]，并且使"资产阶级在它的不到一百年的阶级统治中所创造的生产力，比过去一切世代创造的全部生产力还要多，还要大"[2]。然而，随着资本主义生产关系在社会上取得统治地位后，资产阶级在追逐剩余价值最大化的利益驱使下将资本主义生产关系对无产阶级的压迫和剥削逐渐发挥到极致。在资本主义生产关系主导下，人的全面发展日益呈现两极分化态势，一边是"不劳而获"的资产阶级凭借其掌握的社会生产资料垄断着人的发展的资源和机会，日益成为社会少数"有教养的人"，另一边则是广大"劳而不获"的无产阶级为了基本的生存而被迫在日益精细化的社会分工体系下沦为片面发展的人。因此，马克思认为无产阶级只有彻底消灭资本主义生产关系才能从根本上改变个别人的全面发展以牺牲绝大多数人的全面发展为条件的历史命运。新时代社会主要矛盾的转化并未改变我国的社会性质和基本国情，当前，我国仍处于并将长期处于社会主义初级阶段。社会主义社会性质决定，我国的社会生产关系不仅能够代表人类社会发展的未来，而且为我国人民的全面发展奠定了最根本的社会基础。虽然社会生产力的发展水平和质量是决定新时代社会主要矛盾化解的根本因素，但是也不能忽视由经济基础决定的上层建筑、由生产力决定的生产关系对化解这一矛盾的重要影响。综上可知，任何时候人的发展都要受生产力和生产关系双重因素的影响和制约，唯有将人的发展置于一定社会关系中予以整体考量，才能解开社会主要矛盾

---

[1] 马克思恩格斯选集：第一卷[M].中共中央马克思恩格斯列宁斯大林著作编译局，译.北京：人民出版社，2012：402-403.

[2] 马克思恩格斯选集：第一卷[M].中共中央马克思恩格斯列宁斯大林著作编译局，译.北京：人民出版社，2012：405.

第一章　新时代社会主要矛盾转化下人的全面发展相关理论阐释

与人的发展之间的密码；唯有对制约人的发展的各种社会矛盾加以科学分析，才能真正阐明个人发展的社会意义与社会发展的人学意义。[①] 因此，新时代，要化解社会主要矛盾不仅要大力发展社会生产力，而且要通过全面深化改革，不断调整社会生产关系，使之更好地适应生产力的发展，进而为社会的全面进步和人的全面发展扫清各种社会障碍。

最后，化解新时代社会主要矛盾须不断满足人民对美好生活的需要，这指明了实现人的全面发展的价值方向。作为社会关系的现实表征，任何时期的社会矛盾都与该时期社会关系中人的利益和需要密切相关。可以说，人的发展需要就是社会矛盾产生的最直接条件，任何社会矛盾都伴随着人的发展需要的产生而产生，伴随着人的发展需要的满足而不断化解。因此，在现实生活中，只有准确把握人的发展需要，才能找到化解社会矛盾的正确方向和科学方法。前文提到，社会生产力和生产关系均为影响社会矛盾转化的重要因素，而人的发展作为推动生产力发展和生产关系变革的主体力量，无疑是引发旧有的社会矛盾双方相互升级转化进而产生新的社会矛盾双方的最主要因素。基于不同时期人民需要的发展变化而判断社会主要矛盾是否发生转化是中国共产党在立党执政中始终秉持的优良传统。正基于此，我们就不难理解为何人民对美好生活的需要是新时代社会主要矛盾的核心内涵，要化解新时代社会主要矛盾，就必须聚焦"人的需要"并在实践中满足这一需要。由于满足人民对美好生活的需要与实现人的全面发展具有内在统一性，因此，化解新时代社会主要矛盾内在要求满足人民对美好生活的需要的同时，为新时代实现人的全面发展指明了方向。

2. 人的全面发展为化解新时代社会主要矛盾提供主体力量

人的发展既是美好生活的价值旨归，也是实现美好生活的主体力量。马克思关于人的全面发展理论以具体的、历史的、现实的人为立足点，描绘了为了人的自由全面发展的美好生活图景。人作为社会的主体，既受社会生产条件和水平的影响与制约，又因具备强大的主体力量而不断推动社会的发展与进步。而作为社会主义的本质要求，人的全面发展对社会主义的发展状况

[①] 刘荣春. 新时代社会主要矛盾与人的全面发展[M]. 北京：经济管理出版社，2020：107.

产生了深刻影响。在新矛盾转化背景下，制约社会进步和人的全面发展最主要的因素就是社会发展的不平衡不充分问题。与过去解决落后的社会生产问题不同，发展不平衡不充分问题涉及经济社会发展多个领域多个层面，因此，解决这一问题要求从社会多个方面的建设全面发力。正是由于人的发展是我国社会主义发展的主体力量，因此，走向全面发展的人也一定能为顺利化解新时代社会主要矛盾注入强大的主体力量。

首先，人的全面发展通过推动社会主义生产力发展而促进经济发展不平衡不充分问题的解决。新时代我国社会主要矛盾虽然已经发生转化，但是这一转化却并未改变我国的基本国情，当前的工作重心仍要放在解放生产力、发展生产力上面。同时，较之于过去人民的追求，新时代人民对优质生活的向往，不仅包括更高品质的物质生活，而且对民主、正义、公平、健康、安全、幸福等精神生活也有了新的期待和追求。因此，要化解新时代社会主要矛盾，就必须创造出比过去更高水平的物质生产力和精神生产力。由于人是生产力中的决定性因素，因此，发展先进的生产力，要有高素质、全面发展的人。在生产力构成要素中，劳动者作为最核心的要素，在生产实践中发挥着主体作用，并通过生产劳动将生产对象转化为现实的生产成果。西方人力资源理论表明，人力资源的质量状况直接决定着财富的生产情况。因此，西方国家相较于对物的投资更注重对人的投资。一个国家可以从国外引进科学技术和管理制度，但是如果这个国家的人民不具备掌握和运用这些科学技术和管理制度的知识和能力，在思维方式、行为方式等方面仍趋于传统保守，那么，他们就不可能真正实现现代化。因此，人作为生产要素中首要的、最活跃的因素，其素质尤其是科学文化素质和实践能力的状况对社会生产力的发展水平起着决定性的作用。一般而言，人们掌握的生产知识越丰富，文化程度越高，管理能力越强，其在社会生产活动中的主体作用就越容易发挥出来，相应的，那些存在于经济发展领域的各种问题也就越容易得到解决。

其次，人的全面发展通过推动社会主义民主政治发展从而解决民主法治建设不平衡不充分问题。随着新时代的到来，一方面，人民在物质文化需求得到基本满足后，对民主、法治的美好政治生活需求愈发强烈；另一方面，当前我国在民主、法治建设方面仍存在诸多不平衡不充分之处，并在一定程度上制约着人民美好政治生活的实现。而只有大力发展社会主义民主政治，彻底解决民主、法治建设中的痼疾顽症，方能更好地满足人民群众对民主、平等、正义等美好政治生活的需求。因此，发展社会主义民主政治是化解新时代社会主要矛盾的内在要求。而要发展社会主义民主政治，同样离不开全面发展的人的积极作为。人作为社会历史的创造者，也是社会政治建设的主体，各种政治活动需要人的参与，各种政治制度或体制也需要人来制定和执行。因此，人的素质、能力、自主性等因素与社会民主政治建设紧密相关。人的发展越充分、越全面，其素质就越高、能力就越强，参与社会民主政治建设的积极性和热情就越高，就越能推动社会民主政治建设的高质量发展。具体而言，人的全面发展对社会民主政治的推动作用表现在以下几个方面。第一，人的民主政治意识的增强，参与民主政治的积极性提升，可为建设高水平的社会主义民主政治提供广泛的群众力量和积聚丰富的群体智慧。第二，人的思想道德素质和政治素质的提高，可确保政治体制或制度制定的合理性和科学性，也可确保这些体制或制度的有力运行。第三，人的政治参与、管理、执行等能力的提升，可提高社会主义民主政治建设的水平和质量。社会主义政治文明的一个显著特点就是公民对政治生活的积极参与。如果公民能积极参与政治生活，那么他们对政治的管理、监督乃至遵守才能得到充分体现，而各种政治体制或制度的制定才能因集思广益而更具科学性，也才能得到广泛的群众支持。

最后，人的全面发展通过推动社会主义科学文化发展从而解决文化发展不平衡不充分问题。社会主要矛盾的转变，一方面表明我国社会生产发展已取得重大突破，"落后的社会生产"已不再构成当前社会发展的主要问题；另一方面表明人民需求发生了历史性升级，即由原来以生存为主要目的的物质文化需求升级为内容更丰富、层级更高的美好生活需求。精神文化生活不仅是人民对美好生活的需要的重要内容，而且随着社会发展水平的不断提升和人民生活目标追求的日益提高，新时代人民美好精神生活需求也呈增长之势。因此，满足人民精神文化生活需求是化解新时代社会主要矛盾的内在要求和重要任务。而要满足人民精神文化生活需求，就必须通过繁荣和发展社会主义科学文化来增强社会精神文化的供给能力。值得注意的是，文化带有人的烙印，是人们在社会实践的过程中创造出来的。人在社会实践活动中不仅生产着自身生存和发展的物质资料，也生产着科学技术、文化等精神产品。但是，不同时期的文化所承载的价值内容、表现形式等却不尽相同，而导致这一差异的主要原因在于不同时期的文化创造者的认知水平、文化修养、价值追求、实践能力等存在明显差异。也就是说，现实的人在精神生产活动中充分发挥着主导作用，其素质的高低和能力的大小直接决定着一定时期社会科技的发展水平和社会文化产品的数量和质量。试想一下，精神产品的生产者如果没有一定的理论水平和较强的实践能力，如果没有正确的价值取向和较强的科学意识，又怎能创造出先进的科学技术和优秀的文化作品呢？因此，新时代，要从根本上解决我国文化发展领域的不平衡不充分问题，满足人民美好精神文化生活需要，就必须通过各种有效途径着力提升全体人民的文化素养和精神素质，从而为文化的健康持续发展提供主体力量——全面发展的人。

第二章　新时代社会主要矛盾转化下人的全面发展的理论基础

社会主要矛盾和人的全面发展是历史唯物主义的两个重大理论命题。其中，社会主要矛盾理论是马克思社会发展理论的重要组成部分，是马克思主义创始人在创造性地运用矛盾的分析方法揭示人类社会运行规律过程中所创造的伟大理论成果。作为马克思主义的坚定信仰者，中国共产党始终将马克思主义社会矛盾理论作为自身在革命、建设、改革实践中制定路线方针政策的重要依据，并且围绕我国具体国情和工作任务的变化不断将马克思主义社会矛盾理论推向中国化、时代化。人的全面发展理论是指引世界上所有信仰马克思主义的国家、民族、政党及个人从此岸世界走向美好彼岸世界的思想灯塔。自马克思、恩格斯提出人的全面发展理论以来，马克思主义的继承者们根据时代发展的要求和基本国情的变化，不断丰富和发展马克思人的全面发展理论。新时代社会主要矛盾转化下研究人的全面发展问题，必须从马克思历史唯物主义的肥沃土壤中，探寻新时代社会主要矛盾和人的全面发展的理论基础。其中，马克思主义社会矛盾理论和人的全面发展理论，共同构成了本书研究的理论基础。

一、马克思主义社会矛盾理论

新时代，对中国人的全面发展问题的研究不可脱离马克思主义社会矛盾理论，需要深入研究和分析马克思主义社会矛盾理论的发展历程。自马克思主义创始人从历史唯物主义的高度开启社会矛盾理论研究之后，列宁、斯大林、毛泽东以及其他中国共产党主要领导人在继承马克思主义社会矛盾理论的基础上,从各自面临的基本国情和时代背景出发,不断创新和发展马克思主义社会矛盾理论,进而为我们新时代探究中国社会主要矛盾的演变规律和人的发展问题奠定了理论基础,指明了前进方向。

(一)马克思、恩格斯的社会矛盾理论

马克思、恩格斯不仅在唯物辩证法中,从一般哲学意义上研究了矛盾问题,而且他们创造性地将矛盾的分析方法引入到对社会历史问题的考察之中,第一次用社会矛盾来揭示历来为人们望而却步的社会发展规律问题。人类社会关系的复杂性决定了社会矛盾系统同样具有复杂性,它包含了根本矛盾、基本矛盾、主要矛盾以及其他矛盾等诸多要素。马克思、恩格斯从现实的人的物质生产实践出发,通过全面考察资本主义生产方式的运行规律,不仅深刻揭示了由生产力和生产关系、经济基础和上层建筑所构成的社会基本矛盾及其运动规律在人类社会发展史上的根本意义,而且着重分析了资本主义社会的基本矛盾和主要矛盾,并据此科学预测了资本主义社会必然灭亡的历史命运。可以说,马克思和恩格斯关于社会矛盾的理论为人类认识社会发展规律提供了科学的理论工具,并且这一理论的价值远远超出了他们用于批判资本主义这一理论使命范畴,更重要的是为他们的后继者们在这一理论问题上的继续深耕,并将其创新理论成果运用到对现实社会问题的分析之中开辟了光明道路。具体内容主要体现在以下三个方面。

一是社会基本矛盾是人类社会发展的根本动力。在马克思主义诞生以前,哲学家们对人类历史发展有无规律以及推动历史发展的动力是什么这些问题始终拿不出令人信服的答案。他们大多数人从社会意识决定社会存在这个观点出发来考察人类社会历史,其最终结果是他们只能用"上帝"这一万能说辞来掩盖他们对历史规律的无知。同他们刚好相反,马克思、恩格斯选择从社会存在决定社会意识这个观点出发来考察人类社会历史,进而把社会物质生活资料的生产看作人类社会存在的基础以及人类从事其他一切活动的前提。马克思和恩格斯曾在他们合著的《德意志意识形态》一文中充分肯定了人类物质生活资料的生产活动之于人类自身及其历史发展的决定性意义,并将其作为考察人类历史演进规律的"第一个前提":"人们为了能够'创造历史',必须能够生活。但是为了生活,首先就需要吃喝住穿以及其他一切东西。因此第

第二章 新时代社会主要矛盾转化下人的全面发展的理论基础

一个历史活动就是生产满足这些需要的资料,即生产物质生活本身。"① 换言之,人类作为有机生命体,没有哪一天可以脱离物质生活资料而继续维持生命机体的存在和发展,而这些物质生活资料既不是"上帝"赐予的,也不是在某种意念中自发生发的,而是由现实的人的生产实践创造出来的。在生产实践中,人类在与自然发生关系的过程中形成了一定的生产力,即人类征服自然而取得物质生活资料的能力,是由现实的人的生产实践创造出来的。在生产实践中,人类在与自然发生关系的过程中形成了一定的生产力,即人类征服自然而取得物质生活资料的能力;同时,人类在生产过程中又形成了生产关系。生产力和生产关系是社会生产不可分割的两个方面,二者的有机结合构成了社会生产方式,任何社会生产都是在一定的生产方式下进行的。在人类的各种社会形态中,由生产力和生产关系、经济基础和上层建筑所构成的两对基本矛盾总是处于从相互适应—不适应—相互适应的矛盾运动之中。这种矛盾运动就是人类社会的基本矛盾运动,它不仅贯穿于人类社会发展过程的始终,而且作为根本动力推动着人类社会不断向前发展。

二是生产社会化与资本主义生产资料私有制之间的矛盾是资本主义的基本矛盾。马克思和恩格斯除了从整个人类历史发展的视角考察了社会基本矛盾及其运动规律外,还通过认真研究资本主义经济运行规律,具体提出了资本主义社会的基本矛盾。"马克思的《资本论》从研究浩瀚的社会经济现象,创立了剩余价值学说,揭示出生产的社会化和生产资料资本主义私人占有之间的基本矛盾,从而得出社会主义必然要代替资本主义的科学结论。"② 一般而言,在资本主导的生产逻辑之下,资产阶级为了获取更多的利润,总是在已有生产规模的基础上不断扩大生产,这一方面使得生产不断扩展到整个社会范围,另一方面又使得原本分散的生产资料开始集中到少数资本家手中,社会化的生产与个人化的占有之间的矛盾不断突显出来。可以说,由资本逻辑主导的现代社会无一例外是在这种基本矛盾中运行的,并且随着工业化深入推进这一基本矛盾必然变得更加尖锐。不仅如此,马克思在《资本论》中也揭

---

① 马克思恩格斯选集:第一卷[M]. 中共中央马克思恩格斯列宁斯大林著作编译局,译. 北京:人民出版社,1995:79.

② 江泽民. 论科学技术[M]. 北京:人民出版社,2001:38.

示了这一基本矛盾：当资本主义生产规模扩大时，积累在资本家手上的财富不断增加；同时，在工人手上的财富就越来越少，工人的劳动无法使得其获得自主，反而是被资本家控制得死死的，两者的矛盾是资本主义生产关系的必然产物，是资本主义社会基本矛盾的表现之一。可见，马克思采取了从一般到特殊的研究方法，即从历史唯物主义的普遍原理到对简单的商品生产的具体分析，进而分析出具体社会形态的基本矛盾，后来，这种研究方法也被他们的后继者们在研究社会矛盾问题时很好地继承下来了。

三是无产阶级与资产阶级的矛盾是资本主义社会的主要矛盾。在人类阶级社会发展历程中，由于"人们不是主要从大自然中获取物质生活资料，而是主要从他人身上获取这种资源"①，被异化的人与人的关系（生产关系）成为社会基本矛盾的主要方面，因此，社会基本矛盾所表现出来的主要矛盾是阶级矛盾，如奴隶社会中，奴隶主阶级和奴隶阶级之间的矛盾；封建社会中，地主阶级与农民阶级之间的矛盾；资本主义社会中，资产阶级与工人阶级之间的矛盾。阶级是一个经济概念。在社会生产体系中的地位高低，是否占有生产资料，是否支配劳动过程，以及财富占有体量的多寡成了进行阶级划分的基础性、关键性标准。马克思和恩格斯一方面高度肯定了资产阶级在瓦解封建制度、促进生产力发展、开拓国际市场、促进文明交流等方面做过的历史性贡献；另一方面又指出，随着资本主义生产规模的不断扩大，资产阶级的生产关系已容纳不了它本身所制造的财富，最终使得"资产阶级用来推翻封建制度的武器，现在却对准资产阶级自己了"②。恩格斯在《反杜林论》中进一步明确指出，社会化大生产和资本主义占有的不相容性使"集中在资本家手中的生产资料和除了自己的劳动力以外一无所有的生产者彻底分离了。社会化生产和资本主义占有之间的矛盾表现为无产阶级和资产阶级的对立"③。换言之，由资本主义社会基本矛盾所具化出来的主要矛盾是两大阶级的矛盾。这一矛盾随着资本主义生产的不断发展而必然引发激烈的社会革命，最终将整个资

---

① 赵科天. 当代中国社会矛盾分析[M]. 北京：中国文史出版社，2002：137.
② 马克思，恩格斯. 共产党宣言[M]. 北京：人民出版社，2018：34.
③ 马克思恩格斯全集：第二十五卷[M]. 中共中央马克思恩格斯列宁斯大林著作编译局，译. 北京：人民出版社，2001：399.

第二章　新时代社会主要矛盾转化下人的全面发展的理论基础

本主义"埋葬"。

(二)列宁和斯大林关于社会矛盾的理论

俄国十月革命的胜利确证了马克思主义社会矛盾理论的科学性和革命性。列宁和斯大林在领导俄国革命和苏联社会建设的实践中,不仅继承了马克思恩格斯的社会矛盾理论,而且结合本国基本国情和革命建设的任务,进一步丰富和发展了马克思主义社会矛盾理论。

1. 列宁关于社会矛盾的理论

十月革命之前,俄国还是西方帝国主义链条上最薄弱的环节,也是各种社会矛盾最集中最尖锐的一个国家。进入社会主义发展阶段后,是否原先一直缠绕俄国的那些社会矛盾都一并随着十月革命的炮火化为历史的尘埃了呢?如果存在矛盾,那么,社会主义社会矛盾主要表现在哪些方面呢?这些理论问题在马克思主义的两位创始人的任何一本著作中都找不出现成的答案,但这些问题又都是苏联社会主义建设过程中必须予以回答的前提性问题。列宁从十月革命胜利后就开始思考这些问题,并出色地交出一份令人满意的理论答卷,进而丰富和发展了马克思主义社会矛盾理论。一方面,列宁最早承认社会主义社会仍存在矛盾。马克思主义创始人由于没有亲身经历社会主义革命和建设,所以我们不能苛求他们对社会主义社会有无矛盾问题做出明确的回答。布哈林曾在其著作中公开提出"资本主义是对抗的、矛盾的制度"的观点,言下之意似乎暗示社会主义则无矛盾。1920年5月,列宁在读到布哈林著作中的这一观点时,批注:"极不确切。对抗和矛盾完全不是一回事。在社会主义下,对抗将会消失,矛盾尤将存在。"[①]如资本主义社会中无产阶级与资产阶级之间的对抗、封建社会中农民与地主之间的对抗、奴隶社会中奴隶与奴隶主之间的对抗。这些以阶级斗争形式表现出来的对抗是历史的,也是暂时的,最终都会随着私有制的消灭而消失。而矛盾则不同,任何矛盾当然也包括社会领域的一切矛盾都是普遍存在的,人类无法彻底消灭一切社会矛盾,只能解决当下制约社会发展进步的现有矛盾,同时,随着旧矛盾的解决又会

---

① 列宁. 对布哈林《过渡时期的经济》一书的评论[M]. 中共中央马克思恩格斯列宁斯大林著作编译局,译. 北京:人民出版社,1976:12.

出现各种新矛盾。可见，只要社会一直存在，社会矛盾就不会消失。另一方面，列宁对社会主义客观存在着的各类社会矛盾在性质方面进行了深入的分析和阐释。对于社会主义社会矛盾的解决问题，列宁提出一个新的方针，即用对立面结合的办法来处理，其中，两大对抗阶级的利益是根本对立的，不可能结合起来。只有非对抗性矛盾，在根本利益一致的基础上的人民内部矛盾，才有可能和必须采取把对立面结合起来的办法解决。[①] 而社会主义制度下所表现出的是一种"非对抗性矛盾"，而在资本主义条件下，非对抗性矛盾虽然也广泛地存在着，但它从根本上不能对资本主义社会的发展过程产生决定性影响。为此，他认为由资本主义生产方式引起的无产阶级与资产阶级的矛盾和对抗才是推动资本主义社会发展、灭亡的主要动力。从历史意义上来讲，列宁关于社会主义各类社会矛盾的性质的理论分析，还为后来众多社会主义国家选择以何种方式处理各种社会矛盾提供了方法指引。

综上可知，列宁对社会主义社会矛盾理论的可贵探索，对中国共产党人正确认识和处理社会主义社会矛盾有着深远的指导意义。但值得注意的是，由于列宁所面临的主要任务，是无产阶级夺取政权和巩固政权的问题，是无产阶级革命和无产阶级专政问题，加之其英年早逝，以至于其许多关于社会主义社会矛盾的思想未能来得及在理论上充分展开，这也为后来以毛泽东为代表的中国共产党人继续深入研究社会主义社会矛盾问题提供了直接的理论基础和广阔的研究空间。

2. 斯大林关于社会矛盾的理论

列宁逝世后，斯大林当选为苏联最高领导人，成为苏联社会主义事业的领导核心。在他的领导之下，苏联从正式确立社会主义基本制度开始，举国上下就如火如荼地开展社会主义建设活动，并一度取得傲人的历史成绩。然而，面对眼前一片欣欣向荣的社会主义建设光景，斯大林在面对社会主义社会有无矛盾问题时，陷入了充满矛盾的探索之中。一方面，斯大林对社会主义社会是否存在着矛盾进行了一定的分析和思考，不过其得出的结果却存在首尾并不统一的情况。如他在1938年的时候的观点是苏联的社会主义生产关

---

① 参考张江明. 社会主义辩证法的理论与应用[M]. 北京：人民出版社，1990：98.

系"完全适合"于生产力,并宣称苏联社会已不存在资本主义社会那样的阶级矛盾了。1938年斯大林在《论辩证唯物主义和历史唯物主义》中指出:"苏联的社会主义国民经济是生产关系完全适合生产力性质的例子,这里的生产资料的公有制同生产过程的社会性完全适合,因此在苏联没有经济危机,也没有生产力破坏的情形。"①后来,随着苏联社会主义建设中的矛盾和问题的逐渐爆发,又使斯大林不得不在《苏联社会主义经济问题》一文中对先前的"完全适合论"重作解释。斯大林从先前完全否认社会主义社会存在矛盾,到后来模糊地提出"也有矛盾论",说明他对这一问题的认识已所有进步。但是,正是由于斯大林对这一问题长期持模棱两可态度,使得苏联国内的学术上空始终回响着社会主义"无冲突论"的声音。另一方面,"斯大林已敏锐地感觉到社会主义社会人民之间的一致性中有斗争性存在,但斗争性少于一致性"②。总体而言,斯大林对于社会主义社会矛盾理论的探索相对比较单一和薄弱,甚至还出现了一些明显的理论漏洞和失误,因而一度给苏联的社会主义实践造成了一定的困扰。但从历史镜鉴的角度来看,斯大林关于社会矛盾理论的探索及其早期的一些失误,虽然给苏联往后的社会主义实践留下了沉痛的教训,但是也给其他国家马克思主义政党留下诸多值得反思、警戒、再认识的深刻内容。

(三)中国共产党人的社会矛盾理论

马克思主义传入中国后,毛泽东在继承马克思主义经典作家们关于社会矛盾理论的基础上,围绕新民主主义革命和社会主义建设这两大历史任务,不断创新和发展马克思主义社会矛盾理论,并使之朝着中国化的历史方向不断发展。继毛泽东之后,邓小平、江泽民、胡锦涛、习近平等党的主要领导人也对社会主义社会矛盾有过许多思想论述,这些思想论述同样为我们研究新时代社会主要矛盾提供了直接的理论基础。

1. 毛泽东关于主要矛盾和社会主义社会矛盾的理论

早在延安革命时期,毛泽东就对马克思主义唯物辩证法做过系统的研究。为了弥补列宁对唯物辩证法研究的遗憾,清除德波林的唯心论在党内的消极

---

① 斯大林选集:下卷[M].中共中央马克思恩格斯列宁斯大林著作编译局,译.北京:人民出版社,1979:445.
② 梁周敏,衡彩霞.新时期人民内部矛盾问题研究[M].北京:人民出版社,2001:6.

影响，毛泽东写出了《矛盾论》这一著名哲学篇章。该文不仅首次提出了主要矛盾这一概念，而且系统地分析了矛盾的相关内容。我国社会主义制度确立后，面对全新的社会制度和全新的社会建设任务，毛泽东通过理性分析和科学总结苏联社会主义建设所取得的成就以及已暴露出来的各种现实问题，创造性地提出了社会主义社会矛盾理论，进一步丰富和发展了马克思主义社会矛盾理论宝库。可以说，毛泽东所创立的辩证法关于矛盾问题的系统学说和社会主义社会矛盾系统学说，为我们党之后正确认识和分析我国社会主要矛盾及其变化规律提供了最直接的理论基础。

首先，毛泽东所创立的辩证法关于矛盾问题的系统学说为主要矛盾范畴的确立奠定了理论基础。在马克思主义诞生之前，古希腊本体论、近代认识论和德国古典哲学就已经对辩证法有过相关研究。尤其是德国古典哲学的集大成者——黑格尔第一次在人类哲学史上构建起系统的辩证法理论体系。从内容上看，黑格尔辩证法体系看似无所不包、无比庞大，然而却在微观层面尚未形成一个系统地研究矛盾问题的理论体系。马克思在构建其哲学大厦时，发现了黑格尔辩证法体系的这一"短板"，但是受时间和精力的限制，他并未实现写一本关于辩证法专著的愿望。后来，列宁尝试弥补马克思生前这一哲学"遗憾"。为此，他潜心研读了哲学史上几乎所有关于辩证法的经典著作，最终写出两篇关于辩证法的专门论著——《辩证法的要素》和《谈谈辩证法问题》。在这两篇文章中，列宁拟定了一个专门研究辩证法，特别是矛盾规律的提纲。遗憾的是，列宁的早逝直接导致这一研究计划的最终搁浅。毛泽东在《矛盾论》中最终实现了马克思和列宁的这一愿望。《矛盾论》是整个哲学史上第一部从微观角度系统研究辩证法关于矛盾规律的著作。在这部著作中，毛泽东从两种对立的宇宙观入手，全面考察并系统阐发了辩证法关于矛盾规律的基本理论问题，如矛盾的普遍性和特殊性、主要矛盾和矛盾的主要方面、矛盾诸方面的同一性和斗争性等。不仅如此，毛泽东的矛盾辩证法思想还很快被运用到了党的革命实践之中，为党研判错综复杂的社会矛盾，制定正确的革命路线和政策提供了可靠的理论依据。

其次，毛泽东关于主要矛盾和矛盾的主要方面的思想为社会主要矛盾范畴的确立奠定了坚实的理论基础。毛泽东基于对矛盾的不平衡理论的认识和

第二章 新时代社会主要矛盾转化下人的全面发展的理论基础

研究,在《矛盾论》中第一次系统地阐述了主要矛盾和矛盾的主要方面等理论。在毛泽东看来,大千世界中存在着诸多的矛盾,正是这些矛盾推动着事物不断向前发展。毛泽东不仅认识到在事物发展过程中存在着诸多矛盾,而且根据矛盾的不平衡理论指出不同的矛盾在事物发展过程中的地位和作用不尽相同,其中必然有一个矛盾在整个矛盾系统中居于支配地位,并规定和影响着其他矛盾的存在和解决。而这个居于支配地位的矛盾就是主要矛盾,其他矛盾则是非主要矛盾。主要矛盾的地位和作用要求我们在工作中须善于抓主要矛盾,能够基于主要矛盾制定科学有效的工作方针和计划。然而,毛泽东在强调主要矛盾的地位和作用的同时并没有轻视非主要矛盾的存在意义。在他看来,主要矛盾与非主要矛盾的地位并非固化的,二者在一定的条件下可能会相互转化,在工作中同样要重视各种非主要矛盾的存在和作用。在《矛盾论》中,毛泽东立足矛盾的不平衡理论不仅深刻阐明了在诸多矛盾中的主要矛盾和非主要矛盾问题,而且对同一矛盾的两个不同方面的主次地位也作了进一步阐释。在他看来,"矛盾着的两方面中,必有一方面是主要的,他方面是次要的"①。同一矛盾的主次方面的地位也不是固定的,二者在一定条件下也会互相转化,共同推动事物性质的不断变化。总之,毛泽东在《矛盾论》中从矛盾的不平衡性这一特征出发认识主要矛盾的方法为后来中国共产党在社会领域探究主要矛盾提供了理论基础。

再次,毛泽东关于社会主义基本矛盾的理论批判了社会主义"无冲突论"的错误思想。20世纪,苏联理论界对于社会主义社会有无矛盾问题有过争论。列宁和斯大林对这一问题持不同的看法和态度。列宁坚定地认为"在社会主义下,对抗将会消失,矛盾仍将存在"②。而斯大林"在领导苏联社会主义建设实践中对于这一问题的回答经历了一个从'完全适合论'到'也有矛盾论'的认识过程"③。正是由于斯大林对这一问题持模棱两可的态度,使得苏联学术上空始终回荡着社会主义"无冲突论"的声音。后来,苏联在苏共二十大上所暴露

---

① 毛泽东选集:第一卷[M].北京:人民出版社,1991:322.
② 列宁全集:第六十卷[M].中共中央马克思恩格斯列宁斯大林著作编译局,译.北京:人民出版社,2017:282.
③ 赵科天.当代中国社会矛盾分析[M].北京:中国文史出版社,2002:106.

出来的一系列矛盾和问题使得毛泽东对于社会主义有无矛盾问题有了更加清醒的认识和判断。党的八大之后，为了消除社会主义"无冲突论"在党内的消极影响，毛泽东在1957年召开的最高国务会议第十一次（扩大）会议上不仅明确指出社会主义社会同样存在着各种矛盾和问题，而且对社会主义基本矛盾及其性质作了科学阐释。毛泽东在《关于正确处理人民内部矛盾的问题》一文中明确指出："国家的统一，人民的团结，国内各民族的团结，这是我们的事业必定要胜利的基本保证。但是，这并不是说在我们的社会里已经没有任何的矛盾了。没有矛盾的想法是不符合客观实际的天真的想法。"[1]同其他性质的社会一样，社会主义社会同样存在诸多矛盾和问题，没有这些矛盾的存在及其作用发挥，社会主义就无法持续向前发展，为此他进一步阐明："在社会主义社会中，基本的矛盾仍然是生产关系和生产力之间的矛盾，上层建筑和经济基础之间的矛盾。"[2]不仅如此，毛泽东还科学阐明了社会主义基本矛盾的性质。在他看来，社会主义社会的基本矛盾"同旧社会的生产关系和生产力的矛盾、上层建筑和经济基础的矛盾，具有根本不同的性质和情况罢了"[3]。社会主义基本矛盾是一种非对抗性质的矛盾，因为社会主义制度的建立使得人民在生产关系上取得了一致的利益，进而消除了基本矛盾的各个方面之间对立的可能性。可以说，毛泽东关于社会主义矛盾尤其是基本矛盾的观点和论述，既有力地批判了当时苏联理论界关于社会主义"无冲突论"的错误思想，也为党后来在社会主义建设进程中理性地分析和解决各种社会矛盾提供了理论指导。

最后，毛泽东关于两类不同性质的矛盾理论为正确认识和化解新时代社会主要矛盾提供了理论基础。毛泽东在继承列宁矛盾辩证法理论基础上，通过客观分析苏联社会主义建设的经验和教训，并结合我国基本国情，第一次科学系统地回答了社会主义矛盾理论问题，强调党不仅要正视社会主义建设中的各种矛盾和问题，而且要通过解决这些矛盾来推动社会主义事业不断向前发展。不仅如此，毛泽东还强调在解决社会主义矛盾过程中，要正确认识

---

[1] 毛泽东. 关于正确处理人民内部矛盾的问题[M]. 北京：人民出版社，1964：1.
[2] 毛泽东. 关于正确处理人民内部矛盾的问题[M]. 北京：人民出版社，1964：10.
[3] 毛泽东. 关于正确处理人民内部矛盾的问题[M]. 北京：人民出版社，1964：10-11.

第二章 新时代社会主要矛盾转化下人的全面发展的理论基础

和分析这些矛盾的性质。为此，他按照性质划分，将社会主义社会的矛盾分为敌我矛盾和人民内部矛盾，并对这两种不同性质的矛盾作了详细说明。他明确强调："敌我之间的矛盾是对抗性的矛盾。"[①]因为敌我矛盾是指那些由于敌对阶级之间根本利益的相互冲突而产生的矛盾，是社会对抗性矛盾，具有不可调和性，这种性质的矛盾要通过专政的办法或途径加以解决；而人民内部矛盾只产生于劳动人民之间且建立在他们根本利益一致的基础之上，正因如此，在剥削阶级被消灭之后，解决人民内部矛盾主要采用民主的方式。此外，毛泽东还指明了这两种不同性质的矛盾在一定条件下会发生转化。例如，资产阶级和无产阶级的矛盾原本是一种敌我矛盾，但是在社会主义改造时期，通过对资产阶级的改造，使资产阶级和无产阶级的矛盾逐渐转变为人民内部矛盾。而人民内部矛盾虽然是非对抗性的，如果不加以及时妥善解决，也会转化为对抗性的敌我矛盾。可以说，毛泽东关于社会主义两类不同性质的矛盾思想适用于我国社会主义建设的每个历史阶段，尤其是对我们现阶段正确认识和化解新时代社会主要矛盾有着重要指导意义。

2. 邓小平关于社会主义社会主要矛盾的理论

"文革"结束后，面对"文革"遗留下的各种历史问题以及社会主义建设中出现的新情况、新问题，邓小平一方面深刻总结历史经验教训，领导全党积极开展"拨乱反正"工作，另一方面不断创新和发展毛泽东关于社会主义社会矛盾理论，进而为改革开放新时期党正确判断社会发展的主要矛盾，确立党和国家的中心工作提供理论遵循。具体而言，邓小平对于社会主义社会矛盾的认识和分析主要集中体现在三个方面。一是重新确立了生产力在社会主义基本矛盾中的主导地位。在邓小平看来，社会主义制度的建立，就意味着"我们这里没有剥削阶级，没有剥削制度"[②]，意味着在我国社会基本矛盾中居于主要方面的不再是生产关系而是生产力，整个社会发展面临的主要问题是生产力发展水平落后，因为它不仅影响到我国社会主义基本矛盾和其他社会矛盾的化解，而且从根本上制约着我国人民物质文化需要。为此，邓小平要求

---

① 毛泽东. 关于正确处理人民内部矛盾的问题[M]. 北京：人民出版社，1964：2.
② 邓小平文选：第二卷[M]. 北京：人民出版社，1994：259.

改革开放新时期必须把发展经济、提高生产力作为党和国家的中心工作一以贯之下去。二是立足于对社会基本矛盾运动规律的认识和分析,正确区分了社会主义的基本制度和具体制度。尽管毛泽东明确指出过社会主义社会基本矛盾的各个要素之间具有既相适应又相矛盾的特点,并指出一旦发现生产关系和上层建筑同生产力相矛盾,就应该及时推翻或变革这些生产关系和上层建筑。然而,囿于历史的局限性,毛泽东"始终未能从理论上把握基本制度同具体体制机制的区别,未能在实践中正确判断基本矛盾各要素又相矛盾的具体环节"[①]。这也就不难解释为什么党的八大后毛泽东逐渐选择以阶级斗争的方式来促进生产关系和上层建筑适应生产力发展,其最终结局只能是适得其反。改革开放初期,邓小平通过汲取八大以来的历史教训,明确要求我们党在认识和处理社会主义基本矛盾问题时,不能将社会主义基本制度与具体制度混淆在一起,改革主要改的是那些不能适应社会生产力发展要求的社会主义具体的旧制度,因为社会主义的基本制度与生产力之间总体是相互适应的。三是明确提出了改革开放新时期的社会主要矛盾。党的十一届三中全会后,邓小平意识到制约我国生产力发展的根本因素不是社会主义基本制度,而是那些过去长期实行的高度僵化的经济、政治体制,只有通过政治、经济体制改革,才能提高我国社会生产水平。为此,他进一步指出:"我们的生产力发展水平很低,远远不能满足人民和国家的需要,这就是我们目前时期的主要矛盾,解决这个主要矛盾就是我们的中心任务。"[②]此外,邓小平还强调要处理好社会主要矛盾与次要矛盾的关系。在他看来,着力解决社会主要矛盾固然重要,但是,如果不重视精神文明建设这一社会次要矛盾的解决,其反过来会制约到物质文明建设,因此,必须坚持"两手抓,两手都要硬"。

3. 江泽民关于社会主义社会主要矛盾的理论

党的十三届四中全会以来,面对急剧变化的国际国内形势和日趋加重的改革发展重任,江泽民在继承党的社会矛盾理论成果的基础上,根据时代发展的新任务和新要求,进一步丰富和发展了党的社会矛盾理论。具体主要体

---

① 王爱平. 论邓小平对社会主义矛盾理论的发展[J]. 岭南学刊,2009(03):16.
② 邓小平文选:第二卷[M]. 北京:人民出版社,1994:182.

第二章　新时代社会主要矛盾转化下人的全面发展的理论基础

现在两个方面。一方面，围绕解决社会主义初级阶段的主要矛盾，提出了一系列有关处理经济文化建设中的重大矛盾关系的思想。就处理经济建设中的矛盾关系而言，早在我国社会主义建设初期，毛泽东鉴于苏联经济建设中暴露出来的问题，要求我国在经济建设中必须处理好经济发展中的各种内外关系，进而确保我国社会主义经济朝着健康稳定的方向发展。江泽民同样提出要"正确处理社会主义现代化建设中的若干重大关系"[①]，如第一、第二、第三产业，东部地区和中西部地区，中央和地方，经济建设和国防建设，国家、集体和个人，自力更生和向国外学习等。就处理文化建设中的矛盾关系而言，江泽民根据我国改革开放新时期文化建设的实践要求，提出我们在文化建设过程中必须处理好"两个文明"建设的关系，弘扬主旋律与提倡多样化的关系，文化生产中社会效益与经济效益的关系等。另一方面，从维护人民根本利益和改革开放安定政治环境出发，提出要正确处理人民内部的矛盾，并强调"对各种人民内部矛盾，要及时妥善地加以处理，防止矛盾激化而影响社会稳定和人民团结"[②]。此外，江泽民对正确处理民族和宗教矛盾问题也有重要论述。在他看来，"民族、宗教无小事。全党都要充分认识民族问题的长期性、复杂性和重要性，高度重视民族工作和宗教工作"[③]。

4. 胡锦涛关于社会主义社会主要矛盾理论

迈入 21 世纪后，虽然党的十六大和十七大仍坚持改革开放初期的社会主要矛盾政治论断，但是这一矛盾的双方的具体状况随着我国经济社会的快速发展均发生了一定程度的变化。从人民需求侧来看，经过改革开放二十多年来经济社会的快速发展，我国人民物质文化生活水平较之改革开放初期普遍有了大幅度的提升，但是还远没有达到全面小康社会的水平，并且城乡之间、地区之间、各阶层之间的贫富差距也在以较快的速度拉大，社会矛盾较为复杂和突出；从供给侧来看，我国社会生产水平确实较之改革开放以前和改革开放初期有了大幅度的提高，经济总量也在以较快的速度赶超西方发达国家，

---

① 江泽民文选：第一卷[M]. 北京：人民出版社，2006：460.
② 中共中央文献研究室. 江泽民论有中国特色社会主义（专题摘编）[M]. 北京：中央文献出版社，2022：216.
③ 中共中央文献研究室. 十四大以来重要文献选编（上）[M]. 北京：人民出版社，1996：513.

但是我国社会生产质量和效益却相对比较落后,经济发展还主要依赖传统的粗放式增长模式,资源浪费和环境破坏现象非常严重,文化发展水平也远远没有达到基本满足人民精神需求的程度。总之,无论是人民生活需求,还是社会生产状况都没有发生质的变化,因而还不足以引起社会主要矛盾的转化。然而,如何破解由这一时期社会主要矛盾量变所引发的各种具体的社会矛盾问题则是胡锦涛这一代中央领导集体着重深思的现实问题。针对这些现实的社会矛盾和问题,胡锦涛在党的十六大后提出了"科学发展观"这一新思想、新理论。这一思想不仅确立了"以人为本"这一化解社会主要矛盾的价值准则,而且强调继续把"推动经济发展"作为化解社会主要矛盾的根本方式。换言之,现阶段无论呈现出怎样的问题和矛盾,解决它的方式还是发展,还是落实到生产力与生产关系的调整上来。[①] 同时,针对这一阶段社会主要矛盾衍生出来的各种次要矛盾,如城乡之间的矛盾、收入分配差距产生的矛盾、人与自然之间的矛盾,除了坚持以发展这一根本方式加以解决外,还应坚持全面协调可持续的要求和统筹兼顾的方法。可以说,胡锦涛关于社会主义社会主要矛盾的理论阐述指明了21世纪中国社会发展的价值准则和目标追求,而且为新时代党坚持以人民为中心正确处理各种社会矛盾和问题提供了理论指引。

5. 习近平关于新时代社会主要矛盾的理论

新时代社会主要矛盾论断是由习近平最先在党的十九大报告中提出来的,作为习近平新时代中国特色社会主义思想体系的重要组成部分,这一矛盾论断的提出为党和国家在新时代明确主要任务和工作方针提供了理论遵循,明确了实践要求。新时代社会主要矛盾论断,从宏观战略层面涉及"五位一体"的整体布局,概括了五大社会领域发展所呈现问题的共同特点——不平衡不充分,同时,从具体决策层面深入士、农、工、商等各阶层发展实际,指导各阶层不同人群的工作和生活。[②] 习近平关于新时代社会主要矛盾的理论分析,主要体现在他对"人民美好生活需要"和"不平衡不充分的发展"内涵的理解和阐释方面。就对"人民美好生活需要"的理论阐释来看,习近平在多个重

---

① 刘荣春. 新时代社会主要矛盾与人的全面发展[M]. 北京:经济管理出版社,2020:76.
② 刘荣春. 新时代社会主要矛盾与人的全面发展[M]. 北京:经济管理出版社,2020:77.

第二章　新时代社会主要矛盾转化下人的全面发展的理论基础

要讲话或谈话中谈及党的价值立场和价值追求时，总是反复强调"人民对美好生活的向往"就是我们党为之奋斗的目标和方向，事实上，帮助人民实现美好生活既是我们党历来坚守的初心和使命，更是我们党从事一切工作的根本出发点和落脚点。不仅如此，习近平从未将满足人民美好生活需要作为一句空洞的政治口号，而是不断将它落实到人民具体的生活需要之中，例如，提高人民的收入水平，为人民提供满意的教育资源、医疗服务、住房保障、就业，等等。就对"不平衡不充分的发展"的内涵阐释来看，习近平虽然并没有单独或专门具体阐释过"不平衡不充分的发展"的内涵，但是就如何解决不平衡不充分发展问题却提出过许多新思想新论断。例如，为了解决经济发展与其他方面发展不平衡问题，他提出要坚持五大发展理念，即用创新发展理念破解发展动力问题，用协调发展理念破解发展不平衡问题，用绿色发展理念破解经济发展与环境保护不平衡问题，用开放发展理念破解国内国际发展不平衡问题，用共享发展理念破解经济发展与民生发展不平衡问题。为了破解新时代社会主要矛盾，解决不平衡不充分发展问题，习近平还从党和国家宏观战略层面提出坚持"五位一体"总体布局和"四个全面"战略布局。实际上，习近平并没有孤立地去论述新时代社会主要矛盾问题，而是不断把破解新时代社会主要矛盾同推进社会全面进步和促进人的全面发展有机结合起来加以理解和分析，从而进一步明确了新时代社会主要矛盾是社会的全面发展和人的全面发展的动力。此外，习近平还结合对新时代社会主要矛盾的科学认识，对现阶段我国所处的历史方位和基本国情作出了准确判断，从而为新时代党和国家坚定改革开放基本国策，坚持独立自主发展方针，科学制定各项发展方略提供了最基本的依据。

二、马克思主义关于人的全面发展理论

人的全面发展理论是马克思主义理论体系的重要组成部分。新时代社会主要矛盾转化下人的全面发展研究，须立足于马克思主义人的全面发展理论基础之上，系统地梳理和分析马克思主义经典作家们以及中国共产党历届主要领导人关于人的全面发展的思想和论述，进而从中提取和总结可供本书研究借鉴和吸收的理论观点。

(一)马克思、恩格斯的人的全面发展理论

人的全面发展问题是一个古老而常新的哲学问题。在马克思主义诞生之前,无论是中国古代的儒家学派,还是西方的古希腊哲学、文艺复兴时期的人文主义者、启蒙运动时期的启蒙思想家、空想社会主义者等,都在谈及人的问题的时候或多或少地触及人的全面发展思想。但是,"由于历史和阶级的局限,他们所谈及的人从整体上脱离了人的社会性、历史性,没有从社会角度对人的全面发展加以理解,结果使人的全面发展思想多流于空想"[①]。马克思、恩格斯在批判地继承历代思想家关于人的全面发展思想的一切优秀成果的基础上,从现实的人的实践出发,创立了"合乎规律、合乎目的"的科学的、理性的人的全面发展理论。其对人的全面发展的内涵、条件和途径的认识和理解可为新时代探究中国人的全面发展问题提供理论指引。

1. 人的全面发展是指人以一种全面的方式占有自己全面的本质

在马克思看来,人的全面发展是人最根本、最深刻的东西的全面发展,即"人以一种全面的方式,就是说,作为一个完整的人,占有自己的全面的本质"[②]。为此,马克思基于对人的本质的多重理解,将人的全面发展的内容界定为四个方面。第一,人的全面发展是人的劳动和能力的全面发展。马克思在《1844年经济学哲学手稿》中把"自由的有意识的活动"作为人的本质。实践活动构成了人的存在方式。人猿相揖别也是从人类创造并运用劳动工具开展劳动那一刻开始的,通过生产劳动,人类不仅锤炼了同大自然"对话"的各种技能和品质,而且"造成新的交往方式,新的需要和新的语言"[③]。不仅如此,人的劳动的全面发展还表现为人的能力的全面发展。人的能力是在其实践活动中形成和发展起来的。一般而言,人的活动水平越高、活动能力越强,人的潜能就越能够得到挖掘、外化和展现,同时越能够促进人的全面发展。第二,人的全面发展表现为人的需要的全面满足。马克思曾指出:"既意识到我

[①] 任国忠,李丙清,仲爱萍. 中国特色社会主义与人的全面发展[M]. 北京:中国社会科学出版社,2016:12.

[②] 马克思恩格斯文集:第一卷[M]. 中共中央马克思恩格斯列宁斯大林著作编译局,译. 北京:人民出版社,2009:189.

[③] 马克思恩格斯全集:第三十卷[M]. 中共中央马克思恩格斯列宁斯大林著作编译局,译. 北京:人民出版社,1995:487.

第二章 新时代社会主要矛盾转化下人的全面发展的理论基础

的劳动满足了人的需要,从而物化了人的本质,又创造了与另一个人的本质的需要相符合的物品。"①现实生活中的每个人都要遵从内心的需要来从事各种社会活动,为了满足自己的需要而同他人建立起各种交往和联系,可以说,需要是人的内在本质规定,决定着每个个人的具体本质。因此,需要的满足程度直接表征为人的本质的实现程度,而需要的发展则是促进人的全面发展的内驱动力。第三,人的全面发展体现为人的社会关系的全面发展。马克思所理解的"人"不是抽象的人,也不是像鲁滨孙那样的离群索居的人,而是处在由人的实践活动所织就的社会关系网中的人,因此,社会关系不仅是人的本质的重要表现形式,而且决定着人的能力的形成和发展以及人的发展的现实程度。第四,人的全面发展还表现为人的个性的全面发展。在马克思、恩格斯的认知里,人的全面发展要强调个人关系和个人能力的普遍性和全面性,强调个人能力的多方面发展对造就其丰富个性的重要性。综上可知,马克思、恩格斯的人的全面发展理论内涵丰富、意蕴深远,全面把握这一重要思想的内涵,对正确认识和促进新时代人的全面发展具有重要指导意义。

2. 生产力的发展和旧式分工的消灭是人的全面发展的重要条件

"生产力"和"社会分工"一直以来都是马克思和恩格斯分析人的全面发展条件的两个重要维度。在马克思主义诞生以前,哲学家们在认识人类社会发展规律和人的发展历史时,总是不免踏入历史唯心主义的不归之途,究其原因主要是未能正确认识到生产力在人类发展中的重要地位和作用。马克思在肯定满足吃喝穿住等基本物质需要的活动是人类第一个历史活动的基础上,对康德只谈"善良意志"而漠视人的现实需要和欲望的观点进行了批判。在他看来,"康德只谈'善良意志',哪怕这个善良意志毫无效果他也心安理得,他把这个善良意志的实现以及它与个人的需要和欲望之间的协调都推到彼岸世界"②。显然,任何脱离现实的人的物质生活需要来谈所谓"美好的东西"都是不切实际的幻想,而作为人的一种实践能力,生产力是人们获取物质生活资

---

① 马克思恩格斯全集:第四十二卷[M].中共中央马克思恩格斯列宁斯大林著作编译局,译.北京:人民出版社,1979:37.
② 马克思恩格斯全集:第三卷[M].中共中央马克思恩格斯列宁斯大林著作编译局,译.北京:人民出版社,1960:211-212.

料、维持自身生存发展的根本方式。尽管马克思在其著作中多次论及生产力对个人和社会发展具有决定性作用，但是他并未将生产力的发展视为人类社会存在的目的，也未将生产力的发展当成外在于人的单纯的物的发展。由此可见，在马克思的视域中，生产力的发展是人的全面发展的必要而不充分条件。因此，除了要重视生产力的发展对人的全面发展的作用外，还应重视分工对人的全面发展的深远影响。马克思所强调的分工实际上对人的发展和社会发展具有双重效应，它对既是生产力发展的重要因素，也是生产力发展的最终结果；既是促进人的发展的重要因素，又是造成个人的片面发展的重要因素。他在《1844年经济学哲学手稿》中指出，分工是"人力的巧妙运用"，因而是个人能力进化的动力，即使个人职业专门化，不仅如此，马克思还指出，分工"使每一单个人的能力退化"[1]，即使个人片面地发展。正因为分工对人的全面发展具有双重效应，因而马克思主义两位创始人并不主张一般地消灭分工，而是要消灭以私有制为基础的强制性、固定化的旧式分工。对于如何消灭旧式分工，马克思主张通过无产阶级革命消灭私有制，建立"自由人的联合体"——生产资料社会占有的社会联合体来实现消灭旧式分工的目标，进而推动人的全面发展。

3. 坚持生产劳动与教育相结合是培养全面发展的人的有效方法

教育是从物质生产和生活实践中分离出来的一种特殊的社会活动，是培养人的技能、塑造人的个性、提升人的能力的一种根本途径。马克思和恩格斯在论及人的全面发展途径问题时，都不约而同地把目光投注到学校教育上。他们均看到了学校教育对提高人的素质、促进经济增长和社会全面进步的重要作用，同时在《德意志意识形态》《共产主义原理》中均指出了培养全面发展的人与教育之间的密切关系。在马克思看来，"工人要发挥一定的劳动能力，要改变他的一般的天然能力，使它能够完成一定的劳动，他就得受训练和学习，也就是必须受教育"[2]。而恩格斯则认为："教育就会使他们摆脱现代这种

---

[1] 马克思恩格斯全集：第四十二卷[M]. 中共中央马克思恩格斯列宁斯大林著作编译局，译. 北京：人民出版社，1979：148.
[2] 马克思恩格斯全集：第三十二卷[M]. 中共中央马克思恩格斯列宁斯大林著作编译局，译. 北京：人民出版社，1998：47.

第二章 新时代社会主要矛盾转化下人的全面发展的理论基础

分工为每个人造成的片面性。"① 值得注意的是,虽然马克思和恩格斯都高度肯定教育对造就全面发展的人的积极作用,但是他们又指出教育在资本主义社会只能沦为资产阶级的统治工具,工人所受的教育只是为了使其能够完成一定的劳动,并且是造成他们畸形发展的一种手段。马克思和恩格斯在考察机器大工业生产的基础上,还就如何实行全面发展的教育做了大胆的设想。他们认为人类历史是通过劳动自我生成、自我创造的历史,生产劳动锤炼着人们的各种能力,使每个人不再片面地发展自己。因此,生产性的劳动应该和智育、体育相结合,这是促进人的全面发展的行之有效途径和手段。

(二)列宁关于人的全面发展的理论

列宁是第一位真正将马克思人的全面发展理论发扬光大的伟大思想家。他在领导十月革命和苏联社会主义建设过程中,将马克思人的全面发展理论同苏联国情紧密结合起来,围绕培养全面发展的人的目标和方向,提出了一系列关于人的全面发展的新思想和新观点。其中,关于充分满足社会全体成员的需要,全面提高人的能力和素质,平等发展人的交往关系,以文化建设促进人的全面发展以及清除守旧、无知和不信任等思想残余等方面的人的全面发展思想至今仍闪烁着真理的光芒,可为新时代继续探究中国人的全面发展问题提供重要理论支撑。

1. 满足社会全体成员的需要是人的全面发展的内在要求

前面提到,马克思主义创始人把"需要"作为人的一种本性,把满足人的需要及其历史活动作为人的发展的内在要求。列宁在领导俄国革命期间,直接继承了马克思、恩格斯关于满足全体社会成员的需要是实现人的自由全面发展的根本要求的思想。1902 年列宁在主持起草第一个党纲时,明确提出要把"满足社会全体成员的需要"写进党的纲领。十月革命胜利以后,他在主持制定第二个党纲时,坚持把"有计划地组织社会生产过程来保证社会全体成员的福利和全面发展"②写进党纲。实际上,列宁还对具体满足社会全体成员哪

---

① 马克思恩格斯全集:第四卷[M].中共中央马克思恩格斯列宁斯大林著作编译局,译.北京:人民出版社,1958:370.

② 列宁全集:第二十四卷[M].中共中央马克思恩格斯列宁斯大林著作编译局,译.北京:人民出版社,1957:435.

些需要有过深刻的论述。在列宁看来,"社会主义新人,不仅是一个能干活的劳动者,而且是具有文化教养的创造者;不仅是物质文明的创造者,而且是精神文明的直接创造者;不仅要享受物质生活的最高福利,而且要使自己的本质力量、丰富个性得到充分展现、全面发展;不仅要积极参与社会生活和社会交往,而且要学会管理国家的艺术。总之,是人的实践活动、社会联系、物质文化需要、创造才能作为人的类本质的潜能素质的全面发展"[①]。正是受到列宁这一思想的鼓舞和指引,中国共产党从成立之日起就把千方百计地满足人民物质利益和精神利益作为始终不渝的奋斗使命,尤其是在当今时代,更是把满足人民高品质的物质生活需要和健康充盈的精神生活需要作为实现全体人民共同富裕和全面发展的内在要求和重要途径。

2. 全面提升人的能力和素质是人的全面发展的重要内容

无论是马克思、恩格斯,还是列宁,都把培养和提升人的能力和素质作为人的全面发展的内在要求。首先,人的全面发展要求提升人的劳动能力。马克思早在《资本论》中就对何为劳动能力作过经典阐释。在他看来,所谓劳动能力就是人的"体力和智力的总和"[②]。换言之,体力和智力是人的劳动能力的具化,主体只有不断提高和发挥自身的体力和智力才能更好地创造出维持自身生命存在的使用价值。在促进人的全面发展方面,列宁不仅认识到了提高人的劳动能力的重要性,而且对具体如何提升人的劳动能力提出了自己的真知灼见。列宁很早就意识到必要而充足的休息时间有助于保护劳动者的体力,同时,合理分配劳动报酬,使劳动者的福利得到切实维护,对劳动者恢复体力有很大的帮助。为此,在列宁在《新工厂法》一文中强烈谴责一些工厂主剥夺工人休息权利的行为,并指出法律在保护工人休息权利方面存在的明显漏洞:"法律要求厂主在星期日和节日让工人休息,一昼夜不得要工人工作11个半小时以上,但是没有规定不履行这些要求要受什么惩罚。"[③]列宁高度重视文化教育对于开发劳动者的智力进而提升其劳动技能的现实意义。为此,

---

① 王东. 改革之路的真正源头[M]. 北京:北京大学出版社,1990:246.
② 马克思恩格斯全集:第二十一卷[M]. 中共中央马克思恩格斯列宁斯大林著作编译局,译. 北京:人民出版社,2003:434.
③ 列宁全集:第二卷[M]. 中共中央马克思恩格斯列宁斯大林著作编译局,译. 北京:人民出版社,1959:255.

第二章　新时代社会主要矛盾转化下人的全面发展的理论基础

列宁在十月革命胜利后不久就在全国成立专门组织开展扫盲运动,"同时改革和发展教育事业,促使无产阶级和农民群众及其子女都享有接受教育的权利和平台"[①]。其次,人的全面发展要求培养人的共产主义道德。列宁充分认识到共产主义道德对人民摆脱旧社会遗留下来的旧道德的精神支配具有重要现实意义。为此,列宁要求将爱国主义、国际主义和集体主义作为共产主义道德的基本原则和价值取向,并在全国大力开展爱国主义、国际主义和集体主义教育。最后,人的全面发展要求人们学习先进的科学技术和文化知识。列宁认为要想体现共产主义比资本主义的先进之处,必须"利用先进技术的、自愿自觉的、联合起来的工人所创造的较资本主义更高的劳动生产率"[②]。而这就要求共产主义者必须善于学习和掌握人类已有的一切知识财富和先进科学技术。

3. 人的全面发展要求消除体力劳动和脑力劳动的对立

在资本主义社会,"私有制""旧式分工""脑力与体力分离"是引起人们狭隘眼界和畸形发展的主要因素。在社会主义制度下,社会发展、人的发展固然以经济为基础,但绝不能只归结于经济这一单个因素的影响和作用,我们不仅要重视社会的经济因素,而且必须要重视社会的其他因素。列宁认识到资本主义私有制导致的人人不平等现象,强调政治权利平等是资产阶级在中世纪的、封建的、农奴制的等级特权的斗争中提出的要求,是针对一个达到年龄的国家公民而言的。平等不仅仅是指政治方面的权利平等,更为重要的是体力和智力权利上的平等。然而,在现实中,这种种不平等现象目前依然存在于俄国的政治生活中。"就是最迟钝最不开展的人也能领悟到,在体力和智力上,贵族等级的每个人都不是平等的……。但是,所有的贵族在享有权利这一点上都是平等的,而所有的农民在不享有权利这一点上也都是平等的。"[③]列宁从不否认人与人之间的确存在着某种先天的不平等这一客观事实,比如智力高低、身高长相、家庭出身,等等,但是他绝不主张任由这种先天

---

① 陈黎梅. 列宁人的全面发展思想及其当代启示研究[D]. 重庆:西南大学,2021:95.
② 列宁全集:第三十七卷[M]. 中共中央马克思恩格斯列宁斯大林著作编译局,译. 北京:人民出版社,1986:19.
③ 列宁全集:第二十四卷[M]. 中共中央马克思恩格斯列宁斯大林著作编译局,译. 北京:人民出版社,2017:394-395.

不平等继续发展下去甚至出现代际传递现象,社会存在的意义就是要平等地为其成员弥补各种先天不平等而创造机会和条件,从这个角度来讲,每个人又是平等的。事实上,资本主义生产方式和分工模式本身就是制造人的各种不平等的罪魁祸首,资本主义社会不但无法弥补人的先天不平等,而且会加剧人的后天不平等。可以说,正是在列宁这一思想的指引下,中国共产党始终致力于促进人的平等发展和社会公平正义,积极倡导人们打破"重脑力轻体力"的错误劳动观,努力在全社会形成"劳动光荣""劳动不分贵贱"的良好风尚。

(三)中国共产党人的人的全面发展理论

中国共产党从成立之日起就把如何领导人民实现全面发展确立为最高奋斗目标和终身使命,并在过去百年奋斗征程中根据我国不同历史时期人的发展规律的变化和特点,不断创新和发展马克思人的全面发展理论,进而使我国人的全面发展事业能够在科学的理论指引下不断取得新突破,实现新发展。回望党的百年奋斗征程,毛泽东、邓小平、江泽民、胡锦涛、习近平均对人的全面发展及相关问题有过丰富的理论论述。这些理论论述既是对马克思人的全面发展理论的继承与发展,也为我们探究新时代人的全面发展问题奠定了最直接的理论之基。

1. 毛泽东关于人的全面发展的理论

毛泽东是马克思人的全面发展理论的忠实继承者和积极开拓者。对人的关注和关怀是贯穿毛泽东一生的情怀和志趣。早在从事革命工作之前,毛泽东就开始关注人的全面发展问题,强调人的思想解放和个性解放,反对封建伦理纲常对人性的压抑和束缚。后来,无论在血雨腥风的革命岁月,还是在激情燃烧、改天换地的建设时期,毛泽东对人的发展问题的关注和求解始终满怀热情,并从我国基本国情和人的发展实际出发,对我国人的全面发展问题提出了诸多富有创造性的思想理论。这些思想理论作为毛泽东思想的重要内容之一,不仅开启了马克思主义人的全面发展理论中国化的新征程,而且为中国共产党领导人的全面发展事业提供了科学指南。其主要内容可从以下三个方面展开具体分析。

一是积极倡导人民的个性解放和个性发展。在马克思主义人学中,人的

第二章 新时代社会主要矛盾转化下人的全面发展的理论基础

全面发展涵盖多个方面的内容，其中就包括人的个性的自由发展。前面提到，个性专属于人，只有人才配谈个性，从某种意义上也可将其理解为人的个体性，意指作为实践主体的人在与他人相比时所展示出来的独特性。从人的发展的维度来看，人的个性的发展能够集中展示和有效确证人的本质力量，它与人的能力的发展和社会关系的发展有着紧密联系，甚至从某种意义上讲，后者两个方面的发展均服务于人的个性的自由发展。马克思通过全面考察资本主义生产方式指出，在资本主义社会，"物的关系对个人的统治、偶然性对个性的压抑，已具有最尖锐最普遍的形式"[1]，而要彻底改变这一境况，只有消灭私有制，消除个人隶属于一定阶级的现象，实现共产主义。作为马克思主义中国化的伟大先驱，毛泽东在领导党的革命和建设实践中积极倡导和推动人民的个性解放和发展，不断推动马克思关于人的个性解放思想朝着中国化方向发展。首先，把实现人民的个性解放作为新民主主义革命的重要任务。长期以来，无论在马克思所处的那个时代，还是新民主主义革命时期的中国，共产党总是被执政的反动当局冠以"不赞成发展个性"的恶名。为了阐明党倡导解放人的个性的政治主张，1945 年毛泽东在其所作的党的七大政治报告中指出："民族压迫和封建压迫残酷地束缚着中国人民的个性发展，束缚着私人资本主义的发展和破坏着广大人民的财产。我们主张的新民主主义制度的任务，则正是解除这些束缚和停止这种破坏，保障广大人民能够自由发展其在共同生活中的个性。"[2]其次，提出解放和发展人民的个性是社会主义的本质要求。在毛泽东的人学论域中，与资本主义压制人的个性不同，社会主义则以解放人的个性为旨归和条件，因为如若没有几亿人民个性的解放和发展而试图在近代中国建立起社会主义简直是一种不切实际的空想。最后，提出将党性与个性有机统一起来。在党的建设过程中，毛泽东坚决反对将党员的党性与个性对立起来的错误做法，因为在他看来，党员来自人民，而人民具有人格，"不能设想我们党有党性，而每个党员没有个性"[3]。此外，毛泽东还对如

---

[1] 马克思恩格斯全集：第三卷[M].中共中央马克思恩格斯列宁斯大林著作编译局，译.北京：人民出版社，1960：515.

[2] 毛泽东选集：第三卷[M].北京：人民出版社，1991：1058.

[3] 毛泽东文集：第三卷[M].北京：人民出版社，1996：415.

何解放和发展人民的个性等实践问题有过大量的思想论述。总之，毛泽东关于人民个性解放和个性发展的思想是对马克思主义人的个性解放思想的继承和创新，对推动新中国成立以来我国人民的个性解放事业具有科学指导意义。

二是培育德智体全面发展的社会主义新人。人的全面发展不是一个空洞抽象概念或范畴，而是一个有着具体内容和现实目标的运动过程。毛泽东对青年的成长和发展总是投以极大的关注和关怀，并就如何培育青年、培育什么样的青年等基本问题给予了理论上的科学回答。新中国成立后，毛泽东曾就教育方针问题两次致信时任教育部长的马叙伦，并对青年学生提出"健康第一，学习第二"的目标要求。社会主义制度建立后，毛泽东在论及我国教育应该培养什么样的学生的问题时强调："应该使受教育者在德育、智育和体育几个方面都得到发展。"[①]这一论断充分体现了毛泽东对我国社会主义建设时期人的全面发展的内容思考和目标要求。在德育、智育和体育三个方面，毛泽东首先看重的是德育。毛泽东所理解的德育是广义层面的德育，其内容涵盖政治意识、思想和品德三个方面。对于人的发展而言，道德既牵引着个体发展的方向，又为个体的发展提供内在的动力。为此，毛泽东主张学校教育要把德育置于首要位置，把培养社会主义新人的革命的、科学的世界观、人生观和道德观作为德育的根本目标。毛泽东还特别重视文化教育的重要性，认为智育是造就社会主义新人的主渠道。他曾在1941年给远在苏联的两个儿子的信中写道："多向自然科学学习，少谈些政治。政治是要谈的，但目前以潜心多习自然科学为宜，社会科学辅之。将来可倒置过来，以社会科学为主，自然科学为辅。"[②]毛泽东除了强调学习文化知识的重要性之外，还特别重视学生身体素质的发展。早在学生时代，毛泽东在其公开发表的第一篇文章《体育之研究》中公开倡导青年学生要"文明其精神，野蛮其体魄"，即除要掌握丰富的文化知识外，还须通过体育锻炼出强健的体魄。在该文中，他还对体育的价值作了系统而充分的论证："体育之效，至于强筋骨，因而增知识，因而调感

---

① 毛泽东文集：第七卷[M]. 北京：人民出版社，1999：226.
② 毛泽东文集：第二卷[M]. 北京：人民出版社，1993：327.

第二章 新时代社会主要矛盾转化下人的全面发展的理论基础

情,因而强意志。"①因此,新中国成立后,他反复强调发展社会主义教育事业,应当把体育纳入教育方针之中,并将其作为人的全面发展的一项重要内容。总之,毛泽东关于"三育"共同发展的思想时至今日仍是指引我国社会主义教育事业科学发展的宝贵精神财富。

三是把教育与生产劳动相结合作为人的全面发展的根本途径。前面提到,无论是马克思主义的两位创始人,还是列宁,在论及人的全面发展的途径时,均不约而同地把目光和思维投注到教育与劳动相结合上面来。在我国,毛泽东在思考如何为新社会培养新人的问题时,同样想到了教育与生产劳动相结合这一根本途径。在他看来,我们党和人民致力建立的新社会必须由一大批已摆脱旧的分工束缚、适应新社会工作需要且掌握多项本领的社会新人来推动建设。为了实现这一伟大设想,他鼓励青年和知识分子走与工农相结合的道路,从事多方面的锻炼,掌握多方面的本领。实际上,早在新民主主义革命时期,毛泽东就根据当时的战争和生产需要,把教育与生产相结合的思想融入苏维埃教育的方针之中,提出文化教育要坚持"使教育与劳动联系起来"。新中国成立之后,他又多次强调"教育必须为无产阶级政治服务,必须同生产劳动相结合"②。只有把教育与生产劳动相结合,才能帮助青年树立正确的劳动观和群众观,才能有效培育青年自力更生、勤俭节约的道德情操,才能更好地掌握深入群众的社会调研方法。毛泽东不仅要求学校重视劳动教育,鼓励学生勤工俭学、半工半学,不要国家一分钱,而且对自己身边的亲人更是严格要求。1946 年,毛泽东在与阔别近二十年的大儿子毛岸英刚见面不久,就亲自将他送到当时边区劳动英雄吴满有那里补"劳动大学"的课。此外,毛泽东还将教育与生产劳动相结合的对象扩大到农民群体。受历史因素的影响,我国农民群体在新中国成立之初绝大部分是文盲,这严重限制了农民群体的自身发展,也不利于社会主义事业的持续发展。为此,针对农民群体,毛泽东创造性地提出了"半农半读"理念,鼓励农民在忙于生产的同时应当接受文

---

① 中共中央文献研究室. 习近平关于社会主义社会建设论述摘编[M]. 北京:中央文献出版社,2017:110.
② 中共中央文献研究室. 建国以来重要文献选编:第十九册[M]. 北京:中央文献出版社,1998:68.

化教育。总之，新中国成立初期，勤工俭学、半工半读、半农半读，这些富有中国特色和创造精神的教育理念，不仅有效塑造了广大青年的无产阶级世界观、群众观和道德观，而且快速提升了几亿中国农民的整体文化水平，这也为我国社会主义事业的长足发展注入了强大力量。

2. 邓小平关于人的全面发展的理论

在马克思主义人学视域中，人是推动生产力发展和生产关系变革的主体力量和最核心要素。因此，无论是发展生产力，还是变革生产关系，都应围绕"人"而展开，自觉把人的发展因素充分考虑进去。为此，在改革开放新进程中，邓小平始终将改革开放与人的全面发展问题有机结合起来，紧紧围绕人民的生存和发展需要来顶层设计和具体落实各项重大改革方针政策，从而使党的人的全面发展理论在改革开放新时期不断绽放时代光芒。具体而言，邓小平关于人的全面发展的理论主要体现在以下几个方面。

一是培养"四有新人"是人的全面发展的现实目标。由无数革命先烈抛头颅洒热血艰难打下的红色江山，最终要靠一代又一代社会主义接班人努力守住和积极开拓。改革开放新时期，邓小平在系统地回答"什么是社会主义，怎样建设社会主义"这一时代之问时，充分认识到我国社会主义建设是一项道阻且长的艰巨工程，需要几代人甚至几十代几百代人的长期共同努力才能最终完成。然而，由于每一代人的生命都是有限的，因而要将社会主义事业接续下去，须培养一代又一代的合格建设者和可靠接班人。那么，社会主义合格建设者和可靠接班人须具备何种品质呢？针对此问题，1980年邓小平在写给《中国少年报》和《辅导员》杂志题词中明确提出了要培养"四有新人"，即有理想、有道德、有文化、有纪律的无产阶级革命事业接班人。后来，他又在多个重要场合论述教育问题时对"四有新人"的内涵做了进一步的理论阐释。可以说，"四有新人"的提出，不仅丰富和发展了马克思主义人的全面发展理论的科学内涵，而且为改革开放新时期中国特色社会主义教育事业的发展指明了方向。

二是"两个文明"相结合是人的全面发展的现实途径。就人的发展而言，既离不开物质生活资料的物质供给，也离不开精神生活资料的精神给养。为此，实现人的全面发展要充分建立在社会物质生产和精神生产的基础之上。

第二章　新时代社会主要矛盾转化下人的全面发展的理论基础

改革开放初期,由于经济建设被提到党和国家中心工作的显著位置,致使一段时期以来"重物质轻精神"的错误思想悄然在社会上蔓延开来,造成了社会物质文明与精神文明发展的失衡,一些人为了追逐金钱和名利而自甘堕落、迷失自我,一些企业为了追求更多的利润而选择在法律的边缘铤而走险。可以说,物质文明与精神文明的发展失衡,无论是对社会主义建设,还是对人的全面发展都是极为有害的。对此,邓小平认为在社会主义初级阶段,要解决人的发展问题,"不能靠谈论人的价值和人道主义来解决,主要地只能靠积极建设物质文明和精神文明来解决"[①]。物质文明建设能够为促进人的全面发展奠定坚实的物质基础,而作为人的发展的思想文化条件,高度的精神文明则可以造就拥有远大理想、丰富知识、高尚道德的社会主义新人。新时代,基于社会主要矛盾的转化来探究人的全面发展之路,同样既要重视人民美好物质生活需要,也要关注人民美好精神生活需要,并把满足这两种生活需要共同作为人的全面发展的现实目标。

三是发展教育和科学文化是人的全面发展的必然之路。从马克思、恩格斯到列宁再到毛泽东,可以说,每一位马克思主义经典作家在论及人的全面发展问题时,都充分肯定了教育之于提升人的能力和素质的重要作用。改革开放新时期,邓小平在领导改革开放伟大事业过程中同样认识到发展教育和科学文化对促进人的全面发展的现实意义。邓小平指出:"我们国家,国力的强弱,经济发展后劲的大小,越来越取决于劳动者的素质。"[②]为此,在改革开放初期,他总是反复强调人是生产力中最活跃、最重要的因素,要实现四个现代化并创造出比资本主义社会更高水平的生产力,就必须"尊重知识,尊重人才"。邓小平在充分认识到知识和人才对我国经济社会发展的极端重要性的同时,清醒地认识到"知识不是立即就能得到的,人才也不是一天两天就能培养出来的。这就要抓教育,要从娃娃抓起"[③]。实际上,"文革"刚结束后不久,面对社会主义建设的艰难局面和人才断层的危机,邓小平领导全党积极开展对知识分子的平反工作,并于1977年恢复了因"文革"而中断的高考制度。后

---

① 邓小平文选:第三卷[M].北京:人民出版社,1993:41.
② 邓小平文选:第三卷[M].北京:人民出版社,1993:120.
③ 中共中央文献研究室.邓小平思想年谱:1975-1997[M].北京:中央文献出版社,1998:351.

来，邓小平就如何发展教育以及教育要"培养什么人，如何培养人"等基本问题做了系统而科学的探索，如把培养"四有新人"确立为改革开放新时期的教育目标，把教育的"三个面向"作为教育改革的基本方向。可以说，邓小平从不屑于孤立地谈论教育与人才培育的关系，而总是将发展教育和发展科学文化与人才培育三者有机统一起来，加以全面考察。他在以冷峻的眼光洞察世界发展大势时，敏锐地察觉到发达国家的现代化都是建立在科学文化高速发展的基础之上的。为此，他强调："我们要实现现代化，关键是科学技术要能上去。发展科学技术，不抓教育不行。"①此时的他已清醒地认识到科技人才的培养，基础在教育，而我国要想赶超世界发达国家的生产水平，不断彰显社会主义制度的优越性，就必须把人才培养之大计置于教育发展和科学文化发展的战略大局之中。

3. 江泽民关于人的全面发展的理论

迈入21世纪后，一方面我国经济发展在改革开放大潮的有力推动下持续保持高速增长态势，我国日益跻身世界经济大国的行列，人民物质文化生活水平不断提高；另一方面我国人的全面发展事业在市场经济的复杂环境下面临许多过去未曾有过的新机遇和新挑战。如何克服21世纪我国人的全面发展所面临的各种困境和挑战，如何在21世纪将我国人的全面发展事业推向新的历史高度，这是以江泽民同志为核心的第三代中央领导集体必须予以回应的重大理论问题。为此，江泽民在继承党的人的全面发展理论基础上，结合改革开放新任务和时代新变化，继续丰富和不断深化马克思主义人的全面发展理论。具体主要体现在以下三个方面。

一是人的全面发展是社会主义建设的本质要求。在马克思主义发展史上，无论是马克思主义的两位创始人——马克思和恩格斯，还是马克思主义的伟大继承者们——列宁、毛泽东、邓小平等，均普遍认同将人类社会发展的终极理想确立为实现人的自由而全面发展。为了激发无产阶级的革命热情，马克思主义创始人甚至在著作中系统地阐明和描绘了共产主义社会人的全面发展的基本特征和美好图景。前面提到，由于人的全面发展直接受社会发展这

① 邓小平文选：第二卷[M]. 北京：人民出版社，1994：40.

第二章 新时代社会主要矛盾转化下人的全面发展的理论基础

一客观条件的影响和制约,致使实现人的全面发展必然要经历漫长曲折的历史进程,并且在每个社会形态及其不同历史时期都有着不同的具体内容和现实目标。迄今为止,当今世界人类最高级的社会形态是社会主义社会。虽然当前诸如中国、朝鲜、越南等社会主义国家均为发展中国家,并且均处于社会主义初级阶段,但是我们不能因此而否认这些国家所处的社会形态是最接近实现人的全面发展的社会形态这一客观事实。迈入 21 世纪后,江泽民在领导全党推进中国特色社会主义建设过程中,自觉把人的全面发展这一人类社会发展的崇高理想作为中国特色社会主义的本质要求,从而进一步丰富和发展了中国化的马克思主义人的全面发展理论。在他看来,"我们建设有中国特色社会主义的各项事业,我们进行的一切工作,既要着眼于人民现实的物质文化需要,同时又要着眼于促进人民素质的提高,也就是努力促进人的全面发展。这是马克思主义关于建设社会主义新社会的本质要求。"[①]可以说,江泽民的这一重要论断对于新时代我们党坚持把中国特色社会主义建设与人的全面发展事业统筹起来加以共同推进仍具有积极的指导意义。

二是人的全面发展是人的发展与社会发展的统一。历史唯物主义认为,人是社会的主体,社会由人构成,社会的发展由人来推动,并以人的发展为旨归。在现实生活中,任何脱离人的发展来谈社会发展都是毫无意义的,反之,任何离开社会实际来谈人的发展也是十分愚蠢的。马克思和恩格斯正是从现实的人及其实践活动出发,才找到一条有别于以往哲学家们认识社会发展规律的科学道路。改革开放新时期,江泽民在领导全党推进中国特色社会主义建设过程中,同样深刻地认识到不能孤立地探讨人的发展或社会发展问题,而是要将二者有机统一起来,共同置于人的全面发展目标中加以系统研究,因为在他看来,"推进人的全面发展,同推进经济、文化的发展和改善人民物质文化生活,是互为前提和基础的。人越全面发展,社会的物质文化财富就会创造得越多,人民的生活就越能得到改善,而物质文化条件越充分,又越能推进人的全面发展"[②]。可以说,江泽民的这一科学论断对新时代我们

---

① 江泽民. 在庆祝中国共产党成立八十周年大会上的讲话[M]. 北京:人民出版社,2001:42-43.

② 江泽民. 在庆祝中国共产党成立八十周年大会上的讲话[M]. 北京:人民出版社,2001:44.

从社会发展变化中分析社会主要矛盾转化规律和探讨人的全面发展问题具有重要指导意义。

三是人的全面发展是一个逐步提高、永无止境的过程。马克思主义认为，人是历史的前提和产物，人在实践中创造历史也创造人本身。正因如此，人的发展与社会发展是相互依存、相互统一的关系：一方面社会的发展可为人的发展创造条件和开辟道路；另一方面社会的发展又要以人的发展为价值目标和主体力量。马克思在1857—1858年写成的《政治经济学批判》中，首次从人与社会的关系视角把人类社会划分为三大形态，即人的依赖性社会、物的依赖性社会和人的自由全面发展社会，从而揭开了人类自身发展的历史规律。马克思关于人类社会的"三形态"理论告诉我们，人的全面发展是一个伴随社会发展而持续推进的历史过程。江泽民继承和发展了马克思的这一思想观点。他认为："社会生产力和经济文化的发展水平是逐步提高、永无止境的历史过程，人的全面发展程度也是逐步提高、永无止境的历史过程。这两个历史过程应相互结合、相互促进地向前发展。"[①]这一论断也告诉我们，我国尚处于社会主义发展的初级阶段，实现人的全面发展这一崇高理想不可能在短时期内就能轻松完成，而是要靠一代又一代人的接续努力和奋斗，才能最终在未来共产主义社会达成这一目标。

4. 胡锦涛关于人的全面发展的理论

党的十六大以来，以胡锦涛同志为总书记的党中央，着眼于我国在21世纪发展新阶段所面临的新情况和新问题，创造性地提出了以人为本，全面、协调、可持续的发展观——科学发展观。从马克思主义人学视角来看，科学发展观作为解答中国特色社会主义要发展成如何以及如何发展问题的根本指南，无论其科学内涵还是价值取向，都充分彰显了对人的全面发展的理论关照和价值追求，赋予了人的全面发展新内涵。从内涵上来看，科学发展观将"以人为本"作为其最核心的价值立场。坚持以人为本的科学发展观，要求在经济社会发展中把满足人民群众的需要和根本利益作为党开展一切工作的根本出发点和落脚点，强调权为民所用、情为民所系、利为民所谋，这实际上

---

① 江泽民. 在庆祝中国共产党成立八十周年大会上的讲话[M]. 北京：人民出版社，2001：44.

第二章　新时代社会主要矛盾转化下人的全面发展的理论基础

是把人的全面发展提升到党和国家指导思想这样一个新的高度；科学发展观所强调的以人为本的价值立场实质上是对过去"以物为本"的传统发展观的一种价值超越，强调人在社会发展中的主体地位；科学发展观强调以人民利益为中心，要不断满足社会主要矛盾提出的人民物质文化利益要求，并把满足人民物质文化利益提到党和国家各项工作的首要的核心的位置，因而丰富和发展了马克思主义人民利益观；科学发展观强调要促进社会持续发展，不仅要关注和关心当代人的利益和需要，而且要关注和关心后代人的利益和需要，这样就赋予了人的全面发展以平等的新内涵；科学发展观强调实现"五个统筹"，追求人与人、人与自然和人与社会的和谐发展，因而丰富和发展了马克思主义人的社会关系全面发展的理论。全面发展是科学发展观的首要内容，它既包括社会的全面发展，也包括人的全面发展，本质上是二者的协调统一发展。总之，胡锦涛对科学发展的科学阐释不仅蕴含了丰富的马克思主义人学思想，而且为我们回答新时代如何化解社会主要矛盾、促进人的发展问题提供了科学思路。

5. 习近平关于人的全面发展的理论

党的十八大以来，习近平总书记在治国理政中高度重视人的发展问题，并结合新时代我国社会发展的新特点和人的发展的新要求，创造性地提出新时代我国人的全面发展的新理论，科学回答了新时代人的发展的内涵、价值、途径等理论问题，从而实现了马克思主义人的全面发展理论的新飞跃。就其内容而言，主要包括四个方面。首先，中国梦内蕴人的全面发展的价值追求。党的十八大召开后不久，习近平总书记就正式提出"中国梦"这一理念，并从国家、民族、个人三个维度阐释了中国梦的科学内涵。就个人而言，中国梦可理解为个人对幸福美好生活的憧憬和追求，并且在实现中国梦的过程中，每个人都应得到人生出彩的机会，换言之，中国梦赋予了每个人平等发展自己、平等参与中国梦实现过程的机会。此外，国家富强梦和民族复兴梦也与人的发展密切相关。无论是满足人民幸福生活，还是促进人的全面发展，都应建立在国家富强和民族复兴的基础之上。其次，教育的根本任务就是立德树人，培育德才兼备的人才。党的十八大以来，习近平高度重视我国教育发展和人才培养问题，在系统回答教育要培养什么人的问题时，科学阐明了新时代中国人的全面发展的目标任务。在习近平看来，我们教育的根本任务就是要培养社会主义建设者和接班人①，就是要培养一代又一代有志气有骨气有底气的拥党爱国人才。习近平特别重视学校对学生思想道德素质和理想信念的培育工作，为此，他不仅要求学校必须将立德树人作为根本任务，而且要求学校要把思政课融入各门课程建设之中，推进大中小学一体化思政课建设。可以说，习近平关于我国教育根本任务的重要论述为新时代人的全面发展指明了方向。再次，新时代社会主要矛盾是推动人的全面发展的主要动力。从习近平首次在党的十九大提出新时代社会主要矛盾论断以来，每次在论及化解这一主要矛盾问题时，总是将促进人的全面发展和社会全面进步作为主要矛盾化解的价值目标。可以说，习近平这一思想对我们今天厘清社会主要矛盾与人的发展之间的辩证关系具有重要的理论指导意义。最后，劳动奋斗是个体实现美好生活和全面发展的现实途径。习近平不仅对人民美好生活的内涵做过科学系统的阐释，对人民美好生活的图景有过生动具体的描绘，而且对人民如何过上幸福美好生活这一现实问题有过科学的回答。2018年习近平在春节团拜会讲话中明确指出："只有奋斗的人生才称得上幸福的人生；奋斗者是精神最为富足的人，也是最懂得幸福、最享受幸福的人；新时代是奋斗者的时代。"②习近平这段论述充分启示我们，人民是美好生活的主体，任何美好生活都是靠个人奋斗出来的，个人只有通过自己的劳动、自己的双手才能创造出真正属于自己的幸福生活。由此可见，习近平已充分认识到作为生活主体的人民对实现自身全面发展的现实意义。

---

① 坚持中国特色社会主义教育发展道路 培养德智体美劳全面发展的社会主义建设者和接班人[N]. 人民日报, 2018-09-11(01).
② 中共中央国务院举行春节团拜会 习近平发表重要讲话[N]. 人民日报, 2018-2-15(01).

第三章　新时代社会主要矛盾转化下人的全面发展的新要求

从人的发展角度来看,新时代社会主要矛盾是围绕人民生活需要的变化以及如何更好地满足人民生活需要而提出的。因此,新时代社会主要矛盾与人的发展的关系在某种意义上也可理解为"需要"与人的发展的关系。人的发展总是通过需要的不断满足来推进和实现的,其中,需要的丰富和扩展意味着人的发展,需要的满足程度表征着人的发展程度。[①] 美好生活需要是基于人民生存需要基本满足之后而产生的一种体现人的内在丰富性和发展性的更高层次的需要,因而也是一种更契合人的全面发展要求的需要,它不仅包括了以生存为基础的物质生活需要,而且包括相应的政治生活、文化生活、社会生活以及生态环境等诸方面的需要。只有这些需要能够得到满足,才能称得上美好生活,也只有这些美好生活需要不断得到满足,才能谈得上人的全面发展。因此,满足人民美好生活需要正是人的全面发展要求在新时代的集中体现。本书立足新时代社会主要矛盾转化的客观实际,通过全面分析美好生活需要与人的全面发展的关系,分别将满足人民高品质的物质生活需要、民主法治的政治生活需要、充盈的精神生活需要、高质量民生保障需要以及优美的生态环境需要作为新时代社会主要矛盾转化下人的全面发展的新要求。

一、人的全面发展要以高品质的物质生活为基础

从人的需要的层次来看,物质生活需要是作为现实的人维持自身生存的

[①] 沈湘平,杨仁忠. 新时代社会主要矛盾与人的发展[M]. 北京:经济管理出版社,2019:2.

最基本的需要,其内容涵盖日常的衣、食、住、行、用等方面,因而也是人的低层次的需要。[①]虽然新时代我国人民以"温饱"为主题的物质生活需要已得到基本满足,并不再构成他们对社会发展最迫切的需求,但这并不意味着人民物质生活需要就从此消失或变得可有可无。实际上,人作为一种物质的存在物,其生命活动首先表现为物质的运动,对物质生活资料的需求永远是人最原始、最基础的需求,因为"当人们还不能使自己的吃喝住穿在质和量方面得到充分供应的时候,人们就根本不能获得解放"[②]。新时代,物质生活需要不仅依然是人民美好生活需要最基础的内容,而且较之过去,其无论在数量上还是质量方面都有了一种"质"的提升,是一种高品质的物质生活追求。这种高品质物质生活不仅是人的存在和发展的基础,而且是推动人的全面发展的物质条件,因此,立足新时代社会主要矛盾转化,人的全面发展首先以满足人民美好物质生活需要为前提和基础。

(一)高品质物质生活是人民美好生活需要的基本内容

马克思和恩格斯在描绘人类生活世界的生成图景时强调,物质生活对其他生活具有基础性和决定性作用。在他们看来,"物质生活的生产方式制约着整个社会生活、政治生活和精神生活的过程"[③]。由于物质生活的内容和形式直接受社会生产发展的影响和制约,因而不同历史时期的人们有着不同的物质生活追求。在原始社会,由于社会生产水平极其低下,人类只能过着刀耕火种、茹毛饮血的原始状态的物质生活,树叶蔽体、野果充饥、山洞居身是人类原始先祖们真实生活的写照。后来,随着生产工具的不断改进和生产技术的不断提升,人类创造的物质生活资料日益充裕,致使人类逐渐脱离以血缘为纽带的原始共同体而进入私有制社会。可以说,人类在私有制社会的物质生活水平较之原始社会的确有了极大的提高,尤其是进入资本主义社会后,机器大生产代替了手工生产,使各种商品源源不断地从工厂流水线涌向市场货架,人们出行的工具也由传统的人力畜力交通工具变为现代机器交通工具。

---

① 廖小琴.论美好生活需要的历史生成及其价值意蕴[J].广西教育学院学报,2020(02):56-62.
② 马克思恩格斯全集:第四十二卷[M].中共中央马克思恩格斯列宁斯大林著作编译局,译.北京:人民出版社,1979:368.
③ 列宁全集:第一卷[M].中共中央马克思恩格斯列宁斯大林著作编译局,译.北京:人民出版社,1984:108.

第三章　新时代社会主要矛盾转化下人的全面发展的新要求

不可否认，在资本主义社会早期，资本主义生产方式不仅创造出比过去一切世代都庞大的生产力，而且使人类物质生活方式实现了从传统到现代的历史跨越。但是，资本主义私有制使生产资料和财富主要集聚在少数人手里，社会贫富差距随着资本主义生产规模的扩大而不断扩大。长期忙碌于生产一线的广大无产阶级无法占有由他们所创造的一切"奇迹般的东西"，属于他们的只有无尽的赤贫。一边是资本家们穷奢极欲的物质生活，一边是占社会人口绝大多数的无产阶级挣扎于温饱线上，可以说，资本主义社会的物质生活长期处于一种撕裂的、畸形的状态。

经过三大社会主义改造后，我国在1956年正式确立了以公有制为主体的社会主义制度，这为人民群众更好地追求和享受物质生活创造了政治前提和制度保障。"在人民当家作主的社会主义制度建立之前，人民群众作为劳动者和价值的创造主体却无法充分占有生产力发展的成果，真正享用自己创造的价值，导致价值主体与价值成果长期处于分离的异化状态。"①社会主义制度确立后，人民过去长期被压制的个体需要被极大地释放出来，对在新社会享有更多更优质的价值成果充满了期盼。然而，当时的中国还是一个很落后的农业国，工业基础十分薄弱，社会生产力远远落后于社会生产关系，人民经济文化需要难以得到有效满足。为此，党的八大把社会主要矛盾概括为："人民对于经济文化迅速发展的需要同当前经济文化不能满足人民需要的状况之间的矛盾。"②在这一社会主要矛盾指引下，满足人民经济文化需要成为那一时期全党全社会的共同目标。然而，八大后不久，受国际国内局势变动的影响，党很快偏离了八大关于社会主要矛盾的正确认识，错误地把阶级斗争当作社会主义社会的主要矛盾，致使后来在探索社会主义道路过程中连续出现严重失误，给党和人民的事业造成了巨大损失，留下了深刻的历史教训。"文革"结束以后，党和人民逐渐从过去政治运动的狂热中清醒过来，不断从现实的生存发展视角重新审视自己的活动，并再次把改善人民物质文化生活作为社会发展的主题。面对人口多、底子薄以及人民温饱问题亟待解决的基本国情，

---
① 吕松涛.毛泽东经济建设思想及其当代启示[J].理论学刊,2018(01):18.
② 中共中央文献研究室.建国以来重要文献选编:第九册[M].北京:中央文献出版社,1994:341.

以邓小平为核心的第二代中央领导集体,在总结党的历史经验教训的基础上,正式在党的十一届三中全会做出改革开放这一改变中华民族和中国人民历史命运的伟大决策,自此之后,党开始把工作重心转移到经济建设上来,把解放生产力和发展生产力,满足人民物质文化需要作为社会发展的主要任务。

改革开放以来,尤其是党的十八大以来,我国经济社会发展取得了举世瞩目的历史成就,不仅经济总量长期稳居世界第二,而且其他各项经济指标也跻身世界前列。为此,习近平总书记在党的十九大报告中指出:"中国特色社会主义进入新时代,我国社会主要矛盾已经转化为人民日益增长的美好生活需要和不平衡不充分的发展之间的矛盾。"[①]从人民物质生活的角度来看,这一新的社会主要矛盾论断的提出,既昭示着千百年来以温饱为主要内容的人民物质生活需要已得到基本满足,而在此基础上衍生出来的美好物质生活需要则是一种更多样化、高层次的高品质物质生活需要。与过去的物质生活需要相比,新时代人民所期待的高品质物质生活具有三个显著特征。

首先,物质生活内容更丰富。马克思对人类社会生活的考察是从现实的人的生产实践出发的,社会生产决定社会生活,任何物质生活所呈现出来的内容都是社会生产的结果。因此,社会生产水平越高,物质生活内容就越丰富,反之,物质生活内容就越单一。在我国尚未解决人民生存问题之前,人民的物质生活需要的内容主要以"温饱"为主。尽管这一时期社会也能够生产出一些比较奢华的物质消费品,但是大多数人民能消费得起的还是与他们"温饱"息息相关的产品。在温饱问题已基本解决的新时代,不仅社会有能力生产出各种各样供人民消费的物质生活产品,而且随着人民消费能力的提升,人民对更多样化、更丰富的物质消费品的欲求也变得愈发强烈。可以说,新时代,面对琳琅满目的消费品,人们最大的困扰再也不是"有什么"可买的问题,而是如何在众多同类商品中选择自己最心仪的商品的问题。

其次,物质生活品质更高端。对生活品质的追求是人们在解决基本生存问题之后的必然选择。高品质的物质生活是新时代人民美好生活的题中应有

---

① 习近平. 决胜全面建成小康社会 夺取新时代中国特色社会主义伟大胜利——在中国共产党第十九次全国代表大会上的报告[M]. 北京:人民出版社,2017:11.

第三章　新时代社会主要矛盾转化下人的全面发展的新要求

之义，尤其是在当今中国已全面建成小康社会和十四亿中华儿女全面战胜绝对贫困的新时代，人民对物质生活产品的追求早已不再仅关注于"数量"供给足不足的问题，而是更加关注"品质"要求达不达标的问题。例如，对于吃饭这件事，过去人们最关心的是"吃饱"的问题，而今天人们最关心的是"营养和健康"的问题；对于穿衣服这件事，过去人们最关心的是"御寒"的问题，而今天人们最关心的是"衣品"的问题以及能否彰显独特个性的问题；对于住房这件事情，过去人们最关心的是"遮风挡雨"的问题，而今天人们最关心的是住房的"宽敞、舒适、便捷、个性"的问题。总体而言，新时代，人们所期许的物质生活在品质层面早已超出了一般的"生存"意义，而是更加彰显人们的享受性和发展性诉求。

最后，物质生活方式更科学。生活方式是人的活动方式的一种表现形式。马克思曾指出："人们生产自己的生活资料，同时间接地生产着自己的物质生活本身。"[①]"所谓物质生活方式，是指人类满足自身物质生活需要的具体形式，它是人们的家庭活动方式、消费方式、交往方式和闲暇方式的总概括。"[②]人的物质生活方式与社会物质生产形式和内容直接相关。在不同社会形态或同一社会形态的不同历史时期，人们满足自身物质生活需要的方式并不相同。就家庭活动方式而言，无论是封建农业社会，还是近代工业社会，社会分工造成了"男主外女主内"的家庭分工格局，男人因其经济地位而在家庭生活中居于主导地位，女人只有附庸于男人才能生存下来。改革开放四十多年来，中国妇女的家庭地位和社会地位也伴随着我国经济发展的快速腾飞而显著提升，男女在家庭分工中的地位也日趋平等。就消费方式而言，在过去落后的农业社会，由于物质生活资料的匮乏，千百年来人们重复着单调的消费方式。这种消费方式的特点是崇俭抑奢，消费的内容也极为单调。改革开放以来，随着我国居民家庭可支配收入不断提高，社会生产的消费品不断丰富，交通运输的不断便捷，尤其是网络信息技术在物流领域的日益普及，人们的消费行为、内容和形式也变得愈发丰富多样。例如，近些年来，越来越多人养成了

---

① 马克思恩格斯选集：第一卷[M]. 中共中央马克思恩格斯列宁斯大林著作编译局，译. 北京：人民出版社，1995：67.
② 汪信砚，肖新发. 科学真理的困惑与解读[M]. 武汉：湖北人民出版社，1998：284.

网购的习惯，足不出户就能买到心仪的消费品。此外，随着环保理念和相关知识的普及，一种新的低碳绿色消费方式越来越受到人们的青睐。就交往方式而言，随着网络信息技术的普及和现代交通工具的发展，人们的交往方式越来越被技术赋能，交往方式的选择也越来越多样化。

(二)物质生活是人的存在和发展最基本的前提和基础

任何时候物质生活都是人们生存最基本的需要，也是人们生存和发展最基本的前提和基础。这既根源于人的自然属性，又源于人类历史发展的要求，更缘于人自身发展的规律。首先，人的自然属性决定物质生活是人的存在和发展最基本的前提。历史唯物主义认为，人是有生命的自然存在物，既源于自然，又依赖于自然，其本身还包含着自然。因此，只要承认人的肉体存在的客观性，就必然要承认维持这种存在、满足这种生物组织的生理需要的合理性，就必然要从自然中获取物质、能量和信息来满足自身的生存所需。换言之，在任何时代，自然生理需要都是人类最基础的需要。而人的物质生活主要以满足人的生存需要为目的，是人的自然需要的主要内容。其次，满足人的物质生活需要是人类创造历史的第一个前提。马克思和恩格斯并不满足于仅从人的自然属性来谈论人的物质生活需要，而是试图从人类创造和满足物质生活需要的历史活动中揭示人类历史发展的原动力。马克思和恩格斯在《德意志意识形态》中指出："我们首先应当确定一切人类生存的第一个前提，也就是一切历史的第一个前提，这个前提就是：人们为了能够'创造历史'，必须能够生活，但是为了生活。首先就需要衣、食、住以及其他一切东西。因此第一个历史活动就是生产满足这些需要的资料，即生产物质生活本身。"[①]马克思和恩格斯的这段论述告诉我们，物质生活需要不仅是每个个体维持其生命存在之必需，而且是人类创造历史的最初需要，也即历史发展的原动力，人类正是在满足物质生活需要的过程中不自觉地推动着历史的车轮滚滚前进。最后，物质生活之所以是人最基础的需要还在于人的其他需要的产生和发展都必须建立在物质生活需要满足的基础之上。由于社会生活丰富多彩，纷繁

---

① 马克思恩格斯选集：第一卷[M].中共中央马克思恩格斯列宁斯大林著作编译局，译.北京：人民出版社，1972：32.

第三章　新时代社会主要矛盾转化下人的全面发展的新要求

复杂,所以人的需要也是一个多样性的复合体。正如马克思所言:"在现实世界中,个人有许多需要。"[①]恩格斯从需要对人的存在的意义的维度将人的需要主要划分为三种类型——生存需要、享受需要和发展需要,这三种需要所对应的对象分别是生存资料、享受资料、发展和表现一切体力和智力所需的资料。

从这三种需要的对象不难看出,生存需要是人从一出生开始就时刻不能脱离的需要,这种需要很难与动物的需要直接区分开来,因而它是人类最基础最低层次的需要。享受需要是基于生存需要得到基本满足的前提下而产生的一种旨在提高人的生活质量、优化人的生存条件的需要。实际上,享受需要不仅以生存需要的满足为基础,而且其本身体现为在生存需要活动及其对象中产生的需要。但随着社会的发展,在温饱问题解决之后,衣、食、住等原本的生存需要也会发展为享受需要。例如,人们在确定每天能吃饱的情况下,就会很自然地追求如何吃得更美味更健康。此外,人的发展需要更是建立在生存需要满足的基础之上,因为我们很难想象一个整日要为生计发愁的人,会有多少心思去思考自身的发展需要。总之,无论是自然生理需要,还是生存享受需要,都属于人的物质生活需要范畴。人们只有首先满足自身的物质生活需要,才能朝着其他更多样化、更高层次的享受需要和发展需要不断迈进。

(三)高品质物质生活需要的满足有助于人的全面发展

高品质物质生活是经济社会发展到一定程度人们的必然要求。"生活质量的状况影响着人的发展所能达到的程度。"[②]新时代社会主要矛盾所提出的人民美好生活需要,实际上就是一种高品质物质生活需要,是一种高于一般生存需要的需要。而满足人民高品质物质生活需要,不仅是新时代人的全面发展的重要内容,也是新时代人的全面发展的必然选择。具体可从以下三个方面展开分析。

首先,高品质物质生活需要的满足有助于提升人民的能力和素质。生活

---

① 马克思恩格斯全集:第三卷[M].中共中央马克思恩格斯列宁斯大林著作编译局,译.北京:人民出版社,1960:326.
② 齐英艳.生活质量与人的全面发展[M].北京:中国社会科学出版社,2010:194.

是人们基于生计和需求而展开的各项活动，而人的实践活动又是人的能力形成和发展的基础，因此，人的能力的发展与人的生活密切相关。生活对人的能力的影响和作用主要体现在三个方面。一是生活为人的能力的形成和发展提供了时空场域。人的任何能力都是在生活中形成的，离开了生活人连基本的生存都无法保证，更何谈发展自身的能力。因此，生活既是人的实践活动的主要空间，也是人的能力形成的时空场域。二是满足生活需求是人的能力形成和发展的动力。人类从诞生伊始就要为了"活下来"而同大自然展开直接对话，物质生产活动是人类同大自然交流的直接方式，也是人类从事的第一个历史活动。而面对复杂的生存环境，为了获取自身生存和发展所需的物质生活资料，人类必须习得与大自然斗争和共处的各种能力。三是生活水平的高低决定了人的能力发展的程度。人的能力的发展既受主体先天遗传因素的影响，也受一定社会关系的影响和制约。在现代社会，教育是影响人的能力发展的最主要因素。教育是从人的物质生产和生活实践中分离出来的一种特殊的社会活动，是培养人的技能、塑造人的个性、提升人的素质的根本手段。一般而言，人接受的教育质量和水平越高，其能力得到开发和提升的机会就越大。而无论是家庭教育还是学校教育，都是人的物质生活的重要组成部分。新时代，人民所追求的物质生活是一种高品质的物质生活。这种物质生活不仅包含了人的能力发展所需的"更好的教育"这一基本内容，而且满足这种物质生活的需要也为人民提升自身能力提供了强大动力。

其次，高品质物质生活需要的满足有助于人民社会关系的丰富和发展。前面提到，人的社会关系的丰富和发展是人的全面发展的重要表征。人的社会关系包含了人与人、人与社会、人与自然等多重关系。其中，人在生产实践中所结成的生产关系是其最为根本的社会关系，它影响并决定着人的其他一切社会关系的存在和发展。与动物的本能式生存需要不同，人的物质生活需要是在一定社会关系（生产关系）中形成和发展起来的。同时，由于人总是基于一定的物质生活而存在和发展，因此，物质生活尤其是高品质的物质生活对人的社会关系的形成和发展有着重要影响和作用。一方面，高品质的物质生活蕴含了人们社会关系的和谐发展诉求。从人与自我的关系发展来看，高层次的物质生活要求人们摆脱过去对商品和货币的盲目崇拜，选择更健康、

第三章　新时代社会主要矛盾转化下人的全面发展的新要求

更合理的物质生活和消费方式。从人与社会的关系发展来看,高层次的物质生活客观上要求不同行业、不同群体在物质分配关系中能够实现相对的公平,要求每个人的家庭生活都能关系和睦。从人与自然的关系来看,高层次的物质生活是一种更科学、更环保的生活方式,因而客观上要求实现人与自然关系的和谐发展。另一方面,高品质的物质生活有助于进一步拓展人的交往关系。前面提到,新时代人民所期待的高品质的物质生活是一种除了传统意义上吃、穿、住等基本生存需要外的更高层次的生活方式,包括更和谐的家庭活动方式、更理性的消费方式、更开放的交往方式和更自由的休闲方式。尤其是随着网络信息技术的迅速发展和普及,人与人之间的交往已完全打破了传统意义上的时空限制,"即时交往"已经成为人们日常交往方式的重要组成部分,这大大拓展了人与人之间的交往关系。

最后,高品质物质生活需要的满足有助于人民其他各种需要的丰富和发展。在马克思人学论域中,人的需要作为人的本质的内在规定不是固化的,而是不断由低级向高级、由生存性需要向享受性和发展性需要递进的。人的全面发展首先表现为人的需要的丰富性与拓展性。一般而言,需要的满足程度越高、需要的内容越丰富,人的发展的程度就越高,就越接近人的全面发展目标。人的需要的发展首先建立在生存需要基本满足的基础之上,因为人们只有不再为生存需要而忙碌和犯愁时,才会产生其他更丰富、更高层次的需要。在我国历史上,千百年来绝大多数人民几乎每天都要为解决温饱生计问题而忙碌,除了温饱需求外很难想象他们还会有更多的精力去追逐其他更高层次的需要。中国共产党自建党伊始就始终把解决人民的生存问题置于最高位置。新中国成立七十多年来,尤其是改革开放四十多年来,在全党全国各族人民的共同努力下,十几亿中国人民的温饱问题得到基本解决,正向着实现更高层次的美好物质生活目标迈进。新时代,人民所期待的美好物质生活是比过去物质文化需求更高品质的物质生活。虽然它没有也不可能脱离人的生存需要这一最初始的目的,但是在价值层面上却明显指向人的生存质量和幸福体验,在内容上也更加丰富多样。因此,这种高品质的物质生活需要的满足,自然有利于人民其他各种需要的丰富和发展。

二、人的全面发展要以民主法治的政治生活为保障

随着新时代社会主要矛盾的转化,人民不仅对物质生活有了更高的要求,而且对民主、法治的政治生活需要变得愈发强烈。从美好政治生活来看,我国人民作为社会主义国家当家作主的主人,宪法和其他法律均赋予了人民参政议政的广泛权利,如民主选举权、民主决策权、民主管理权、民主监督权,等等。这些民主权利不仅体现了新时代人民对美好生活的政治追求,而且彰显了我国人民当家作主的历史主体地位。法治是与人治相对的一个政治范畴,它以维护和保障人民各种合法权利为根本目的,彰显了人民对自由、平等、公正的美好向往。从人的发展角度来看,民主是孕育人的全面发展的土壤,法治则是人的全面发展的保障。因此,基于新时代社会主要矛盾转化探究如何实现人的全面发展问题,要关注民主和法治与人的全面发展的关系,自觉把满足民主法治的政治生活需要作为新时代中国人的全面发展的新要求。

(一)民主和法治是人民美好政治生活的根本内容

马克思曾指出:"人是最名副其实的政治动物。"[1]政治是人的内在需求和本质的内化。人的社会属性决定其生存和发展一刻也离不开政治生活,因为只有在政治文明启蒙之下,那些适宜人的个性、能力发展的自由、平等、开放、包容的良好社会环境才会逐渐形成,那些适宜人的社会关系发展的良好公共秩序和制度规则才能得以确立。作为现代社会政治文明的两个核心要素,民主与法治相互依存、相互作用、互为条件。因为"如果不能通过民主实现人民对政治权力的有效制约,政治权力依法行使就难以落实;如果政治活动特别是民主实践不在宪法和法律框架下展开,就可能导致秩序混乱、破坏法治"[2]。新时代社会主要矛盾转化对人民美好政治生活和社会政治文明建设提出了新的更高的要求。民主和法治不仅是人民美好政治生活需要的根本内容,而且是中国特色社会主义政治文明建设的根本要求。

---

[1] 马克思恩格斯全集:第四十六卷[M]. 中共中央马克思恩格斯列宁斯大林著作编译局,译. 北京:人民出版社,1979:21.

[2] 顾相伟. 马克思人的全面发展思想及其当代发展研究[M]. 上海:复旦大学出版社,2016:160.

第三章 新时代社会主要矛盾转化下人的全面发展的新要求

一方面,新时代人民对民主的需求随着物质文化需求的满足愈发凸显。民主是指人民所享有的参与国家事务和社会事务管理或对国事自由发表意见的权利。在我国,人民作为国家和社会的主人,在政治生活中享有广泛的民主权利。从需求的层级来看,民主需求高于一般的生存需求,是人民对其作为历史主体身份确认的需求。在历史唯物主义论域中,如果人们连衣食住行等基本生存需求都无法满足时,一般是不会去思考比生存需求更高层级的需求的。在我国,虽然在新中国成立之初就确立了人民在国家和社会中的主人地位,国家宪法赋予了人民广泛的民主权利,但是很长一段时期以来人民的民主意识仍非常薄弱,对参与民主政治活动和实现民主权利的兴趣并不浓厚,尤其是一些落后的农村地区,基层民主选举往往很少有人积极参加。究其原因主要有三点。一是在温饱问题尚未解决之前,人们不得不整日为生计问题发愁犯难,根本没有多余的时间和精力去追求民主的政治生活。二是受封建专制思想的消极影响。我国是一个有着几千年封建专制传统的国家,封建专制思想对人民的消极影响并未完全消除,部分民众的思想深处仍残存着一些封建专制的思想余毒,因而对民主的政治生活不以为然。三是民主机制不健全,抑制了人们的民主需求。新中国成立以来,我国社会主义民主制度经历了一个不断丰富和完善的发展过程。过去由于民主机制不完善,人民的民主权利得不到很好的保障,导致部分民众对民主失去信心和兴趣。伴随着改革开放的深入推进以及十几亿人民的温饱问题逐步解决,我国人民的精神文明素养整体得到较大提升,社会主义民主机制日趋完善,此时,过去那些制约人民民主需求的经济因素、文化因素、制度因素均被慢慢清除,人民对民主的政治生活需求开始不断凸显出来。

另一方面,新时代人民对法治的需求随着自身权利意识的增强而不断增长。民主和法治是两个相辅相成的政治范畴。从某种意义上来讲,新时代人民民主需求的增长是其法治需求增长的重要原因。法治是指在政治国家和公民社会中建立起来的一套旨在保障公民权利,维护普遍、和谐的社会秩序和人际关系的强制制度。人们对法治的需求主要源于维护自身权利和保障社会秩序的目的。我国是一个有着两千多年封建专制传统的国家。在新中国成立以前的旧社会,统治阶级为了达到对人民从肉体到精神的全面控制,总是千方百计地压制人民的民主意识和反抗精神。尤其在近代中国,身处半殖民地半封建社会的人民,深受帝国主义、封建主义和官僚资本主义的剥削和压迫,连基本的生存问题都难以解决,更何谈人权、民主和法治？1949年中华人民共和国的成立,不仅昭示着中国人民从此摆脱了内无民主、外无主权的政治命运和政治生活,而且正式开启了中国人民走向现代政治文明的新起点和新征程。新中国成立后,为了唤醒人民的民主意识和保障人民的民主权利,中国共产党在政治上不断完善各项民主机制和法律法规；经济上不断满足人民的各项经济利益；精神文化上不断弘扬社会主义民主和法治精神。在中国共产党的领导下,经过几代人的共同努力,新时代我国人民的权利意识和法治意识明显增强。在现实生活中,绝大多数公民不仅能够明确自身作为社会主体的权利和义务,而且在自身权益受损时能够自觉运用法律的手段解决各种矛盾和纠纷。国家统计局发布的数据显示,截至2021年,"全国共建成省、市、县、乡、村五级公共法律服务中心(工作站、工作室)57万个,每年提供法律咨询、法律援助、调解等各类法律服务1800多万件次,'12348'公共法律服务热线设座席2000多个。"[①]以上数据充分表明,新时代我国人民依法维权意识已不断觉醒、社会主义法治建设不断完善。而随着人民依法维权意识的觉醒,人民对社会主义法治的需求也会随之变得愈发强烈,并构成人民美好政治生活的核心内容之一。

(二)民主需要的满足可为人的全面发展开辟道路

在我国,民主意指"人民当家作主",即由人民掌握国家的权力、决定国家发展的方向。在政治学上,通常可以将民主理解为一种政体或一种国体。值得注意的是,在属性上,民主兼具阶级性和社会性两种特性,其中,阶级性是民主最显著的特性,也是我们区分中西方两种类型民主的根本抓手。随着现代政治文明的深入推进和人类道德要求的不断升华,自由、平等精神日趋普照到人类社会生活的各个角落。这也提示我们,不能再以旧的思维和眼光去认识和阐释民主的含义,如今的民主观念早已被政治家和思想家们拓展

[①] 赵婕.全国共建成公共法律服务中心57万个,人民群众获得感满满[EB/OL].(2022-03-26)中国长安网. www.chinapeace.gov.cn/chinapeace/c100007/2022-03/06/content_12603367.shtml.

第三章　新时代社会主要矛盾转化下人的全面发展的新要求

到政治视野以外的更为宽广的天地，民主思想也被他们从多个视角、多重维度加以阐释体认，一句话，民主已被提升到自由世界、福利国家、理想社会这样的人类社会未来趋向的高度。这样一来，我们对民主的理解不能仅局限于政治生活领域，而应将其扩展到社会生活的各个方面。而无论哪个领域的民主都蕴含着一条最普遍的价值规律：以承认和尊重每个人的尊严、价值和能力为前提，以尊重公民政治自由、言论自由为基础，以人人平等为其价值内核的精神形式和生活方式。民主不仅使人的主体性得以确认，使人的尊严和价值得到尊重，而且为人的全面发展开辟道路。具体可从以下两个方面进行分析。

一方面，民主制度可为人的全面发展提供制度保障。前面提到，在我国人民政治生活中，民主一般作为国家制度而存在，即通常表现为"人民当家作主"的各种民主制度。在马克思人学论域中，虽然民主作为一种国家制度，本身并不具有终极意义，也不是人的自由全面发展的终极追求，但是"民主是制度变迁和人的发展相互促动的统一体，其终极目标就是通过政治制度的完善和公民素质的提高而实现经济富足、社会和谐与人的解放"[①]。换言之，民主制度是人类通往自由全面发展"彼岸"的必备工具，能够为实现人的全面发展提供重要保障。具体可从两个方面进行分析。一是民主制度能够保障人民当家作主权利的实现。我国社会主义性质决定，人民在政治生活中享有广泛的民主权利。这些民主权利在应然层面能够有效确证我国人民当家作主的历史主体地位。然而，从现实层面来看，人民当家作主的各项权利不是自发实现的，而是在各项具体的民主制度实施过程中实现的。我国各项具体的民主制度都是基于人民的权利实现而设计出来的，这些民主制度的程序运行也是以人民的权利实现为旨归的。二是民主制度能够为社会关系的和谐发展提供重要保障。民主与专制是相互对立的两个不同的政治概念。在处理意见分歧或利益矛盾时，民主强调通过反复辩论或集体讨论的方式解决利益分歧；而专制则通过威权人物的个人意志独自决定意见分歧或利益矛盾的处理方案。可

---

① 顾相伟. 马克思人的全面发展思想及其当代发展研究[M]. 上海：复旦大学出版社，2016：160.

见，民主制度不仅是人民民主权利实现的重要保障，而且是化解社会矛盾、协调社会关系的重要手段。

另一方面，民主需要的满足有助于人的认知活动的发展。人类从诞生开始就从未停息过对世界的探索和认知。正是通过不停的探索和认知世界，人类不断从蒙昧走向文明、从未知走向科学、从必然王国走向自由王国。可以说，认知活动是人类存在和发展的根本活动，这种活动不仅能改善人的生存状态、确证人的生命本质，而且是人的全面发展的重要内容。在马克思人的全面发展论域中，认知活动是人们掌握知识、追求真理的根本途径。一般而言，人的认知活动发展越充分，其认知能力就越强，知识掌握水平就越高，就越有可能接近真理。在现实生活中，人的认知活动发展水平受内外主客观因素影响较大。其中，影响人的认知活动的主观因素主要是主体的知识素养和认识方法，而客观因素主要是主体所处的外部环境。在影响人的认知活动的众多因素中，"民主作为一种人生信念、一种认识方法、一种制度安排越来越深刻地影响着人们的求知活动"[①]。民主有助于主体在认知过程中摆脱对"权威"的迷信和盲从。在现实生活中，导致人们认知出现偏差的主要原因不是主体知识素养不够或认知方法不对，而是主体对自身认知缺乏自信，进而盲目听信所谓的"权威人士"的意见和分析。而民主作为一种人生信念，能够帮助主体在认识世界过程中打破对权威的盲从和迷信，从内心坚信世界上从来没有所谓全知全能的"上帝"，也不会有掌握绝对真理的所谓"权威人士"。

(三)法治需要的满足可为人的全面发展提供保障

从人治社会走向法治社会是人类文明进步的重要标志。由于人的发展过程与社会的发展过程是统一的，因此，我们也可以将人的发展过程理解为现实的人不断摆脱人治社会关系走向法治社会关系的过程。所谓人治，是指个人或少数人对绝大多数的统治，这种统治建立在少数人掌握了社会公共权力，能够对占社会绝大多数的其他成员拥有绝对特权的基础之上，并且这种特权渗透于人们生活的各个方面。其中，在经济生活中，统治者在私有制的掩护下"合法"占有着社会绝大多数的财富和生产资料，而被统治者只能依附于统

---

① 王翠华. 论二维形态的民主与人的全面发展[J]. 人大研究，2010(10)：33.

第三章　新时代社会主要矛盾转化下人的全面发展的新要求

治者才能勉强苟活于世；在政治生活中，统治者总是以某种不受法律、道德、宗教等因素限制的全能主义的权力来支配和控制被统治者的个人生活，对被统治者的生存、发展、自由具有绝对支配权；在文化生活中，统治者不仅是社会上占统治地位的精神力量，决定着整个社会的精神生产过程，拥有着绝对的意识形态话语权，而且竭尽所能地从精神上打压、贬低被治者，使他们彻底丧失反抗的意志和精神。可见，人治背离了人文关怀，践踏了人性，违背了人人生而平等的人文关怀，因而它曾一度是阻碍人类发展和社会进步的最深层次的矛盾和障碍。无论是中国抑或是西方国家，都经历过漫长的人治历史时期，尤其是中国，两千多年的封建专制统治在人类历史上是绝无仅有的，对中国人的发展的影响也是极为深远的，时至今日，一些中国人的思想深处仍残存着人治思想。法治是对人治的超越，是以维护和保障大多人的权利为根本目的，彰显了人们对自由、平等、公正、全面发展的向往。因此，在我国，要实现人的全面发展，必须加强社会主义法治建设，通过法治维护和保障人民各项权利，增强人民当家作主的主体性。与其他社会类型的法治不同，我国社会主义法治从存在之日起就以维护人的尊严、保障人的权利为价值旨归，以促进社会和谐和人的全面发展为价值追求，因此，在我国，法治不仅基于人的生存发展需要而产生，而且可为人的全面发展提供重要保障。具体主要体现在以下两个方面。

一是法治能有效保障人民各项权利进而有助于满足人民的合法需求。当前，我国人的全面发展不仅体现为人民多方面素质和技能的综合提升，而且在于人民在社会生活中的各方面合法需求能够得到有效满足。随着新中国成立以来我国社会主义法治建设的不断推进和人民法治意识的日益增强，一方面社会主义法律体系赋予了人民日益广泛的权利，另一方面人民愈发关注自身的合法需求和权利能否得到实现。正基于此，新时代中国共产党立足于人民在美好生活中的各方面合法需求，通过强化社会主义法治建设，在实现公民权利、保障法治化进程中不断满足人民各方面的合法需求。首先，通过社会主义法治保障人民生存权利，有助于满足人民合法生存需求。从古至今，生存需求始终是人类最基本最初始的需求。从人的发展维度来看，生存需求的满足既是人的发展的现实要求和重要依据，也是人的发展的基本条件。如何有效满足人民合法生存需要是我们党长期以来孜孜以求的奋斗目标。在我国，人民生存需要的满足既离不开社会物质供给能力的提升，也离不开社会主义法治的保障，尤其是在我国已全面建成小康社会的境况下，通过社会主义法治保障人民生存权对满足人民合法生存需求显得格外重要。其次，通过社会主义法治保障人民经济权，有助于满足人民合法的经济需要。所谓合法的经济需要，是指人们对其在从事合法经济活动中取得的财产或其他相关收入所表征出来的一种欲求状态。经济需要的满足既是人的全面发展的内在要求，也是人的全面发展的物质条件。而要满足人民合法的经济需要必须确保人民各项经济权利能够得到有效保障。为此，新中国成立以来尤其是改革开放以来，为保障人民群众的合法经济权益和满足人民合法经济需要，我国不仅从宪法层面明确规定对人民群众的合法财产予以保护，而且先后制定了一系列旨在保障人民群众就业、休息、劳动报酬、同工同酬等权利的诸多经济法律法规。再次，通过社会主义法治保障人民政治权利，有助于满足人民美好政治生活需要。在社会主义中国，人民享有政治权利意味着人民当家作主，而人民当家作主则是人民实现政治解放、获得自由、摆脱外在力量束缚的重要表征。为此，新时代，以更加完善的社会主义法治保障人民政治权利是满足人民美好政治生活需要、促进人的全面发展的政治要求。最后，通过社会主义法治保障人民文化权，有助于满足人民美好精神生活需要。人除了具有政治属性外，还具有文化属性，是文化的产物并受文化的影响和熏陶。其中，健康向上的文化有助于满足人的精神需要，丰富人的精神世界，提升人的精神素质，改善人的交往方式，促进人的全面发展。在政治生活中，人民群众对精神文化的需要集中表征为其对文化权的实现诉求，而文化权则是基于人民精神需要的一种精神性权利，这种权利的实现同样离不开社会主义法治的保障。

二是法治能有效协调人民利益方面的矛盾，进而有助于人民社会关系的和谐发展。前面提到，人的全面发展不仅在于人的多方面合法需求得到有效满足，而且在于人的社会关系能够和谐发展。在人类发展史上，人类从一开始踏足社会生产领域就会不自觉地建立起众多复杂的社会关系，主要包括人与自然、人与社会、人与自我等三个层面的关系。由于人的本质表征为一切

第三章　新时代社会主要矛盾转化下人的全面发展的新要求

社会关系的总和,因而这些关系的全面和谐发展就构成了人的全面发展的内在要求。然而,在现实生活中,人们所面对的各种社会关系往往会因不同利益主体间的矛盾或冲突而呈现非和谐发展状态。就人与自然的关系发展而言,当人们面对经济发展与环境保护这对利益矛盾时,若选择将经济利益置于优先位置,那么,人与自然的关系必然会因为与人的经济利益相冲突而呈现非和谐发展状态。在我国生态文明建设的历史上,因为个别人或个别组织对经济利益的贪婪和对环境保护的漠视而造成的生态问题并不少见。因此,要从根本上解决这一问题就必须通过某种对人们经济利益矛盾具有强制协调作用的工具加以解决。而这种工具实际上就是我国生态文明建设领域的各种法律法规。为此,新中国成立以来,尤其是党的十八大以来,为了推进我国生态文明持续健康发展,我国先后制定了一系列严格的法律制度来保障人与自然关系的和谐发展。就人与社会的关系而言,当前,新时代社会主要矛盾在我国经济建设领域中所映射出来的突出问题是经济发展的不平衡不充分问题。而这种经济及发展的不平衡又更深层次地表现为区域间、城乡间、行业间、社会阶层间的经济利益(收入)的不平衡。正是由于这种经济利益(收入)不平衡问题的存在,因而导致人与社会关系的不和谐发展,甚至还可能导致部分群体的社会心态失衡。而要从根本上解决经济利益(收入)不平衡问题,除了坚持经济高质量发展战略,不断提升我国经济发展的质量和效益外,还要依靠经济领域的法治建设,通过良法善治合理调节经济发展中的各种利益矛盾,从而进一步推动人与社会关系的和谐发展。

三、人的全面发展要以充盈的精神生活为条件

人是一种物质存在物,更是一种精神存在物。精神存在是专属于人的一种存在,是人的灵魂的存在,更是人区别于动物的根本所在。对于个体而言,虽然物质生活在其众多类型的生活里居于首要位置,是最初始最基础的生活需要,但并不意味着精神生活需要就可有可无。恰恰相反,伴随着物质生活需要的不断满足,人们对精神生活的欲求和渴望会愈加强烈。精神生活蕴含了新时代人民美好生活所必备的道德、修养、人格、情趣、境界等内在精神

素养的总和。[①] 精神生活作为人的存在的重要组成部分，对促进人的全面发展有着不可替代的作用。新时代社会主要矛盾表明，物质文化需要已不再是人民需要的最主要方面，在物质文化需要得到基本满足的基础上生长出来的精神生活需要开始凸显出来，并日益成为确证人的存在和本质的根本之需。因此，满足人民健康充盈的精神生活需要是新时代社会主要矛盾转化下人的全面发展要求的现实表征。

（一）充盈的精神生活是人民美好生活的突出内容

人是集自然、社会、精神三重属性为一体的存在物。人的自然属性和精神属性决定，人既有获取物质生活资料、维持生命存在的物质之需，也具有拓展精神生活领域、丰富精神生活内涵、提升精神生活质量的精神之需。其中，精神生活需要是在物质生活需要得到基本满足的基础上生长出的一种更能体现人的本质和存在意义的高级需求。新时代社会主要矛盾的转化表明，人民需求发生了历史性升级，即由原来以生存为主要内容的物质文化需要升级为内容更丰富、层级更高的美好生活需要。健康充盈的精神生活本身就是美好生活的重要组成部分。事实上，若缺少健康充盈的精神生活，即使社会发展再充分再平衡，也很难进入真正美好的状态，人民的幸福生活也会因此大打折扣。此外，充盈的精神生活不仅是人民美好生活的重要内容，而且随着社会生产水平的不断提高，人民群众对精神生活的需求会愈加强烈。具体原因分析如下。

首先，经济社会的快速发展使人民精神生活需求愈加凸显。在人的发展过程中，虽然物质需要与精神需要分别表征着人的两种不同属性以及生存状态，但是这两种需要之间并非完全割裂之状，二者之间有着紧密的联系。从这两种需要满足的顺序来看，一般是先满足物质需要再满足精神需要，前者的满足可为后者的产生和发展奠定基础和开辟道路。因为人只有在其物质需要得到基本满足之后，才会进一步产生使自身精神变得更加富足、意义世界变得更加丰满的精神需要。从这两种需要的发展走势来看，人们一般先侧重物质需要后侧重精神需要，尤其在物资匮乏的历史时期，人们首先想的是如

[①] 沈湘平，杨仁忠. 新时代社会主要矛盾与人的发展[M]. 北京：经济管理出版社，2019：4.

第三章　新时代社会主要矛盾转化下人的全面发展的新要求

何满足物质需要以维持生命机体之运转,此时的精神生活属于次要的甚至是可有可无的事。[①] 但是,随着经济社会的发展与进步,当物质生活资料能够基本满足人的生存之需时,人们会更加关注自身的精神需要和意义世界。改革开放以来,尤其是党的十八大以来,中国共产党团结带领各族人民,坚持以经济建设为中心,大力发展社会生产力,使我国经济社会发展取得举世瞩目的历史成就,不仅稳定解决了十几亿人的温饱问题,而且我国经济发展总量长期稳居世界第二,其他多项经济发展指标也跻身世界前列。人民温饱问题的解决和社会经济发展水平的不断提高,使得人民原来的物质文化需求呈现出升级态势,不仅对"物"的层次和种类有更高的期待,而且盼望更丰富的精神生活,对生活所附加的文化价值内涵有着更强烈的期盼,与此同时,对精神生活的体验感和获得感也日益成为衡量人民生活水平的重要标志。

其次,现代化既加快了社会运行速度,也加重了人们的精神负担。现代化是当今世界任何一个致力于自身发展和人民幸福的国家和民族都必然选择的道路。近代以来,中国无数仁人志士致力于为实现民族复兴和国家富强寻找现代化出路,但是囿于时代环境、历史条件和阶级属性的限制,无论是开明的封建士大夫阶层,还是民族资产阶级实业救国派,都没能找到一条真正适合中国的现代化道路。直到中国共产党领导人民建立新中国之后,我们才真正逐步迈向现代化征程。新中国成立以来,尤其是改革开放四十多年来,中国共产党领导人民不仅逐步探索出了一条具有中国特色的社会主义现代化道路,而且沿着这条道路中国只用了短短几十年时间就创造了世所罕见的经济快速发展奇迹和社会长期稳定奇迹。然而,在现代化进程中,人们享受着越来越充裕的物质生活的同时,精神生活质量却没有得到明显提升。过去"一味强调经济发展并将其作为现代化的唯一指标,总要引起负面效应的,而这种负效应又总是发生在精神领域,物质成就的辉煌总是加重了人们精神上的负担,增加了精神领域的空虚。这成为一个被普遍证实和认同的'经济—物质'悖论"[②]。此外,尽管现代化为人们的物质生活带来了难以道尽的福利,但

[①] 陈新夏. 可持续发展与人的发展[M]. 北京:人民出版社,2009:332.
[②] 刘金祥. 论人的精神世界现代化[J]. 民主与科学,2012(03):74.

是人们在市场逻辑主导下的精神生活却面临着前所未有的挑战。总之，面对现代化带来的各种精神压力和焦虑，人们愈发渴望放松精神、愉悦心情，甚至有意放慢一下生活节奏。

最后，充盈的精神生活原本就是人民美好生活的题中应有之义。美好生活是一个内涵丰富、外延广阔的概念，它不仅体现在人民高品质的物质生活方面，而且包含了人民对精神文化生活的追求。按照从低到高的层级划分，人的精神生活分别包含了审美、道德和信仰三个层面。然而，无论哪种类型或层面的精神生活都包含在新时代人民美好生活范围之内。就审美层面的精神生活而言，美好生活之所"美好"其首先在于人们能从中时刻感受到人性之美、艺术之美和自然之美。这些"美"既是美好生活的价值内核，也是人们竞相追逐的精神之需。就道德层面的精神生活而言，人的精神生活必须是充满道德感的生活，道德规范和原则是人的精神生活的重要内容，而道德层次本质上是信仰层次的延伸和贯彻，其合法性最终来源于至善尺度的确立。[①] 新时代人们所向往的美好生活显然也是一种充满道德向善的生活。就信仰层面的精神生活而言，信仰作为人们精神生活最高层次的内容，不仅是人们安身立命的归宿，而且是支撑人们立足现实不断追求和实现美好生活的内在动力。新时代，人民美好生活不仅建立在社会共同的信仰基石之上，而且以人民是否有信仰作为评价生活质量的重要标准。此外，人民美好生活还包含了健康的情感生活、丰富的知识生活、民主的政治生活以及积极的意义生活等方面。总之，正是因为精神生活本身就是人民美好生活的重要组成部分，因此，随着人民美好生活的不断发展和实现，人民对精神生活的需求和追求也必将随之更加凸显出来。

(二)人的精神生活是人的存在的重要组成部分

马克思主义人学始终强调人的精神属性对确证人的本质和彰显人的存在意义有着其他属性不可比拟的优势。为此，对于人的发展而言，精神生活承载着人们对意义世界的美好憧憬和不懈追求，可以说，没有精神生活，人的

---

① 任国忠，李丙清，仲爱萍. 中国特色社会主义与人的全面发展[M]. 北京：中国社会科学出版社，2016：222.

第三章　新时代社会主要矛盾转化下人的全面发展的新要求

存在将如同行尸走肉一般毫无意义，精神生活比物质生活更能确证人的存在，并构成人的存在的重要组成部分。

首先，精神生活彰显了人的存在的尊严和高贵。马克思认为："无论是在人那里还是在动物那里，类生活从肉体方面来说就在于人（和动物一样）靠无机界生活，而人和动物相比越有普遍性，人赖以生活的无机界的范围就越广阔。"[①]马克思从未否认人作为自然的一部分，与其他同样依靠自然而生存的动物之间在类生活上具有某种相似性和普遍性，但是马克思并未因此而将人与其他动物完全归属到同一类，或者直接用人的自然属性来解释人的本质。相反，他极力反对任何试图从人的自然属性出发来揭示人的本质的一切哲学。因为人最根本最可贵的属性是其社会性，而仅从人的自然属性，或从人的类属性，是很难把人和其他动物严格区分开来的，更难以说明人比其他动物更"高贵"一些。更进一步说，在历史唯物主义论域中，人是一种自然存在物，更是一种"有意识的"精神存在物。人的精神属性是把人从一般的类属性中区分出来的根本标志，使人成为一种社会性的动物。人活着的尊严和意义并不体现在他们每日三餐饮食或住行方面，而在于他们能够摆脱对肉体的依赖，并以自己的思维和理性探寻过去的历史、思考现在的生活以及实现未来的可能性，同时能逐渐构筑起自己的精神家园和精神世界。总之，精神生活使人拥有了其他动物所没有的精神世界和精神家园，进而彰显了人的存在的尊严和高贵。

其次，精神生活提供了人的存在的意义和支撑。人为何存在？存在是为了什么？这是千百年来哲学家们一直追问的人生哲学问题。在马克思主义看来，人的存在不是以单纯的"活着"为终极旨趣，而是以追求一种有意义的人生为价值目标。换言之，人作为一种兼具物质属性和精神属性的存在物，一生除了要为维持生存而忙碌奔波外，还要不停地追问"活着是为了什么"，努力寻找生命存在的意义，即需要精神提供存在的理由。改革开放以来，伴随着我国经济发展的迅速腾飞，人民群众逐渐摆脱了每日为温饱发愁的贫困岁

---

① 马克思恩格斯全集：第三卷[M]. 中共中央马克思恩格斯列宁斯大林著作编译局，译. 北京：人民出版社，2002：272.

月。然而，在过去的发展过程中，我们一贯奉行"发展即经济增长"的物本价值取向，这种价值取向导致人的物化状况不断加深。这也是为什么近些年来人们总是感叹难以从日益富裕的物质生活中找到生活的幸福感，甚至有些人开始质疑当下生活的意义，渴望理解生活的最终意义。历史和现实一再证明，一个人的存在意义不在于其拥有物质财富的多寡，也不在于其对物质生活的享受，而在于其能否拥有健康充盈的精神生活，因为精神生活从本质上规定着人的生活价值的大小和生命质量的高度。此外，精神生活还为人的存在提供了力量支撑。从人生发展的轨迹来看，任何人的一生都不可能是一帆风顺的，难免会遇到这样或那样的困难和挑战。尤其在现代社会，现代化除了给人们带来了丰富的物质财富和生活便利外，也让越来越多人在快节奏的生活中患上各种精神疾病，如抑郁症、臆想症、恐慌症等。面对人生困境以及各种心理问题，人们只有明确生活的目标和理解生命的意义，才能找到战胜困难的勇气、信心、方向和力量。而人的精神生活具有强大的激发功能，它通过为人的生活提供各种"理想模型"，能够激发出人们战胜困难的决心和勇气，促使人们积极摆脱精神颓废的生活状况，不断朝着精神充盈的美好生活奋力开拓和努力拼搏。

最后，精神生活可以升华人的生存境界。人生境界是指人在寻求安身立命之寓所过程中其精神修养所达到的程度或所表现的境况，其主要内容包括人的价值理想、道德修养、处世心态、人格修为等方面。人生境界是对人生一般存在状态的超越，能够表征人的精神升华的不同层面。我国著名哲学家冯友兰先生曾把人生的意义归之于人的"觉解"，并认为不同的人对人生有着不同的"觉解"，进而导致不同的人的人生意义也不尽相同。在此基础上，冯友兰先生还进一步根据人们对人生"觉解"程度的高低，把人生境界划分为"自然境界""功利境界""道德境界"和"天地境界"等不同的层次。其中，"自然境界"是处于最低层次的一种人生境界，处于此种境界的人，一般只会一味地顺应自然、依照本能来行为做事。我们可以完全把这样的生活理解为一种自然的、生物学意义上的生活。"功利境界"是高于"自然境界"的一种人生境界，处于此种境界的人对自己的行为已有了清楚的了解，但这种了解仅限于通过自己"心灵的计划"和自觉的行为来谋求私利。"道德境界"是一种较高层次的

第三章 新时代社会主要矛盾转化下人的全面发展的新要求

人生境界,也可以理解为人的精神境界,这种境界中的人对人性已有所"觉解",其行为的目的是以对他人或社会做出一定的贡献,与"功利境界"中的占有有着较大差别。"天地境界"是人生最高境界,这种境界中的人不仅明了自身的社会地位和作用,而且对宇宙人生已完全了解,这种了解是对宇宙人生的最终"觉解"。从冯氏人生哲学不难理解,道德人生和天地人生是当前我国人民最希望达到,也最有可能达到的生存境界,并且这两种人生境界都属于人的精神境界范畴。新时代,人民所期待的美好精神生活不仅符合道德人生和天地人生的价值取向,而且其所蕴含的审美、道德、信仰、文化艺术等精神因素对提升人生境界有着积极的作用和意义。

(三)精神生活需要的满足有助于人的全面发展

精神生活是一种属人的高级生活形态,不仅对彰显人的存在尊严、确证人的存在意义以及提升人的存在境界有着重要意义,而且对提升人的精神素质、满足人的精神需求、激发人的精神生产活动以及推动人的社会关系发展发挥着积极作用。具体主要体现在以下三个方面。

首先,充盈的精神生活有助于提升人们的精神素质。素质既是人的发展条件,也是人的发展内容。人的素质越高,其认识世界和改造世界的能力就越强,并且其他方面得到发展的机会就越大。从内容的维度来看,人的素质不仅包括表征人的物质属性的身体素质,而且包括科学素质、文化素质、道德素质等在内的表征人的精神属性的精神素质。其中,科学素质是人的精神素质的重要内容,它主要体现为一个人在认识世界和改造世界过程中所习得和掌握的科学知识、科学思维、科学方法和科学精神。对于个体发展而言,较高的科学素质不仅有助于提升人们认识世界和改造世界的能力,而且对人们现代人格的形成和塑造也有着积极意义。而对于每个个体而言,其科学素质的形成和发展,既与他们先天的智力因素有关,也与他们后天的精神生活因素有关,如教育经历、家庭氛围、社会环境等,并且后者对人的科学素质的养成和发展起到更为决定性的作用。所谓文化素质,是指人们获取知识和运用知识解决问题的能力和所达到的水平。对个体而言,无论是知识的积累,还是对知识的运用,都离不开精神生活。新时代,现代科技尤其是网络信息技术不断融入人的精神生活,使人们获取知识的途径比以往任何时期都更加便捷，人们的知识储备和所掌握的资讯也是以往任何历史时期都不可比拟的。所谓道德素质，是指人们对道德原则和规范的认知水平以及将这些认知运用于现实生活的能力的总和。道德素质是人最核心的精神素质，也是一个人安身立命之根本，对规范个体行为、调节社会关系有着重要作用。精神生活不仅为人们提供了必须遵守的道德原则和规范，而且为人们创造了崇德向善的人文环境。

其次，充盈的精神生活有助于满足人们的精神需要。马克思曾在《德意志意识形态》中做出过"人的需要即人的本性"的论断。人的需要的满足与人的发展的过程是统一的，需要的满足程度是衡量人的发展程度的重要标志。新时代人民美好生活需要最显著的特征就是精神生活需要在人民群众的需要体系中较之过去所占的分量明显提升。从人的发展维度来看，精神生活需要是比物质生活需要更能彰显人的存在意义、价值追求和发展旨趣的高层次的需要。因此，满足人的精神需要不仅是人的需要发展的内在要求和价值目标，而且是人的全面发展的重要任务和内在要求。在现实生活中，人的精神需要可谓十分丰富，包含了艺术、审美、情感、心理、文艺、道德、信仰等方面的内容。人的精神需要的内容都不是天然存在的，而是人们在精神生活中通过精神生产活动创造出来的。离开了精神生活，就无所谓精神生产活动，更不会有人的精神需要。因此，精神生活既是人的精神需要不断产生的前提和基础，也是人的各种精神需要不断满足的重要保证。

再次，充盈的精神生活有助于推动人们精神生产活动的发展。人的精神生活既包括个体精神生活，也包括社会精神生活。其中，社会精神生活内蕴人的精神生产、精神传播以及精神享受等要素，是人的社会生活在精神文化领域的延伸和拓展。人的物质生活源自现实的人的物质生产实践，而人的社会精神生活则源自现实的人的精神生产活动。社会的精神生产是精神生活的前提，没有社会精神生产，人的精神生活将变成无源之水、无本之木，而人们对精神生活的欲求又能反过来激发其精神生产。物质生产实践是以满足人的物质生活需求为根本目的实践形式的，因而也是实践的第一种基本形式。人的精神需要决定人们还具有满足精神需要的精神生产活动。从人类生产史来看，人的物质生产实践与精神生产实践并不是相互独立、相互割裂的关系，

第三章　新时代社会主要矛盾转化下人的全面发展的新要求

精神生产实践从一开始就是伴随着物质生产而形成的,并与物质生产一起共同构成了社会生产的全部内容。[①] 人是精神生产中最活跃的因素,精神生产不仅能够满足人的精神生活需要,而且能确证人的本质力量。因此,人的精神生产活动的发展是人的全面发展的重要组成部分。而精神生活对人的精神生产活动的发展有着积极意义。一方面,人民日益增长的精神生活需要为人们积极从事精神生产活动提供了原动力;另一方面,健康充盈的精神生活为人们从事精神生产活动指明了道路和方向,因为任何精神生产活动都要依照人们的精神生活目标和内容而具体展开。

最后,充盈的精神生活有助于推动人们社会关系的和谐发展。人是社会中的人,社会也是由现实的人所构成的。人作为社会的一部分,无法脱离社会关系而生存。在马克思主义论域中,完全脱离社会关系的"人"不能算是真正意义上的人,因为人的本质在其现实性上是一切社会关系的总和。因此,人的全面发展不仅表征为人的社会关系的和谐发展,而且人在社会生产中所结成的社会关系有助于人们在社会生活中获得更多的全面发展机会。这里所论及的社会关系主要包括人与自然、社会、自我的关系。精神文化生活对人的社会关系的和谐发展发挥着重要作用。就人与自然的关系发展而言,精神文化生活与物质生活不同,物质生活以人类对自然的占有为基本前提,人类物质生活发展越充分,自然被占有被消耗的程度就高;而人的精神生活则主要以精神文化产品消费为主,不会对自然环境和资源造成任何损害,并且精神文化生活包含了人们对优美生态的欣赏和愉悦,因而还能够在某种程度上激发人们对大自然的保护欲望。从人与社会的关系来看,精神生活是一种强调道德、秩序、规则的理想生活,对道德人生境界和天地人生境界的追求是人们对精神生活的理想寄托,因此,充盈的精神生活客观上要求人与社会建立一种和谐的关系。从人与自我的关系来看,精神生活有助于人的精神需求的满足、精神素质的提高、精神境界的升华,使人们的精神从迷茫空虚变得更加明确充实,进而使内心变得更充实、更宁静。

---

① 任国忠,李丙清,仲爱萍. 中国特色社会主义与人的全面发展[M]. 北京:中国社会科学出版社,2016:228.

四、人的全面发展要以高质量民生保障为追求

民生既是一个政治命题,也是一个人学命题。从人的发展角度来看,民生是一个关涉人们生存、生活、发展、幸福等诸方面的概念。民生问题实质上就是民众的生存与发展问题,它表征着民众的基本生存和生活状态,体现了民众的发展机会和发展权益。因此,民生实现过程与人的发展过程是同向同行的,解决民生问题、满足民生需求是新时代社会主要矛盾转化下人的全面发展的题中应有之义。

中国共产党历来重视民生问题,始终把提高保障和改善民生作为党的一项根本任务常抓不懈。改革开放四十多年来,尤其是党的十八大以来,随着我国社会生产水平的不断提高,人民以温饱为主题的物质文化需要得到基本满足,开始提出更高质量的民生保障诉求,人民期盼更好的教育、更稳定的工作以及更高水平的医疗服务等。这些民生保障需要不仅织就了新时代人民美好社会生活的美丽"图景",而且是新时代人的全面发展的重要社会条件。因此,满足人民高质量的民生保障需要已成为人的全面发展在新时代社会建设领域的现实要求。

(一)高质量的民生保障是人民美好生活的应有之义

民之生存问题是人类史上一个古老而普遍存在的问题,任何社会的发展与进步都有赖于"民"之生计状况的改善。在我国古代,历代思想家们都普遍认识到"民生"之于国家治理和社会稳定的重要意义,主张"为政之道,以厚民为本;治国之道,必先富民"(《管子·治国》)。同时,历史上那些稍有治国常识的开明的封建统治者也都清楚"民生"之于王权稳固的重要性,也都懂得"民富则易治,民贫则难治"(《管子·治国》)"仓廪食而知礼节,衣食足则知荣辱"(《管子·牧民》)等道理。民生的内涵有广义和狭义之分,其中,狭义的民生集中体现在民众的日常生计方面,概括起来就是衣、食、住、行等方面;而广义的民生不仅涵盖了民众的基本物质生活方面的内容,而且包含了民众在发展权益、公平正义等方面的精神追求。一个社会的民生发展水平以及民众的民生需要满足水平主要受该社会生产水平和民生制度的影响和制约。可以说,从人类文明诞生以来,只要人们对美好生活心怀憧憬,就会有不同的民

第三章　新时代社会主要矛盾转化下人的全面发展的新要求

生诉求。民众的民生需要满足状况，不仅是衡量民众发展水平的重要标准，更是衡量社会发展与进步的重要标准。

中国共产党历来关注人民的民生需求，不断根据人民的民生需求及其变化调整党的工作方针和政策。在我国历史上，如何摆脱饥饿的缠绕和寒冷的折磨是千百年来我国人民最普遍最朴素的民生诉求，甚至近代以来很长一段历史时期，这一民生需求仍然是我国普通老百姓对美好生活的真切理解。新民主主义革命时期，中国共产党始终把满足人民以温饱为主要内容的民生需求作为党的一项政治工作常抓不懈，通过领导人民群众开展土地革命和进行根据地经济建设，不断满足人民这一根本需求。从新中国成立至改革开放初期，很长一段时期内，由于我国社会生产力落后，加之人口多、底子薄的基本国情，致使我国人民在这段时期仍以实现温饱作为最根本的民生需要。直到20世纪80年代末，困扰中华民族千百年来的历史难题——温饱问题终于在中国共产党的坚强领导下得以最终解决，人民的民生需求开始转向对富裕生活的追求。帮助人民摆脱贫困走向富裕是中国共产党在解决人民温饱问题之后应予着力解决的新的民生问题。何为富裕生活？概括起来就是小康生活。邓小平最初设想的小康生活就是人均收入达到一千美元，"虽不富裕，但日子好过"[①]。后来，随着我国经济社会的发展，中国共产党对小康生活的目标和实现过程的认识不断清晰，逐渐形成了"总体小康"和"全面小康"的远景和目标。从这一时期的社会主要矛盾来看，无论是"总体小康"，还是"全面小康"，都主要聚焦于人民物质文化需要。而人民物质文化需要本质上仍是一种以生存为主要目的的民生需要，只是这一时期的需要较之改革开放以前变得更丰富，层次也更高。

随着新时代我国社会主要矛盾的转化，过去人民以生存为主要目的的物质文化需要被层级更高、内涵更丰富的美好生活需要所取代。从马克思主义人学的维度来看，新时代人民美好生活需要是在物质文化需要基本满足的基础上产生的一种契合人的发展要求的新需要。这种新需要的内容落实到民生

---

① 中共中央统一战线工作部，中共中央文献研究室. 邓小平论统一战线[M]. 北京：中央文献出版社，1991：280.

领域就是党的十八大以来习近平总书记反复提到的:"我们的人民热爱生活,期盼有更好的教育、更稳定的工作、更满意的收入、更可靠的社会保障、更高水平的医疗卫生服务、更舒适的居住条件、更优美的环境,期盼孩子们能成长得更好、工作得更好、生活得更好。"①从习近平总书记这段论述中特别强调的几个"更"字来看,新时代人民的民生需要是一种高质量的民生保障需要,其内容涵盖了教育、就业、收入分配、社会保障、医疗、住房以及生态环境等多方面。结合人的全面发展要求,本书将重点探讨人民在教育、就业和医疗三个方面的民生保障需要。从人民生活发展层面来讲,公平而有质量的教育、更充分的就业以及更高水平的医疗服务不仅是新时代人民高质量的民生保障需要,更是新时代人民美好社会生活的应有之义。

(二)民生问题是关乎人民生存和发展的现实利益问题

马克思曾直言不讳地指出:"人们奋斗所争取的一切都同他们的利益有关。"②由此可见,人的发展是在利益的满足和实现过程中逐步向前推进的。因此,关注并解决人民现实利益问题是中国共产党在立党执政过程中始终不变的殷殷初心。在现实生活中,人民群众最关注的现实利益问题就是民生保障问题,因为它们直接影响着人民的生存和发展质量。具体可从当前我国民生保障所涉及的几个主要方面同人民群众的生存和发展的关系加以全面分析。

首先,教育问题是直接关乎人民发展的现实利益问题。在马克思主义人学论域中,人除了具有最基础、最低层次的生存需要外,还具有发展自我、实现自由的发展需要。发展需要是人区别于其他动物的根本所在,也是关乎人们生存质量的现实利益所在。在现实生活中,人们只有不断超越自我、发展自我,才能更好地适应生存环境、改善生存质量。新时代,随着人民物质生活水平的不断提高,人民对提升自我、发展自我的需要变得愈发强烈。而人民的发展需要主要依靠教育来实现和推动,教育水平的高低以及教育发展公平与否不仅会直接影响人民的发展,而且会影响人民对现实生活的满意度,可见,作为民生之基,教育问题是关乎人民发展的直接利益问题。

---

① 十八大以来治国理政新成就(上册)[M]. 北京:人民出版社,2017:199.
② 马克思恩格斯全集:第一卷[M]. 中共中央马克思恩格斯列宁斯大林著作编译局,译. 北京:人民出版社,1956:82.

第三章　新时代社会主要矛盾转化下人的全面发展的新要求

其次,就业问题是人民生存和发展的根本问题。所谓就业是指处于国家法定劳动年龄范围内的社会公民,运用生产资料从事合法社会劳动,并获得相应劳动报酬或经营收入的经济活动。因此,就业是与劳动密切联系的。在马克思主义论域中,劳动既是人类生存和发展的根本方式,也是人与人之间加以联系并形成人的本质即形成社会关系的前提和基础。人类要生存和发展,就必须通过劳动实践,不断从自然界获取物质生活资料,也就是要不断地与自然界发生物质、能量、信息交换关系,并在这个过程中不断确证人的本质。此外,正是因为就业直接关乎人们的收入,因而它还会对个体的家庭幸福和家庭生活质量产生重要影响,对个体及其家庭成员的生存和发展产生重要影响。

最后,医疗服务是人民生存和发展的重要保障。医疗服务直接连接着人们的健康问题。一般而言,只要是人总会有生病的时候,而只要生病就一定需要医疗服务。医疗服务水平的高低以及费用的高低都会影响人们的生存和发展。就医疗服务水平而言,人们普遍渴望自身在求治时能够获得优质的医疗服务,然而,现实情况是,优质的医疗服务资源总是有限的并且分布不均衡,因而"看病难"是当前人们对医疗服务普遍的体验和看法。就医疗服务费用而言,近几年来"看病贵"虽然有所缓解,但是贫病恶性循环现象依然普遍存在。总之,民生问题本质上是人的发展问题,民生问题的解决也要以促进人的发展为出发点。

(三)高质量民生保障需要的满足有助于人的全面发展

由于民生保障问题是关乎人民生存和发展的最直接、最现实的利益问题,因而人民高质量民生保障需要的满足对人的全面发展具有重要价值和作用。新时代,我国人民所期待的高质量民生保障主要包括公平而有质量的教育、充分的就业,以及更高水平的医疗服务等方面。这些民生保障需要既是新时代人民所期待的美好社会生活的基本内容,也是推动新时代中国人的全面发展的重要动力。具体可从以下三个方面展开分析。

首先,公平而有质量的教育需要的满足有助于人的全面发展。人的发展水平与教育的发展水平息息相关,教育是人类社会所特有的培养和提高人的素质和能力的一种重要手段。① 从人的发展角度来看,教育过程与人的发展过程有着必然的联系。一方面,教育是人们学习和掌握历代前辈积累下来的知识、经验以及价值观等宝贵精神财富的必由之路。人类之所以能超越地球上其他生命体,主要在于人类具有记录、传承和创新文化的特殊能力。每一历史时期的文化创新都建立在以往历史文化积淀的基础上。学习和掌握前辈们流传下的文化知识、生产技术以及良好道德传统是人的全面发展的内在要求,而教育则是人们学习和掌握这些精神财富的根本途径。另一方面,教育是人们实现社会化的重要方式。从"自然人"转化为"社会人"既是人的发展的必经之程,也是人的发展的重要标志。人的社会化过程也可以视为现实的人学习和掌握社会行为规范、准则的过程。教育尤其是思想政治教育的根本任务就是将符合社会发展要求的行为规范、价值准则、思想观念、道德风尚等内容传递给受教育者,使受教育者在内化这些内容的过程中,逐渐进入现存的社会关系并适应现实生活,成为符合社会要求的合格公民。

在我国,人的全面发展的主体不是一部分人或少数人,而是全体人民,每个人都应享有平等的自由和平等的发展权利。因此,获得平等的教育机会和教育资源是当前我国人民最基本的民生保障需要。现代学校教育是个体实现社会流动的重要途径及社会分层的合法化工具。实现教育这一功能,落实到可知可感的具体操作层面,民众最关心和关注的是各个学段不同质量教育机会的分配及相应的筛选机制等问题,具体而言就是能否享有公平而有质量的教育。可以说,当前,我国人民所期盼的"更好的教育"实质上就是公平而有质量的教育。对于广大人民而言,这种公平而有质量的教育需要的满足不仅能增强他们的幸福感和对社会的满意度,而且有助于他们更好地实现自我发展和自我完善。

其次,充分就业需要的满足有助于人的全面发展。就业是民生之本,充分就业是人民美好社会生活的应有之义,也是新时代推进人的全面发展的应然之举。所谓"充分就业是指处在劳动年龄段的男子和妇女愿意并有能力工作

---

① 徐春. 人的发展论[M]. 北京:中国人民公安大学出版社,2007:403.

第三章 新时代社会主要矛盾转化下人的全面发展的新要求

并在工作中能够得到报酬的、体现自由选择和生产性就业的状况"[①]。人的发展及价值的实现离不开劳动就业。在马克思主义看来，人是劳动的产物，劳动创造了人本身，劳动将人从动物的一般类属性中分离出来，发展成为具有主体能动性的"人"，同时劳动使人的生存发展的环境和条件不断改善，一句话，没有特立于其他动物的劳动，就不会有今天的人类及人类文明。就业是人们获得工作机会的根本途径，进而也是人们满足生存所需、实现自我价值、拓展社会关系、提升能力和素质，进而实现全面发展的必由之路。充分就业对人的全面发展的现实意义可从三个方面展开分析。一是充分就业有助于满足人们物质生活需要和精神生活需要。人只要存活于世间，每天都离不开衣、食、住以及其他东西，每天都需要一定的物质生活资料来维持自身生命机体的正常运行。因此，生产这些物质生活资料的实践活动就构成了人类的第一个历史活动。人除了具有最基础的生存需要外，还具有彰显生命意义、丰富精神家园、实现自我价值的精神生活需要，这些需要的满足同样离不开人的劳动实践。总之，任何符合人的生存和发展需要的对象都要通过人的劳动的双手创造出来，人们正是在劳动就业中使自身的物质生活需要和精神生活需要不断得到满足和充实。二是充分就业有助于提升人的劳动技能。在马克思主义论域中，人的能力是在其实践活动中形成和发展起来的。一般而言，人的活动水平越高，活动能力越强，人的潜能就越能够得到挖掘、外化和表现，就越能够促进人的全面发展。对于个体而言，劳动技能是其安身立命的"手段"，也是其能力发展的根本内容。由于个体的劳动技能主要是在其劳动实践中获得和掌握的，因而充分就业在某种程度上为提升人的劳动技能创造了有利条件。三是充分就业有助于丰富和拓展人的社会关系。在马克思人的全面发展理论看来，人的社会关系是在实践活动中生成的，并随着人的实践活动的发展而丰富和拓展。可见，只有充分就业才能保证人们不断在工作实践中建立起丰富的社会关系和频繁的社会交往。此外，充分就业还有助于人的价值的实现和个性的发展。

---

① 王利迁. 实现充分就业与促进人的全面发展关涉性考量[J]. 河北师范大学学报(哲学社会科学版)，2010(02)：42.

最后，高质量医疗服务需要的满足有助于人的全面发展。健康是人的全面发展的基础，是家庭幸福的根本保障。"有人用'1'代表健康，用'1'后面的'0'代表事业、金钱、地位、权力、快乐等，少几个'0'可以，但是如果没有'1'，就一切都等于'0'，这形象地说明了健康与人的发展的关系。"[①]健康之所以对人的发展有如此重要的意义，其原因主要有两点。一是健康为人的发展提供了最根本的生理基础。对于个体而言，无论是自我发展，还是实现自我价值，都需要健康的身体作为前提和保障，因为人一旦失去了健康，就无法正常或彻底失去参与社会活动的能力，并且这种活动能力的受限无法通过其他替代性途径获得满足。为此，新中国成立以来，党和国家高度重视人民身体健康素质的发展，大力支持和发展国家体育事业，不断提升人民健康素养和身体素质。二是健康状况影响人的精神状态及家庭幸福。人的发展不仅体现在人的身体素质方面，而且体现在人的精神状态方面，并且二者是相互影响、相互制约的关系。在现实生活中，人们的身体健康状况不仅会影响到他们的精神状态以及对精神生活的体验，而且会对他们的世界观、人生观、价值观产生一定的影响。例如，一个人在大病之后，往往对生死问题会有更深刻的见解和体悟。此外，一个人的健康状况不仅关乎个体自身的发展，而且会牵动和影响整个家庭幸福。如果家庭经济困难同时缺少必要的医疗保障，很可能导致家庭贫困，甚至引发家庭矛盾和悲剧。人的身体健康除了受个体的基因、饮食、环境、生活习惯等因素影响外，还与个体所能享受到的医疗服务水平密切相关。一般而言，医疗服务水平越高，患者被治愈的可能性就越大；反之，患者被治愈的可能性就越小。改革开放四十多年来，尤其是党的十八大以来，随着我国人民生活水平的不断提高，人民对健康问题的关注越来越多，对更高水平的医疗服务的需要也愈发强烈。从应然的角度来看，更高水平的医疗服务需要的满足对提升人民的健康水平有着关键作用，对增强人民的幸福感有着重要的现实意义。

五、人的全面发展要以优美的生态环境为依托

人是自然的一部分，一刻不能脱离自然而存在和发展。从人与自然的关

---

① 孙学玉,等.当代中国民生问题研究[M].北京：人民出版社,2010：113.

第三章 新时代社会主要矛盾转化下人的全面发展的新要求

系来看,新时代社会主要矛盾的转化体现了我国生态文明建设的价值旨趣,人民对优美生态环境的需求已成为美好生活的重要标志。满足人民优美生态环境需要不仅是新时代社会主要矛盾的转化对党和国家提出的重要任务,而且是新时代中国人的全面发展的题中应有之义。生态环境优不优美不仅会影响人民对美好生活的体验,而且会直接影响人民的身心健康和永续发展。因此,新时代社会主要矛盾转化下人的全面发展研究,要充分关注生态环境对人全面发展的影响和作用,自觉把满足人民优美生态环境需要作为人的全面发展的现实要求。

(一)新时代人民对优美生态环境的需要日益增长

新时代,虽然总体看我国社会生产力水平已显著提高,社会生产能力在很多方面已名列世界前茅,但是人民对优美生态环境的迫切需要与我国当前生态环境恶化现状之间的矛盾非常突出,甚至达到影响社会持续发展和人民身心健康的程度。新时代社会主要矛盾的转化表明,人民对美好生活的追求不仅限于物质生活层面,而且包含对优美生态环境的追求与向往。可以说,随着新时代人民物质文化需求的基本满足,严峻的环境问题的不断显现,人民对优美生态环境的需要日益呈增长态势,并且这种增长、提升态势超越了我国以往任何历史时期,构成了新时代人民美好生活需要不可或缺的内容。其主要原因可从三个方面分析。

首先,人民物质生活需要的相对满足促使其生态环境需求日益增长。人类的第一个需要就是满足生命存在的自然需要或物质需要,这个需要是决定其他一切需要产生和发展的前提和基础。为了满足生存需要,中国人经历了几千年的艰辛探索和努力耕耘,终于在中国共产党的领导下于新时代到来之际稳定解决了这一历史难题。实际上,人的需要还有一个显著的特点:随着社会生产力的发展,物质需要或生存需要的紧迫性往往呈逐渐下降趋势,而享受需要和发展需要则在人们的需要比重中呈逐渐递升态势。进入新时代,随着人民基本的物质生活需要得到相对满足,与人民享受生活和发展自我密切相关的生态环境需要开始不断迸发出来。"生态需要,是指人们对自然生态环境系统的完整、稳定、和谐及优雅的一种依赖与渴望,其满足程度既影响人民的生活质量，也影响人们的健康素质。"[1]从生态需要的内涵不难看出，生态需要产生的前提和基础是社会生产力必须有了较大程度的发展和提高，人的自然需要或物质需要得到相对满足。但是，生态需要在本质上并非某种单纯的自然需要或物质需要，而是集自然需要与社会需要为一体的复合型需要。不可否认，如果物质需要问题得不到很好的解决，那么生态需要就会在人的需要体系中处于被遮蔽、被忽略的地位。在我国古代，如何解决温饱问题始终是困扰历代王朝统治者的一个难题，温饱问题的解决状况直接关乎着这些王朝的最终命运走向。这一问题直到中华人民共和国成立以后很长一段时间才得到基本解决。新中国成立以来，尤其是改革开放以来，中国共产党从满足人民物质需要出发，团结领导各族人民坚持以经济建设为中心，大力发展社会生产力，在进入新时代之际强势解决了人民大众的温饱问题，使得人民的物质生活水平不断由量到质，逐步发生根本性改变。也正是随着人民物质生活水平的不断提高，人民群众开始越来越关注和思考自身与自然的关系，并对干净、整洁、健康、美好的生活和生产环境产生愈发强烈的需求。

其次，依然严峻的生态环境问题促使人民生态环境需求日益增长。任何事物和现象都有一个发生发展的过程，需要也不例外。从需要的产生来看，它是有机体在内外条件刺激下，对某种或某些事物感到缺乏而力求获得满足的一种心理紧张状态。新时代我国人民对优美生态环境需要的不断增长，其中一个很重要的原因在于现实存在的环境问题造成人所依赖的自然资源的短缺。[2] 在过去几十年，虽然我国经济社会发展取得了举世瞩目的历史成就，但是经济发展与环境保护之间的失衡现象却愈发引起人们的关注和担忧。而导致这种失衡的原因主要有三点。一是过去几十年过于片面强调GDP（国内生产总值）增长在国民经济发展中的指标分量，导致一些地方政府为了达到GDP增长指标而不惜以破坏生态环境为代价发展经济。二是过去几十年我国无论是工业还是农业都主要依靠生产要素的大量投入和扩张来实现经济增长目的。

---

[1] 周鑫. 系统论视域下的生态文明建设——兼论马克思系统分析方法的指导意义[J]. 甘肃理论学刊, 2010(03): 59.
[2] 高永强. 新时代人的生态需要逻辑转换与生态文明建设路径选择[J]. 理论学刊, 2018(03): 84-90.

第三章　新时代社会主要矛盾转化下人的全面发展的新要求

这种粗放式经济增长方式给我国生态环境保护带来了较大压力。三是我国人口基数庞大，资源消耗总量大，加之国民生态保护理念和绿色生活方式尚未完全形成，居民环境破坏和资源浪费现象较为严重。由这三种原因所导致的严峻的生态环境问题已严重影响到人民的生活质量和身心健康，这也是进入新时代之后我国人民对优美生态环境的需求愈发强烈的重要原因之一。党的十八大以来，以习近平同志为核心的党中央高度重视生态文明建设，要求各地政府必须把环境保护和环境治理工作同经济工作置于同等重要的地位来抓，努力把我国建设成人与自然和谐共生的现代化强国。可以说，经过多年的努力，我国生态环境状况较之过去已发生根本性好转，但是在所有环境问题中大气污染、水污染、土壤污染、土壤流失等生态环境问题依然突出。例如，据2021年中国生态环境部发布的《2020中国生态环境状况公报》显示，2020年，全国337个地级及以上城市(以下简称337个城市)中，有135个城市环境空气质量不达标，不达标率达到了40.1%，有337个城市累计发生重度污染1152天，严重污染345天，其中京津冀及周边地区、长三角地区、汾渭平原尤为严重。[①]正是因为现今我国生态环境问题依然严峻，所以人民对生态环境的改善诉求就更加强烈和迫切。

最后，优美的生态环境是新时代人民美好生活的题中应有之义。美好生活是人们对所处的生活是否符合自身生存发展之需而做出的一种价值判断。尽管个体对生活美好与否的判断受其心理和自身境遇影响，具有一定的主观性，但这并不意味着美好生活就是一种人云亦云难以名状的事物，只要生活的内容是客观的，我们就能从整体上对生活美好与否做出准确的评判。优美的生态环境是人类美好生活的始基，从日常物质生活到人类进行一切生产、交往活动等均不可脱离生态环境。在原始社会，由于社会生产力水平极其低下，人们只能过着茹毛饮血的原始生活，并且彼此之间只有结成以血缘为纽带的原始共同体，才能同大自然展开"卑微"的对话，因而这种生活在现代人看来并不算是一种值得憧憬的美好生活；在农耕文明时期，尽管人类已经逐

[①] 中华人民共和国生态环境部. 2020中国生态环境状况公报[EB/OL]. (2021-05-24) http://www.mee.gov.cn/hjzl/sthjzk/.

渐"脱掉自然发生的共同体的脐带"①，并且能够通过生产工具和技术的不断改进而增强对自然的影响力，但是此时的人类仍处于以求生存为主的生活状态，还不会将生态优美与否这一选项纳入生活评价指标体系之中。随着工业时代的到来，一方面工业文明带来了几何级数的经济增量，人类再也不用为了生存需要而同自然展开直接"对话"，另一方面工业文明更加强调人对自然的控制与利用，将人的欲望无限放大，进而导致了日益严重的生态危机。如何既保持经济增长又避免生态危机，似乎已成为横亘在工业文明面前的一道"无解"之题。为了破解这道难题，我国既没有选择走西方发达国家"先污染后治理"的工业化"老路"，也没有选择像拉美一些发展中国家那样主动去工业化，而是把"绿水青山"与"金山银山"有机统一起来，强调绿水青山就是金山银山的理念，把生态文明建设纳入国家总体布局之中。应该说，随着我国经济继续保持良好的发展态势，优美的生态环境已然成为人民美好生活的题中应有之义，并一定能够在未来切实实现。

（二）生态环境是人类赖以生存和发展的根基

对人与自然的关系的认识，直接关乎着人们对自然的态度以及处理与自然关系的方式。在马克思主义论域中，人既是有生命的自然存在物，也是有实践属性的社会存在物。作为一个自然存在物，人不仅源于自然、依赖自然，而且本身包含着自然，一句话，只要承认人的肉体存在的客观性，就不能无视自然在人的存在和发展中的根基作用。作为社会存在物，人并非像其他飞禽走兽那样被动地适应自然，而是"通过他所作出的改变来使自然界为自己的目的服务，来支配自然界"②，即人类在与自然的相互关系中，能够依靠自己的智慧和劳动认识自然规律并据此能动地改造自然，进而从自然界那里获取维持生存和发展所需的物质、能量和信息。因此，人与自然之间是既对立又统一的关系。从人的存在和发展的视角来看，生态环境是人赖以生存和发展的根基。具体主要体现在以下两个方面。

---

① 马克思恩格斯选集：第四卷[M].中共中央马克思恩格斯列宁斯大林著作编译局，译.北京：人民出版社，1972：94.

② 恩格斯.自然辩证法[M].中共中央马克思恩格斯列宁斯大林著作编译局，译.北京：人民出版社，1971：158.

第三章　新时代社会主要矛盾转化下人的全面发展的新要求

一方面，人是自然的产物，是自然界的一部分。人因自然而生。从人类诞生的那一刻开始，为了生存下去，人类就不停地同自然打交道，不断从自然中获取维持生存所需的物质、能量和信息。可以说，自然界没有人类照样可以存在，而人类一旦离开了自然就一刻也不能生存。自人猿相揖别的那一刻开始，人类就不再像其他动物那样被动地适应自然，安于听从自然对命运的安排，而是不断通过劳动将自然纳为自身认识和改造的对象，并在此过程中不断认识和探索人与自然的关系。古往今来，无论中国还是西方，不同的历史时期，人们对人与自然的关系有着不同的认识和见解。在中国，早在战国时期，道家代表人物庄子就提出过"天人合一"的思想，这一思想对中国后世认识人与自然的关系有着深远影响。后来，无论是儒家的从天道到人道，还是道家的从人道回归天道，其终极的价值诉求都是实现人与自然的合一。在西方哲学史上，欧洲文艺复兴时期的人文主义者从人出发，阐述了人与自然的关系。在他们看来，人是自然的产物，人依赖自然而生活；自然是人类的母亲，哺育人类成长，人是自然的一部分，人和自然是一个不可分割的整体。[①] 这一思想不仅揭开了欧洲中世纪以来长期笼罩在自然哲学上面的神秘面纱，而且较早地确立了人与自然关系的基本原则。后来，费尔巴哈从人本主义的视角出发，抽象地谈论了人与自然的关系。在他看来，人是自然的一部分，要受制于自然，并且把自然的本性等同于人的本性。马克思批判了费尔巴哈这种直观的、抽象的、机械的、非历史的自然观。在马克思看来，费尔巴哈在理解自然的概念时忽视了人对自然的能动作用，进而导致他无法将"自在自然"和"人化自然"严格区分开来。实际上，人类所处的自然是经过人类世世代代改造后的人化自然，"而人本身是自然界的产物，是在自己所处的环境中并且和这个环境一起发展起来的"[②]。可见，马克思第一次从人的实践出发探究人与自然的关系，不仅进一步明确了自然先于人类社会而存在，人生活在自然之中，是自然的一部分，人是自然界的产物，而且彻底解开了人类史与自然史的关系密码，明确了人在自然面前的能动性以及人是和自然环境一

---

① 李超. 社会主义市场经济的人学底蕴[M]. 北京：人民出版社，2004：33.
② 彭曼丽. 马克思恩格斯生态思想发展史研究[M]. 北京：人民出版社，2020：115.

起发展起来的观点。

另一方面，自然提供人生存所需的生活和生产资料。马克思和恩格斯并不满足于简单地做出人"本来就是自然界"这样的结论，他们还对人为什么要依存于自然做了系统的阐述和论证。在马克思主义论域中，人的存在并不在于他的对象性或对象化，而在于他的对象性存在，其中包括人与自然、人与社会的对象性存在，也正是通过这种对象性存在，才真正确证了人的本质力量，完成了人与自然的统一。① 可见，人的一切活动如果失去了自己的对象即自然，也就失去了任何意义。作为一个自然机体，人只有与自然界保持能量、物质、信息的交换才能够维持生命；作为一个能动的个体，人的身体需要与精神需要的物质能量也源自自然界。对此，马克思在《1844 年经济学哲学手稿》中有过一段经典的表述："无论是在人那里还是在动物那里，类生活从肉体方面来说就在于人（和动物一样）靠无机界生活，而人和动物相比越有普遍性，人赖以生活的无机界的范围就越广阔。从理论领域来说，植物、动物、石头、空气、光等等，一方面作为自然科学的对象，一方面作为艺术的对象，都是人的意识的一部分，是人的精神的无机界，是人必须事先进行加工以便享用和消化的精神食粮；同样，从实践领域来说，这些东西也是人的生活和人的活动的一部分。人在肉体上只有靠这些自然产品才能生活，不管这些产品是以食物、燃料、衣着的形式还是以住房等等的形式表现出来。……自然界，就它自身不是人的身体而言，是人的无机的身体。人靠自然界生活。这就是说，自然界是人为了不致死亡而必须与之处于持续不断的交互作用过程的、人的身体。所谓人的肉体生活和精神生活同自然界相联系，不外是说自然界同自身相联系，因为人是自然界的一部分。"② 马克思的这段论述科学阐明了自然作为人生存发展的自然根据的根本原因，这既为我们今天树立正确的生态观提供了直接理论依据，也为我们进一步探讨生态环境与人的全面发展的关系做好了理论铺垫。

---

① 周书俊. 马克思的"对象性存在"与社会主义和谐社会的构建[J]. 江西财经大学学报，2008（02）：55-59.

② 马克思恩格斯文集：第一卷[M]. 中共中央马克思恩格斯列宁斯大林著作编译局，译. 北京：人民出版社，2009：161.

(三)优美生态环境需要的满足有助于人的全面发展

马克思认为，人与环境在实践的基础上是一种互动的关系，即"人创造环境，同样，环境也创造人"①。换言之，人既不能脱离环境而存在和发展，也不能一味地被动适应环境。人类通过实践，既能创造新环境，也能改造旧环境，进而为自身发展创造有利条件。根据环境的内容，一般可将环境划分为自然环境和社会环境两大类。其中，自然环境，也即生态环境，它是人类赖以生存和发展的客观基础。新时代，人民所追求的生态环境是一种人与自然和谐共生的优美生态环境，它不仅是人民美好生活的题中应有之义，而且是推动新时代中国人的全面发展的重要条件。具体体现在以下三个方面。

首先，优美生态环境需要的满足有助于人民体力和智力的充分发展。人的能力的全面发展在人的全面发展中占据着重要的地位和作用，这里的人的能力，主要就是指作为主体的人在实践活动中所展示出来的客观的能动的力量。人的能力是在其实践活动中形成和发展起来的，与人的活动的丰富性和多样性相对应，人的能力也是多方面的。按照人的不同属性，可将其划分为人的自然能力、社会能力和思维能力。其中人作为自然的存在物，机体内蕴藏着体力、智力、情感和意志能力。由于人的自然能力的发展是人的全面能力的基础，并且任何社会使用价值的生产都是人的体力和智力运用的结果，因此，体力和智力也是马克思最为关注的人的两种基本能力。作为人的自然能力，体力和智力是受生态环境影响最为直接和深远的两种能力。一方面，优美的生态环境有助于人的体力的健康发展。所谓人的体力是指人身体所有的自然力，也即占有自然的物质的能力。人的体力的大小强弱直接与其身体健康程度有关。一般而言，人的身体健康状况越好，其体力施展就越充分；反之，人的体力施展就会受限。当今世界影响人的身体健康的因素很多，其中，环境因素导致人类疾病和死亡已被列为21世纪人类面临的最重要的挑战之一，例如水俣病。据世界卫生组织(WHO)的报告显示，"2012年全球超过1260万死亡(占总死亡的23%)和环境因素有关，环境因素导致超过30%的全

---

① 马克思恩格斯选集：第一卷[M].中共中央马克思恩格斯列宁斯大林著作编译局，译.北京：人民出版社，2012：172-173.

球儿童疾病负担"[1]。可见，良好的生态环境是保障人的身体健康、发展人的体力必不可少的外在条件。另一方面，优美的生态环境有助于人的智力的提升。人的智力大小与其大脑的成长发育密切相关，大脑是人的智力存在和提升的物质基础。作为人的主要器官之一，大脑的成长除了受遗传因素影响外，其他主要受生态环境的影响。生态环境越好，就越有利于人的大脑发育，反之，则不利于大脑的发育，甚至会导致大脑疾病和退化。综上可知，改善生态环境、建设美丽家园是人类不断走向强大和智慧的重要途径。

其次，优美的生态环境有助于满足人民的多方面需求。一般而言，人的发展与其需要的满足情况密切相关，需要的满足过程也即人的发展过程。人的需要的内容丰富且复杂。马克思、恩格斯按照从低到高递增的顺序，将人的需要划分为生存需要、享受需要和发展需要。按照满足的顺序来看，一般都是先满足生存需要，然后再满足享受需要和发展需要，但是这并不意味着这三种需要之间毫无叠合之处。实际上，在绝大多数情况下，人们同时具有以上这三种需求，只是人们在所处的不同历史背景和环境下，其需要的侧重点会表现出一定程度上的差异。新时代社会主要矛盾的转化，除了确证人们传统意义上的温饱需求得到基本满足外，还表明人们对高品质的物质生活、精神文化、民主法治、民生共享、优美生态等需求愈加凸显。这些需求的满足既是新时代中国人的全面发展的现实要求和目标，也是适应新时代社会主要矛盾转化下人民日益增长的美好生活需要的内在要求。优美的生态环境作为人的发展的有利的外在条件，对满足人的生态需求和精神需求有着重要意义。一是优美的生态环境能够满足人的生态需求。前面提到，人民对生态的需求是伴随着他们自身生存需求的相对满足而日益增长的一种需求，其主要内容包括清新的空气、干净的饮用水、健康绿色的食物、和谐的人与自然关系，等等。而人们所期待这些生态需求内容全部涵盖在优美的生态环境之中，全部可以通过优美的生态环境加以满足和实现。二是优美的生态环境能够满足人的精神需求。人的精神需求的内容非常广泛，涵盖了人的认知、心理、

---

[1] 杨立新.世界卫生组织(WHO)颁发环境健康基准的历程及对我国的借鉴[J].环境科学研究，2021(12): 3013.

第三章 新时代社会主要矛盾转化下人的全面发展的新要求

道德、信仰、审美、休闲、娱乐、文艺等诸多方面。优美的生态环境不仅能够使人们紧张忙碌的身心变得轻松愉悦,而且能陶冶人的情操、激发人们对天地价值的思考,因而能极大地满足人们的精神生活需求。

最后,优美的生态环境能通过推动经济发展进而为人的全面发展创造物质条件。自人类进入工业文明以来,生态保护与经济发展之间的矛盾似乎成了工业文明国家解不开的一个"死结"。马克思、恩格斯曾高度肯定资本主义在它的不到一百年的时间内创造出比过去一切时代创造出的全部生产力还要多、还要大。然而,从生态文明的角度来看,资本主义在这不到一百年的时间里对自然的破坏程度、对资源的开采程度、对环境的污染程度也超过了历代之和。为此,英国文学家狄更斯曾针对19世纪工业革命发源地的英国有过一番意味深长的感叹:"那是最好的时代,也是最坏的时代;那是智慧的时代,也是愚蠢的时代;那是信仰的时代,也是怀疑的时代;那是光明的时节,也是黑暗的时节;那是有希望的春天,也是绝望的冬天;我们的前途有着一切,我们的前途什么也没有;我们大家在走向天堂,我们大家也在走向地狱。"[①]面对经济发展与环境保护之间的矛盾,难道人类只能要么选择任由欲望的猛兽逐渐吞噬人类文明的成果,要么主动放弃工业文明退回到山洞重新过祖先们的那种原始生活?显然,这两种选择都不符合人类文明演进的规律和人类自身发展的要求。党的十八大以来,以习近平同志为核心的党中央,面对中国愈发凸显的"经济越发展,环境污染越严重"的库兹涅茨曲线效应,既没有选择西方发达国家已经走过的那种"先污染后治理"的发展模式,也没有选择像拉美某些发展中国家那样,主动放弃工业化道路,而是选择一条把保护"绿水青山"和实现"金山银山"有机结合的新型工业化道路。习近平总书记多次强调"绿水青山就是金山银山"的发展理念,要求各地方政府和企业必须严格遵守和践行这一发展理念。正是在这一发展理念指引下,近些年来,云南、广西、四川、贵州、江西等许多原先经济比较落后的中西部地区,开始不断利用各种渠道大力开发生态旅游资源,使得当地的优质生态环境资源,源源不断地转化成经济效益,不仅带动了当地经济的发展,解决了大量的就业问题,而且为促进当地人的全面发展创造了一定的物质条件。

---

① 查尔斯·狄更斯. 双城记[M]. 孙法理,译. 南京:译林出版社,1996:1.

第四章　新时代社会主要矛盾转化下人的全面发展面临的挑战

人的全面发展是一个在实践中不断生成的过程，实现人的全面发展会受到各种内外因素的综合影响和多重制约。每一时期的社会发展状况都会对那个时期的人的全面发展产生重要影响。一般而言，社会发展越完善越充分，人的全面发展就越顺利越有利，反之，人的全面发展就会遭受一定的挫折或挑战。新时代社会主要矛盾如同一面反光镜，不仅能如实地反映出当前人的全面发展的现实要求，而且全面折射出当前甚至往后很长一段时期制约人的全面发展的主要因素：经济发展质量不充分、民主法治建设不完善、精神文明建设不健全、民生领域发展的短板以及生态文明建设不理想。基于新时代社会主要矛盾转化的人的全面发展研究，必须从新时代社会主要矛盾的客体层面——不平衡不充分的发展问题中找出当前制约人的全面发展的主要因素，并对其进行逐一分析，唯有此，才能为进一步促进人的全面发展找准突破口。

一、经济建设问题带来的挑战

新中国成立以来，尤其是改革开放以来，我国经济快速发展，创造了令世界各国惊羡的经济发展"神话"，不仅经济总量长期稳居世界第二，而且居民人均收入呈逐年稳步攀升态势，较之改革开放以前人民物质生活水平有了质的提升。但是，同西方发达国家相比，我国经济发展质量相对落后，具体主要表现为物质产品生产和服务质量不够高、产业结构绿色化水平偏低、经济存在"脱实向虚"问题以及城乡区域发展结构性失衡等方面。在社会主义初级阶段，经济发展是人的全面发展的物质条件，经济发展水平直接决定着人

第四章　新时代社会主要矛盾转化下人的全面发展面临的挑战

的全面发展的实现程度，因此，当前我国经济发展所存在的这些问题势必会给新时代中国人的全面发展带来一定的挑战。

(一)物质产品生产质量不够高制约人民高品质的物质生活

在中国共产党的领导下，我国人民历经七十多年的艰苦奋斗，创造了令世界各国惊羡的经济发展"神话"，人民的物质生活水平也较之改革开放前有了极大提升，人民生活的幸福感和满意度逐年攀升。从居民衣、食、住、行消费情况来看，一是城乡居民食品消费水平大幅度提升，消费结构发生较大变化。我国自古以来讲究"民以食为天"，"吃"的问题始终是萦绕人们心间的头等大事。改革开放前，由于我国经济发展水平较低，可供人们消费的食品数量少且品类单一，大多数人对食品的追求只能停留在能否"吃饱"的阶段。改革开放以来，随着我国食品供给能力的大幅度提升以及居民收入水平的不断提高，居民食品消费水平也大幅度提升，居民对食品的消费已不限于以"吃饱"为最主要的追求，而更在意如何吃得更有营养、更健康、更安全等层面。二是居民衣着消费实现了从"穿暖"到"穿美"的巨变。改革开放以前，我国居民在衣着方面的追求还相对比较单一，"御寒"是人们对衣着最普遍、最现实的诉求。不仅如此，居民在衣着方面的消费水平也非常低，多数家庭都选择买布料自己制作服装鞋帽，并且普遍秉持"新三年，旧三年，缝缝补补又三年"的节俭理念。改革开放以来，我国已逐渐成为世界最大的服装生产国和消费国，居民对服装的消费已不限于以"御寒"为唯一追求，而更在意如何穿得更美、更时尚、更个性等问题。三是居民人均住房面积和居住环境均有大幅度提升。四是交通和通信方式已实现从落后到现代的历史性跨越，人们的出行和沟通愈发便捷。新中国成立以来，我国陆路、水路、航空交通基础设施建设均取得巨大成就，尤其是近年来高铁的快速发展大大便捷了人们的出行。此外，网络通信技术的快速发展和智能手机的不断普及，人们之间的沟通和交往也愈发高效便捷。综上可知，新时代，我国人民对衣、食、住、行等物质生活的需求已告别了过去以求"生存"为最高目标的初级阶段，开始对物质生活的品质提出更高的要求。

物质生活是人类生存和发展的前提和基础，满足人民高品质的物质生活需要是新时代社会主要矛盾的转化对人的全面发展提出的现实要求。因此，能否满足人民高品质的物质生活需求直接影响新时代我国人的全面发展目标的实现。物质生活与经济发展密切相关。对现阶段我国而言,要满足人民高品质的物质生活需求,就必须推动经济高质量发展,不断增强物质产品生产和服务质量。改革开放以来,虽然我国经济发展长期保持稳定的增长态势,经济总量长期稳居世界第二,但是与经济发达国家相比,我国经济发展质量还相对较低,物质产品生产质量不够高。物质产品生产和服务质量不够高是当前我国经济发展质量不充分的重要表现。在过去几十年里,由于市场竞争机制的不完善以及经济发展过于追求增长速度,导致我国商品生产在产品质量和服务方面还存在诸多问题,如食品安全问题频频发生,假冒伪劣产品屡禁不绝,商品售前售后服务不尽如人意,国际知名品牌数量仍与发达国家有较大差距,消费者对国内产品不喜欢、不认可、不放心。近些年来,中国人出境游与购物热潮始终不减,民间海淘消费行为也是热度不减。当前我国大量的消费外溢现象,既表明了我国人民的消费能力和水平已大幅提升,也从侧面反映了当前国内商品生产在产品质量和服务方面满足不了人民高品质的物质生活需求这一客观现实,这在一定程度上也会影响人的全面发展目标的实现。

(二)产业结构绿色化不充分制约人与自然关系的和谐发展

生态环境既影响人民对美好生活的体验,也会直接影响人民的健康发展和精神状态。满足人民优美生态需求是新时代社会主要矛盾转化下实现当代中国人的全面发展的现实要求。产业结构绿色转型是落实我国绿色发展理念、促进产业结构优化升级的重要目标和任务,它既关乎我国经济发展质量的提升,也关乎我国生态环境问题的根本解决,进而影响人与自然关系的和谐发展。改革开放以来,尤其是党的十八大以来,为了从根本上改善我国生态环境状况,满足人民优美生态环境需求,促进人与自然和谐发展,以习近平同志为核心的党中央高度重视绿色发展理念,着力推进我国产业结构绿色转型,使我国绿色生产方式得到较大改进,绿色生产技术得到较大推广,绿色经济效益不断增强。但是,与发达国家相比,当前我国产业结构绿色化水平仍比较低,能源耗费过大问题也没能从根本上解决,这既不利于我国生态文明建设,也不利于人民优美生态环境需求的满足。具体可从以下两个方面展开

第四章　新时代社会主要矛盾转化下人的全面发展面临的挑战

分析。

一方面,重化工业比重过高,能源效益差,容易引发环境污染问题,进而制约人与自然关系的和谐发展。重化工业是我国国民经济体系的重要组成部分。在我国,20世纪很长一段时期内,重化工业发展水平被作为衡量国民经济发展水平的最重要指标。不可否认,重化工业在我国社会主义经济建设的起步阶段对提升我国经济实力、推动国防建设和基础设施建设以及提升人民生活水平发挥了重要作用。然而,通过考察发达国家的现代化经验和教训不难发现,若重化工业在国民经济体系中长期占比过高且能源效益差,则必然会对国家经济长远发展和生态环境带来消极影响。从我国工业发展现状来看,当前重化工业在我国国民经济体系中的占比明显高于西方发达国家,并且能源效益较差,工业产值增长仍未完全摆脱粗放型、高耗能、高污染的发展模式,这在一定程度上加深了我国生态环境危机,制约了人与自然关系的和谐发展。"自2003年以来,我国工业高速增长,使得能源消费的弹性指数总体较高,能耗效率较低。"[1]国家统计局发布的数据显示,2018年、2019年、2020年能源消费弹性系数[2]逐年递升,分别为0.52、0.55、0.96,均远高于国际平均0.45的合理水平。(见图4-1)

另一方面,产业发展模式可持续性差,物耗高、能耗高、污染高等问题依然突出,加上工业化建设中使用对生态环境破坏力度极大的化学物质,环境出现比较透支的问题,这不仅不利于人与自然和谐关系的生成,而且从长远看会影响经济发展的可持续性。这在某种程度上制约了人民优美生态环境需要的满足。

---

[1] 逄锦聚,等.中国特色社会主义政治经济学通论[M].北京:经济科学出版社,2017:305.
[2] 能源消费弹性系数是指能源消费增长速度与国民经济增长速度(通常指GDP增速)之间的比例关系,即经济增长1个百分点,相应的能源消费需要增长多个百分点。计算与分析能源消费弹性系数,主要是为了研究国民经济发展与能源消费间的关系。

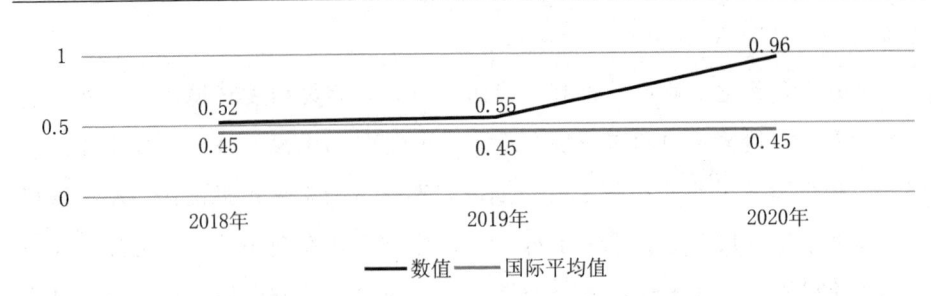

```
1 ┤                                              0.96
   │
0.5┤    0.52              0.55
   │    0.45              0.45              0.45
0  ┴────2018年────────────2019年────────────2020年
              ──── 数值 ──── 国际平均值
```

图 4-1　我国 2018—2020 年能源消费弹性系数

(三)经济"脱实向虚"问题动摇人民生存发展的经济基础

实体经济与虚拟经济是两种截然不同的经济形式。其中，实体经济主要指物质的、精神的产品和服务的生产、流通等经济活动。虚拟经济是由虚拟资本衍生出来的一种经济形式，它主要包括金融服务业、博彩业、收藏业等方面。马克思很早就对虚拟资本及其对资本主义经济的影响有过深刻的认识。在马克思看来，随着信用制度和虚拟资本的过度膨胀，必然会"再生产出一种新的金融贵族，一种新的寄生虫，——发起人、创业人和徒有其名的董事；并在创立公司、发行股票和进行股票交易方面再生产出了一整套投机和欺诈活动。这是一种没有私有财产控制的私人生产"①。不仅如此，马克思还一针见血地指出了寄生于资本主义经济体系中的以金融活动为代表的虚拟经济本质上就是"用一种骗人的营业来掩盖另一种骗人的营业"②。对人的生存和发展而言，实体经济始终是人类社会赖以生存和发展的基础。一是实体经济可为人的生存发展提供基本生活资料。从古至今，人们每天的日常所需及消费都需要消耗一定的物质生活资料，而只有实体经济才能从根本上保证和维系人的这些活动所需。实体经济的生产活动一旦停止了，那么，人们各式各样的消费活动也就得不到保障。二是实体经济可提升人的物质生活水平。实体经济还对解决劳动就业、提升收入水平有着重要的现实意义。只有大力发展实体经济，才能最大限度地提升人们的物质生活水平。而物质生活在任何时候

---

① 马克思恩格斯全集：第四十六卷[M].中共中央马克思恩格斯列宁斯大林著作编译局，译.北京：人民出版社，2003：497.
② 马克思恩格斯全集：第四十六卷[M].中共中央马克思恩格斯列宁斯大林著作编译局，译.北京：人民出版社，2003：481.

第四章　新时代社会主要矛盾转化下人的全面发展面临的挑战

都是人们最基本的需求,是人们生存和发展的基础和前提,物质生活水平的提升则是促进人的全面发展的重要途径。三是实体经济的发展可增强人的综合素质。同样,古往今来,人们不仅要生活得更好,而且要提升自身的素质和能力,增强适应社会需要的本领,创造和实现自身的价值。因此,如果实体经济一旦被削弱或式微的话,那么,人们同样会从根本上失去增强综合素质的根基。

正是因为实体经济对社会和人的发展有着重要的价值和作用,因此,改革开放以来,历代中央领导集体都高度重视实体经济的发展,始终把提升实体经济实力作为改善人民生活水平、实现经济持续发展以及保持我国国际竞争力的重要途径。然而,受人口红利消失、互联网经济兴起、金融市场逐渐开放等诸多因素的综合影响,当前我国实体经济正经历艰难爬坡,在面临结构性失衡的同时,还要面对发达国家再工业化的压力,经济"脱实向虚"问题愈发严重。相关数据显示,当前中国制造业比重已处于下降状态,且降幅与其他国家相比明显过快,2016年中国制造业占经济的比重峰值达到32.45%,随后出现趋势性下降,2019年降至27.17%。经济"脱实向虚"给我国经济健康发展带来消极影响。一方面,虚拟经济的膨胀挤占了实体经济发展空间,造成目前我国实体经济不景气。"社会资源应在实体经济与虚拟经济之间合理配置,但由于虚拟经济回报快且高,薪酬收入高,以致虚拟经济吸收大量资本等资源自循环,既挤占了实体经济要求的资本等资源投入,又游离实体经济之外发展。"①另一方面,虚拟经济膨胀容易引发金融危机,给我国经济安全埋下潜在隐患。虚拟经济的高杠杆势必引发金融泡沫,导致金融利润率虚高,这种泡沫累积到一定程度必然引发金融危机。此外,虚拟经济游离于实体经济之外的自循环还容易形成不良的生态文化,对人们的择业观、环境观、消费观、财富观、幸福观以及生活观与生命观都会产生一定的消极影响。综上可知,正是因为经济"脱实向虚"问题会给我国经济社会以及人的发展带来诸多危害,所以党的十八大以来以习近平同志为核心的党中央一再强调实体经济的重要地位,坚决反对并着力解决经济"脱实向虚"问题。

---

① 白雪.新时代我国社会主要矛盾研究[D].哈尔滨:哈尔滨师范大学,2021:105.

(四)城乡区域发展结构性失衡阻碍城乡区域人的平等发展

平等发展是人的全面发展的价值要求。在当代社会主义中国，人的全面发展不是少数人或部分人的全面发展，而是全体人民的全面发展。新时代，要适应社会主要矛盾的转化，促进人的全面发展，必须正视城乡区域间人的发展的差距。当前，造成我国城乡区域间人的发展差距的原因有多方面，其中经济发展不平衡是导致人的发展不平等的根本原因。改革开放以来，尤其是党的十八大以来，虽然党和国家始终致力于推动城乡区域协调发展，并针对城乡区域发展结构性失衡问题提出过许多有针对性的发展战略，如乡村振兴战略、西部大开发战略、东北振兴战略、区域协调发展战略等，但是目前我国城乡区域发展结构性失衡问题仍相当严峻，这不仅会影响我国共同富裕战略目标的实现，而且会阻碍城乡区域居民的平等发展。

一是城乡发展失衡阻碍城乡居民的平等发展。居民收入水平是衡量一个国家经济发展的重要指标。改革开放以来，我国城乡经济发展都取得了举世瞩目的历史性成就，城乡居民收入水平均有了大幅度的提升，从某种意义上来讲，这为我国城乡居民的整体发展创造了有利条件。然而，受长期以来实行的城乡二元结构的影响，我国城乡之间的发展差距依然较大。实际上，在改革开放初期，由于推行家庭联产承包责任制，农村经济在迅速发展，农民收入也较之改革前迅速增加，这使得城乡居民收入差距一度由1978年的2.57∶1缩小到1985年的1.86∶1。然而，随着1984年市场经济体制改革在城市的深入推进，城乡经济发展差距又逐渐拉大，并且这种差距自20世纪90年代以来一直呈现拉大的趋势。国家统计局发布的数据显示，2007—2009年城乡居民收入差距达到最大为3.33∶1，此后，这一比值在2015年降至2.89∶1。近几年来，我国城乡居民收入差距逐渐呈缩小趋势，根据国家统计局发布的2020年、2021年、2022年中国统计年鉴数据计算可知，2019年城乡收入差距为2.64∶1，2020年为2.55∶1，2021年为2.50∶1。从以上数据不难看出，虽然近几年来我国城乡居民收入差距呈缩小趋势，但是城乡居民收入差距依然很大，如果把城镇居民的非货币性收入考虑在内的话，这种收入差距就会更加明显。在现代社会中，人的发展受收入水平的影响较深。一般而言，收入水平越高，意味着获取发展的资源就越充分，人的发展的机会

第四章　新时代社会主要矛盾转化下人的全面发展面临的挑战

就越大；反之，人们获取发展的资源就越少，实现自身发展的机会就越小。当前，随着城乡经济发展差距的不断拉大，城乡居民之间的发展差距也随之不断拉大。近些年来，"农门难出贵子"现象受到社会广泛热议，而这一现象背后的深层原因实际上就是城乡经济发展的失衡。

二是地区发展失衡阻碍地区间居民的平等发展。"区域发展是各个区域的地理环境、自然资源、区域位置、历史文化等综合实力差别的反映。"[①]我国不仅存在城乡发展不均衡现象，而且各区域之间的发展也存在不均衡现象，这也导致我国各区域间居民的发展同样存在不平衡现象。一般而言，经济发展较快地区的居民比那些经济发展较慢地区的居民具备更好的发展条件和更多的发展机会。实际上，从历史发展来看，我国的区域发展不平衡问题在改革开放以前并没有那么明显，直到改革开放后，随着"让一部分地区、一部分人先富裕起来""重点区域率先发展"发展战略的实施，东部沿海地区在政策和地缘优势的双重加持下迅速发展起来，地区间的发展差距也开始拉大。尤其是20世纪90年代以后，随着市场在资源配置方面的作用日益强大，地区发展不平衡的问题日益突出并在2004年—2005年达到最高峰。党的十八大以来，以习近平同志为核心的党中央在领导我国经济建设过程中，始终把推动区域协调发展作为我国经济发展的战略目标。经过十多年的努力，我国区域协调发展取得了显著成绩，但是区域发展的不平衡不协调问题依然存在。（据国家统计局发布的《中华人民共和国2020年国民经济和社会发展统计公报》数据显示，2020年，我国东部地区生产总值为525 752亿元，西部地区为213 292亿元，东北地区为51 125亿元，长江经济带地区为471 580亿元，长江三角洲地区为244 714亿元。）从这些数据不难看出，时至今日，我国区域间的发展差距依然较大，尤其是东部地区和西部地区之间的发展差距就更加明显，这也在某种程度上阻碍了区域间居民的平等发展。

二、民主法治建设问题带来的挑战

民主和法治是人民美好政治生活的核心内容，对促进人的全面发展具有

---

① 白雪. 新时代我国社会主要矛盾研究[D]. 哈尔滨：哈尔滨师范大学，2021：104.

重要意义，而满足人民对民主法治的需求是新时代社会主要矛盾转化下人的全面发展的现实要求之一。自社会主义制度建立以来，中国共产党始终把满足人民对民主法治的需求作为社会主义民主政治建设的出发点和落脚点，不断丰富和完善社会主义民主制度和法治体系，从而使我国社会主义民主政治不断焕发时代光芒。但是，对照人民日益增长的美好政治生活目标和人的全面发展现实要求，目前我国民主法治建设仍存在诸多不完善之处，这给新时代我国人的全面发展带来了一定的挑战。具体集中表现在以下几个方面。

(一)利益表达渠道不完善制约人民利益表达权的实现

人的实践活动受利益的驱动，人们所奋斗的一切都和利益有关。利益是指主体为了生存和发展而对一定对象产生的客观需求。人只要活着一天，就一刻也不能停止对利益的追逐。正如法国启蒙思想家爱尔维修所言："利益是推动人和社会发展的唯一动力，无论所追逐的利益正确与否，它都将使人类无条件服从。"[①]从人的发展角度来看，利益是专属于人的一种存在，并服务于人的发展目的，人们正是通过不断满足自身的正当利益而实现自我完善和自我发展。在现实政治生活中，公民利益的实现要经历利益表达、博弈、协商、调整、整合等一系列环节，其中，利益表达是公民利益实现的首要环节和先决条件。所谓利益表达，是指阶层、某个集团或某个人通过一定的渠道和方式向公共权力机关表达自身利益要求，以影响相关决策，使自身利益得到满足的过程。改革开放以来，随着我国市场经济的快速发展，人民的各种利益诉求被不断激发出来，人与人之间利益关系也变得日益密切，传统单一化、均质化的利益格局被多样化、个性化的现代利益格局所取代。然而，不管利益格局如何变化，需要的无限性与满足需要的对象的有限性之间的矛盾始终客观存在，这就导致处于现代利益格局中的个人之间、个人与集体之间始终存在着利益竞争或冲突。为了获取和占有有限的利益资源，作为利益主体的个人或集体势必会在利益博弈的舞台展开激烈的竞逐。而利益主体要想从利益博弈中胜出，首先要确保自身利益能够被有效表达出来。在当代政治生活中，公民利益表达权的实现主要受利益表达渠道的影响和制约。一般而言，

---

① 爱尔维修. 论精神[M]. 北京大学哲学系, 译. 北京：商务印书馆，1963：536-537.

第四章　新时代社会主要矛盾转化下人的全面发展面临的挑战

利益表达渠道越高效通畅，公民利益表达权就越容易实现，反之，公民利益表达权的实现就会受到一定的限制。中国共产党是代表最广大人民根本利益的先进政党，实现好、维护好和发展好人民根本利益是党的价值追求和初心使命。新中国成立以来，党和国家高度重视人民的利益表达，不断完善人民代表大会制度、信访制度、诉讼制度、听证制度等利益表达制度；通过宪法规定公民享有言论、出版、集会、结社、示威的自由；鼓励妇联、残联、工会、共青团等社会团体的建设；引导和支持报纸、广播、电视、杂志、网络等各种传播媒介的发展，使人民群众的利益表达渠道不断拓宽。

目前，虽然我国已建立起较为完整的利益表达渠道，但是这些利益表达渠道在具体运转过程中却存在诸多不完善之处，导致公民应有的利益表达渠道在现实政治生活不够高效通畅，这在一定程度上会阻碍公民利益表达权的实现。具体主要体现在三个方面。一是个别政府部门对利益表达渠道维护不及时不充分。只有确保利益表达渠道的畅通，才能有效实现公民利益表达权，维护人民民主权益。我国政府是为人民服务的机构，是人民利益的实现者和维护者。新中国成立以来，为了更方便地倾听人民心声、接受人民建议，我国各地政府部门积极建设和拓展公民利益表达渠道，已经建成了诸如信访、诉讼、听证等利益表达渠道。不仅如此，我国政府部门还对社会团体、大众传媒等非政府主导的利益表达渠道承担着引导责任，并为这些利益表达渠道的完善和发展提供相应的政策和创造良好的环境。可以说，公民利益表达渠道的畅通与否在很大程度上主要取决于政府部门对利益表达渠道的维护和建设状况。当前，虽然我国绝大多数政府部门都能自觉维护好公民利益的表达渠道，公民利益的表达渠道较为通畅，但是仍有个别政府部门存在对利益表达渠道维护不及时不充分的问题，致使一些利益表达渠道无法正常为公民利益表达提供服务，经常出现渠道堵塞的现象。二是现有的部分利益表达渠道运转机制存在这样或那样的问题。利益表达渠道能否发挥应有功效关键要看它的运转机制完不完善。从现实情况来看，当前我国部分利益表达渠道的运转机制仍存在不足或缺陷，例如，一些地区信访部门缺乏与上访者及时沟通的工作机制，致使部分上访者不得不寻求其他非正规渠道表达利益诉求。三是新型利益表达渠道发展不充分。随着我国互联网技术的快速发展以及智能手机用户的大量增加,"截至2021年12月,中国网民规模达10.32亿,较2020年12月增长4296万,互联网普及率达73.0%"[①]。互联网已深深嵌入人们政治生活之中,极大地影响和改变着人们的利益表达方式,越来越多的民众热衷于选择政府门户网站、手机信访、网上信访、市长热线等新型渠道来表达利益诉求,从应然角度讲这大大拓展了民众的利益表达渠道。但是,从现实层面来看,政府部门对这种新型利益表达渠道的开发、利用和维护还远达不到民众的实际需求,新型利益表达渠道的应有功效还难以充分彰显出来。

(二)全民普法教育不充分影响人民法治素养的提高

新时代,增强人民法治意识和提升人民法治素养要以全民普法教育为重要途径。所谓法治素养是指"人们通过学习法律知识、理解法律本质、运用法治思维、依法维护权利与依法履行义务的素质、修养和能力"[②]。在我国,法治的主体是人民,它不仅体现了人民的意志和利益,而且要依靠人民的支持和参与来推进和建设。因此,提高人民法治素养有利于人民遵守宪法和其他法律,对建设法治国家和法治社会具有深远意义。从人的发展维度来看,法治素养是我国公民必备的基本素质和能力,也是人的综合素质发展的重要内容。我国法治建设自新中国成立以来持续健康发展,尤其在改革开放以后取得重大进展,法治建设取得惊人的历史成就。一方面是中国特色社会主义法律体系的形成和完善。我国坚持以宪法为核心,恪守宪法精神,相继制定和完善了民法、刑法等基本法律,法律体系不断适应中国特色社会主义发展的现实需要。另一方面是法律渗透于人民生活的方方面面,基本形成了有法可依、全面守法的和谐局面。值得注意的是,历史成就来之不易,我们不能妄自菲薄,更不能盲目自信地认为我国已经是完全意义上的法治国家。公民的法治意识和法治素养是衡量国家法治建设进程的重要标准,公民兼具较强的法治意识和良好的法治素养是法治国家的充分不必要条件。在我国,两千多年的封建专制统治使得国家和社会的法治建设水平落后、基础薄弱,加之新

---

① 第49次《中国互联网络发展状况统计报告》发布:我国网民规模达10.32亿[EB/OL][2022-02-25].央视新闻客户端,https://content-static.cctvnews.cctv.com/snow-book/index.html.

② 张阔海.思想道德修养与法律基础——要点精讲[M].西安:西安电子科技大学出版社,2019:3.

第四章　新时代社会主要矛盾转化下人的全面发展面临的挑战

民主主义革命取得胜利之后，我国虽在保障人民当家作主的各项政策和制度上做出尝试，但法制不规范、体系不健全，尚未形成有利于公民形成法治素养的社会风尚。正如邓小平同志所言："旧中国留给我们的，封建专制传统较多，民主法制传统很少。"①社会主义国家不仅是法制健全的国度，而且是公民兼备法治意识和法治素养的国度。由此可见，实施全民普法教育，提高全体人民的法治意识和法治素养是新时代我国社会主义法治建设的重要手段和内在要求。

整体而言，在党中央的领导下，经过多年的法治建设，我国法治生态得到较大改善，人民的法治素养也得到有效提升，普法教育取得实质性进展。但是，普法教育仍需要持续性推进，公民的法治素养仍将根据时代要求不断得到提高和增强。主要有以下几个方面的原因。首先，普法教育重点不突出，部分教育流于形式的现象时有发生，这会导致以普法教育来提升公民法治素养难以取得实质性的成效。其次，重宣传、轻实效，这是目前普法教育存在的最大问题。从我国对公民普法教育的内容来看，目前存在重视现存法律的宣传，而忽视法律内在的精神和价值的解读，存在重视法律框架、法律规范的完善，而忽视公平、正义等法治精神的灌输和引导。这种重形式、轻实质的普法教育很有可能因缺乏法律精神内涵的灌输与培育导致公民在接受普法教育时并不能有效吸收公平正义、自由法制等核心观念，从而不利于形成坚定的法治信念、弱化人民对法律价值的哲理思考和文化反思以及对遵纪守法的消极懈怠。最后，普法教育区域发展不平衡，城乡协调性还有待加强。目前存在城市普法教育重视程度高、监管严，因此普法教育能取得实效，而农村地区因重视程度欠缺、法治宣传力度不够等问题，导致公民增强法治意识的途径受阻，普法教育效果也微乎其微。

(三)法律工具主义倾向的存在削弱人民的法律信仰

法律信仰是人们在思想上认同法律、在行为上遵守法律，并且这种意识和行为呈现出自觉性，是从内心里油然而生的情感和行动。对于个体而言，法律信仰一旦形成，便会对其心理和行为产生持久性的影响，不仅帮助人们

---

① 邓小平文选：第二卷[M]. 北京：人民出版社，1994：332.

在生活中自觉做法律的信仰者，而且在行为上规范人们的行为，督促人们积极地成为法律的维护者。因此，法律信仰是现代公民法治素养的最高要求，也是人的全面发展对我国法治建设提出的最高目标。新中国成立以来，虽然党和国家长期把培养公民的法律信仰作为法治建设的一项重要任务加以推行，人民群众的法律素养得到了较大程度的提升，但是人民法律信仰缺失问题仍比较严重。具体主要体现在三个方面。一是公民对法律的认知度不高。改革开放以来，为了保障人民基本权利、规范人民社会生活以及营造良好经济环境，中国共产党领导经济建设过程中，高度重视法治建设，不断完善我国社会主义法制体系。然而，面对庞杂的法律体系，加之法律宣传教育的面向范围较小和实际效果有限，致使公民对法律尤其是一些新变更的法律普遍缺乏全面了解，在合法权益受到侵害时也难以依法救助。二是公民的法律意识仍有待提升。我国公民法律意识的增强与改革开放的步伐大致同步，由于法治建设的成熟化和法制教育的普及化，公民法治意识的提高和法治素养的培养使得公民对法律一无所知的局面得到扭转，公民开始运用法律思维思考和解读问题，在权益遭受侵害时亦懂得运用法律武器维护自己的合法权益。但是，由于先天不足，后天失调，整体而言公民的法律意识仍处在初级发展阶段，还需要持续性增强以弥补短板。三是法律无用观念依然存在。至今，在我国仍有相当数量的人在面对利益纠纷或个人权益受损时，最先想到的不是用法律武器来解决这些利益争端，而是想着如何通过"走后门""拉关系"等所谓人情的方式来解决这些问题。

当前我国公民法律信仰薄弱，在很大程度上与法律工具主义倾向的存在有关。法律工具主义是一种将法律本质定义为工具或手段的世界观和认识论，主要强调法律作为解决现实需要、实现现实目标的工具性，而忽视法律内在的精神内核，包括自由、平等以及公正等要素，致使法律失去了协调人们行为的内核和活力，使法律信仰失去了最原始的情感和理由，也就削弱了人们对法律的信仰。当前，我国法治建设中仍然深受法律工具主义倾向的消极影响。具体主要表现在三个方面。一是当执行困难时便难以有法必依、违法必究，总是以各种困难为由搪塞过去。加强法治政府建设、建设廉洁政府要求"未经法律明文授权即不得为"。现存法律体系中大多数的法律法规旨在防范

第四章　新时代社会主要矛盾转化下人的全面发展面临的挑战

行政权力,有效减少权力滥用。但是在实行的过程中政府难以做到有法必依,例如《物权法》第42、43、44条能有效规范权力,但该法律的实施效果欠佳,并未对政府的越轨行为进行约束,难以彰显法律的权威。此外,倘若无法规避法律,地方政府则采取拖延战术,一边强调执行难度之大,一边置之不理,等待大事化小、小事化了。二是涉及自身利益时会出现以权谋私,甚至操纵权力的现象。一些部门以执行困难为借口拒绝依法办事,妨碍公平正义的实现,而所执行困难并非真正意义上的困难,往往是触碰到核心利益,既包括该部门本身利益,甚至也包括个人不法利益。三是盲目追求经济和社会绩效,暗箱操纵法律程序。目前存在少数政府为发展当地经济,不惜越过法律红线,无视法律纪律,故意在项目上进行暗箱操作,妨碍政府依法行政。同时,部分政府还忽视公众诉求,肆意剥夺公众依法参与政治生活的权利,从而导致官民关系恶化。

三、精神文化建设问题带来的挑战

人的全面发展既离不开物质文明的丰富和进步,也离不开精神文明的发展。新时代社会主要矛盾转化虽然表明了我国精神文明建设在过去几十年里已取得了重大进步,人民群众的精神面貌和精神素质也较之过去有了较大的改善和提升。随着新时代的到来,一方面人民群众对充盈的精神生活需求愈加强烈,另一方面现实精神文化领域仍存在诸多问题,这不仅制约了人民美好精神生活的实现,而且给人的全面发展带来了一定的挑战。

(一)高质量文化产品供给不充分制约人民精神文化需求

古希腊哲学家赫拉克利特认为:"如果幸福在于肉体的快感,那么就应当说,牛找到草料吃的时候就是幸福。"[1]换言之,人的追求若只停留在物质层面,就体现不出人比动物的高级之处。因此,人的精神属性决定,全面发展的人需要通过一定的文化产品来满足自身的精神需求,提升自身的精神涵养和精神境界。文化产品具有广义和狭义之分。文化产品从广义层面而言是囊括物质文化产品和精神文化产品的总称,而从狭义层面去定义文化产品则仅

---

[1] 袁世全,等.名言警句辞典[M].四川:四川辞书出版社,2002:94.

仅将范围限定在精神产品上，物质层面上的东西则不能称之为文化产品。尽管任何物质产品都凝结着人们的劳动智慧和价值理念，但是只有狭义的文化产品才是专门以满足人的精神需要为目的的。新中国成立以来，尤其是党的十八大以来，我国文化产业快速发展，文化新业态迅速兴起，文化产品供给能力持续增强。2019年，据国家统计局发布的《新中国成立70周年经济社会发展成就系列报告》显示，2005—2018年我国文化产业蓬勃发展，增加值年均增长18.9%，速度明显高于同年国内生产总值。[①] 我国文化产品与服务的供给和需求的增加与文化产业的快速发展同步，这一时期由于互联网技术的运用和普及，大数据、视频直播等改变了人们的生活方式，成为文化产业兴起和发展的强劲动力。从这个意义上讲，我国文化产业具有良好的发展前景，文化产品的生产、供给和消费蕴藏着巨大的潜力。

文化产业的快速发展并不等于高质量发展。当前，我国文化产品供给仍存在有数量、缺质量的问题，集中表现为有精神内涵的文化产品供给不足，这不仅制约了人民群众的精神文化需求，而且不利于我国文化产业健康稳定发展。所谓有精神内涵的文化产品，是指那些承载当代中国价值观念、体现中华文化精神、反映中国人审美追求的文化产品。"文化产业不同于其他产业，它的产品是文化作品，是精神食粮，这就注定了文化产业具有天然的意识形态属性，正确政治方向和舆论导向是文化产业的重要使命。"[②]然而，目前我国文化产业存在一定的泛娱乐化趋势，为人民提供"高营养精神食粮"的作用有待加强，集中表现为大量重经济效益、轻社会效益的文化产品被大批量生产出来。我国社会主义文化产业的发展，既要遵循市场经济规律，追求经济效益最大化，以确保文化产业持续发展和不断壮大，也要充分考虑文化产业服务社会主义建设、满足人民精神文化需求的社会效益，这是我国文化产业发展必须始终坚守的价值导向。我国社会主义文化发展，始终强调把文化产业的社会效益放在经济效益前面，通过提升文化产品质量来实现文化产业

---

① 国家统计局. 文化事业繁荣兴盛 文化产业快速发展——新中国成立70周年经济社会发展成就系列报告之八［EB/OL］. (2019-07-25). http://www.stats.gov.cn/ztjc/zthd/bwcxljsm/70znxc/201907/t20190724_1681392.html.

② 李慧. 文化产业如何走好高质量发展之路［N］. 光明日报, 2018-08-29(15).

第四章　新时代社会主要矛盾转化下人的全面发展面临的挑战

持续健康发展。然而，当前我国一些文化生产机构，为了实现经济效益最大化而不顾文化的社会公益属性，坚持内容为流量让路的文化生产导向，一味迎合市场需求，大量生产形式浮华、内容空洞的"三俗"文化产品，即低俗、庸俗、媚俗的文化产品，并且借助现代网络传媒技术对这些文化产品进行"精美"包装和大肆宣传，从而不断占领文化消费市场。

人民的精神文化消费市场，如果高质量文化产品不能及时占领，就容易被那些"三俗"文化产品疯狂抢占。这些"三俗"文化产品不仅不能满足当前人民多样化、高层次的精神文化消费需求，而且会给人的发展带来一定的消极影响。一方面，"三俗"文化产品会降低人们的文化品位。文化品位属于人的审美范畴，一般体现为人们对文化的内涵和价值的分辨与鉴赏能力。一般而言，人的文化品位越高，其审美能力就越强；反之，审美能力就越弱。不同的环境对人的成长具有不同的影响效果，一个人生活在好的环境里会受到好的影响，生活在不良的环境里也会受到不良的影响。实际上，人的文化品位也是如此，一个人若是经常浸泡在"三俗"文化氛围中，其文化品位自然也会慢慢变得"俗化"，若长期接触高雅、健康、向上的文化氛围和文化产品，其文化品位自然会不断提升。另一方面，"三俗"文化产品会扭曲人民的价值观念。任何文化产品都承载着一定社会的价值取向和精神追求，都会对消费者的价值观念产生潜移默化的影响。"三俗"文化与社会主流意识形态格格不入甚至背道而驰，情趣平庸、格调低下、言语猥琐、过分迎合大众的"低级趣味"，甚至突破社会道德底线和法律红线。因此，人民若长期消费这些"三俗"文化产品，必然会为其世界观、人生观和价值观带来消极影响。

(二)公共文化服务不平衡制约人民文化需求的平等满足

当代德国著名的哲学人类学家兰德曼曾说过，谁想知道什么是人，那么也应该，而且首先应该知道什么是文化。人不仅是实践的存在物，是社会关系的存在物，而且是文化的存在物。人在实践中不仅改造自然，形成社会关系，建构制度，还创造文化。同时，文化又塑造着人，人是文化的创造物。文化的教化作用不仅使人从生物的人蜕变为社会的人、从野蛮的人发展成文明的人，而且让人们在文化的陶冶和熏陶中形成意识千差万别、个性气质独具一格的人。总之，人因文化而生，随文化演进而不断发展，文化是实现人的全面发展不可或缺的精神条件。新时代,我国所致力的人的全面发展目标不是少数人或部分人的全面发展,而是全体人民的全面发展。公共文化服务旨在满足人民基本文化需求、保障人民基本文化权益,并以促进全体人民的平等发展为根本目标,其内容范围涵盖公共文化设施、文化产品、文化活动以及其他相关服务等多个方面。

新中国成立七十多年来,尤其是党的十八大以来,在国家和政府加大公共文化投入力度的同时,公共文化服务均等化逐渐实现,文化服务不平衡现象得到一定缓解。2019年,国家统计局发布《新中国成立70周年经济社会发展成就系列报告》,调查显示,1953—1957年五年文化事业费总投入为4.97亿元,1978年当年增加到4.44亿元,到2018年达928.33亿元。[①] 同时,我国以传统媒体为依托,以新媒体为手段,实现广播媒体从单一走向多元,从传统走向现代的发展路径,成功构建包括报刊、电视台等丰富多彩的媒体形式相互转播的文化发展格局,不断丰富人们的文化生活。虽然新中国成立以来,尤其是党的十八大以来我国公共文化服务水平不断提升,人民精神文化生活也在逐年整体改善,但由于历史的原因和城乡二元结构的影响,与城市相比,当前我国农村公共文化服务发展仍相对滞后,公共文化服务的基础设施、文化活动、财政投入等方面供不应求或供过于求情况较为明显,现有的刚性供给与弹性需求之间的矛盾不断显现。根据华中师范大学中国农村研究院对全国31个省级行政区的267个村庄所开展的农村公共文化服务专题性问卷调查的结果显示,"31个省份的267个村庄中,47.56%的村庄拥有1-2类的公共文化设施,44.44%的村庄拥有3类以上公共文化设施,8%没有公共文化设施;而村庄公共文化设施能够完全满足村民需求的占比为5.36%,基本可以满足村民需求的占比为40.23%,不能满足村民需求的占比高达51.34%"[②]。此外,当前我国"农村公共文化服务的资金保障还不够充分,特别是部分偏远山区基层政府财力有限,虽然愿意支持农村公共文化服务体系

---

① 国家统计局.文化事业繁荣兴盛 文化产业快速发展——新中国成立70周年经济社会发展成就系列报告之八[EB/OL].(2019-07-25).http://www.stats.gov.cn/ztjc/zthd/bwcxljsm/70znxc/201907/t20190724_1681392.html.

② 何晓龙.国内学界农村公共文化服务供需失衡研究述评[J].国家图书馆学刊,2021(05):103.

第四章　新时代社会主要矛盾转化下人的全面发展面临的挑战

建设,但由于资金限制只能为农村公共文化服务体系提供基本资金保障,这使得一些贫困乡镇文化基础设施建设薄弱,文化服务市场发展不充分,缺少市场化运作环境"①。

随着新时代社会主要矛盾的转化,我国农村居民的精神文化需求呈现出快速增长态势,能否进一步提高农村公共文化服务水平,缩小城乡公共文化服务发展差距,既直接关乎农村居民精神文化需求的满足,又关乎城乡居民精神文化需要的平等发展。为此,习近平总书记指出推动文化事业繁荣昌盛的要求为:"以基层特别是农村为重点,深入实施重点文化惠民工程,进一步提高公共文化服务能力,促进基本公共文化服务标准化、均等化。"②实际上,除了城乡公共文化服务存在不平衡问题外,我国区域间公共文化服务水平也存在不平衡问题,东部地区的公共文化产品、公共文化服务设施、公共文化服务能力均明显优于中、西部地区,这也在一定程度上加剧了我国区域间居民精神文化生活的发展差距。

(三)社会道德领域存在的突出问题侵蚀着人民精神世界

道德建设是社会主义精神文明建设的重要内容和本质要求。新时代,解决社会道德领域存在的突出问题,强化公民道德意识不仅是建设文化强国的重要途径,还是丰富人民精神世界、促进人的全面发展的重要方式。中国共产党从成立伊始就把道德建设纳入党的思想政治工作范畴,并根据革命、建设、改革的实践要求,不断完善社会道德体系、创新社会道德机制、优化社会道德环境。2019年中共中央、国务院颁布的《新时代公民道德建设实施纲要》(以下简称《纲要》)针对公民的道德意识和水平作出了科学性的总结和概述。一方面,《纲要》系统阐述了以习近平同志为核心的党中央从十八大以来在社会道德领域加强建设取得的显著成效:在党中央的科学领导和重要部署下,整个社会形成了以中国共产党为领导,以社会主义核心价值观为引领,以学习中华优秀传统文化为特色,以坚定中国特色社会主义文化自信为特征的崇尚科学和推崇英雄榜样的良好风气,在文化的熏陶和潜移默化作用下,

---

① 陶晶.乡村振兴视域下农村公共文化服务体系建设的路径选择[J].农业经济,2020(08):31.
② 中共中央宣传部.习近平总书记系列重要讲话读本[M].北京:人民出版社,2014:103.

公民的道德素养显著增强，思想自觉和道德水准不断跃升。另一方面，《纲要》又反映出当前社会道德领域面临的现实困境，主要是受错综复杂的国际关系和波谲云诡的世界局势的影响，加之国内改革进入攻坚期，人民精神世界受多重因素的影响和冲击，社会道德建设在取得部分成就的同时还存在不少问题。这些问题概括起来主要有：道德失范问题、社会成员道德观念模糊甚至缺失问题和社会诚信缺失问题。这些存在于道德领域的问题和现象会给人们的世界观、人生观和价值观带来消极影响，进而给人的全面发展带来一定的挑战。

社会道德失范问题会冲击人们的精神世界。所谓道德失范是指不符合道德规范的思想、观念以及行为等的总称，既包括现有的具有普遍性的道德规范和道德价值被民众忽视，又包括现存规范制度难以对社会成员具有普遍约束力，道德规范不再行之有效，难以对社会成员的思想和行为起正面引导作用。《纲要》明确指出，道德失范行为在部分地区不同程度地存在，拜金主义、享乐主义、极端个人主义等不良行为和风气现象比较突出。其中，拜金主义是一种认为金钱可以主宰一切，把追求金钱作为人生至高目的的观念和行为。拜金主义与人的全面发展背道而驰，剥夺了人的本质的丰富性，把人降低为金钱的奴隶。同时，若拜金主义盛行还可能会导致社会物欲横流、人情冷漠、道德沦丧、信仰缺失等问题。享乐主义是指把追求一切能够引起自己感官快乐的刺激，看作是自己人生目的的思想观念。从人的发展的角度来看，享乐主义与人的全面发展同样背道而驰，因为它不仅容易使人们陷入意志消沉、缺乏进取精神的状态之中，而且容易造成人际关系紧张，不利于社会和谐稳定。极端个人主义是一种以个人私利为根本出发点和归宿的思想体系和道德原则，它源于生产资料私有制，是资本主义世界观的核心。从人的发展的角度来看，极端个人主义容易导致人们淡化理想信念、服务意识、进取意识、责任意识，滋长落后思想、名利思想、享乐思想、懒惰思想。拜金主义、享乐主义和极端个人主义的产生是当今时代道德失范的必然产物，与人的全面发展背道而驰，对人们的精神世界造成严重的消极影响。

诚信缺失问题会导致人际关系紧张和疏离。《新时代公民道德建设实施纲要》指出，当前我国社会中造假欺诈、不讲信用现象久治不绝。古人云："人无信不立。"诚信自古以来就是中华民族的传统美德，被视之为人的安身立命

第四章　新时代社会主要矛盾转化下人的全面发展面临的挑战

之本。改革开放以来,受经济转型、市场缺陷、机制不完善和诚信道德教育缺失等因素的影响,我国公民诚信缺失现象较为严重,公众的日常生活中诚信缺失行为层出不穷,例如,谎话假话"滔滔不绝",证件作假"面不改色",虚假证明"理直气壮",各种不诚信行为应接不暇、不一而足。甚至诚信已经成为当今社会一种稀缺资源。2009年,上海市社会科学院进行的一项"关于社会诚信问题"的调查显示,有90.2%的人认为诚实守信存在不同程度上的吃亏。诚实守信竟成了"无用的别称"。2013年中国社会科学院发布的《社会心态蓝皮书》显示,作为反映社会诚信程度的社会总体信任指标在我国逐年下降,这在某种程度上反映出我国社会诚信的逐渐缺失。最为严重的是,信任指标已突破60%的防线,属于"不及格"。可见,诚信危机在当今社会已不再是一句危言耸听的话,而是实实在在发生在我们身边司空见惯的事情。从人的发展角度来看,诚信缺失一方面会使人们的主观幸福感迅速下降,使人对幸福的追求缩减至低层次的保障型需求,另一方面会加剧人际关系的紧张、增加人际交往的难度和成本,同时会诱发一些社会矛盾。

(四)西方错误社会思潮的渗透冲击人民的思想政治观念

毛泽东曾指出:"在思想斗争中,如果我们不进攻,敌人的思想影响就会得寸进尺,占领阵地。"[①]换言之,人民群众的思想阵地,如果不用正确的思想去引领和武装,就可能会被错误的思想渗透和带偏。当今世界,随着全球化浪潮的推进和信息革命的深入,世界范围内各种思想文化交流交融交锋愈加频繁和激烈。改革开放以来,随着我国全方位开放格局的逐渐打开,西方各种错误社会思潮,如新自由主义、民主社会主义、历史虚无主义、功利主义、消费主义等,借势借机大量涌入中国,并对马克思主义的一元主导地位发起攻击和挑战。这些错误思潮或明或暗、或主动或潜在地对我国意识形态阵地发起一轮又一轮冲击,其政治目的就是通过颠覆人民既有的主流意识形态,最终达到颠覆中国共产党的领导地位、颠覆社会主义发展道路。从人的发展角度来看,西方错误思潮的涌入和渗透,不仅会影响到人民的价值选择和价

---

① 中共中央文献研究室.毛泽东年谱(一九四九——一九七六):第三卷[M].中央文献出版社,2013:389.

值判断,而且有可能瓦解人民既有的正确价值观,使人民在错误的人生道路上渐行渐远。具体可从两个方面展开分析。

一是西方错误思潮的渗透误导人们的人生价值选择。人生价值选择是指自我对自己的生存意义、生存价值优劣和大小的抉择,主要包括对生活内容、生活方式、生活方向,即追求什么样的物质生活、文化生活,树立什么样的理想,塑造什么样的人格,挑选什么样的职业,创造什么样的业绩等方面的选择。因此,对于主体而言,人生价值的选择直接关乎其人生理想、信仰、生活方式的塑造和养成。然而,对于任何人而言,人生价值选择并非一蹴而就的事情,也不是一劳永逸的事情。一方面,人生价值选择要经过长时间的筛选、比较才能做出最终的决定,它伴随着人的社会化过程而展开,具体时间因人而异,有的人很小就能做出对自身发展有利的人生价值选择,有的人可能到死也做不出对自身发展有利的人生价值选择。另一方面,人的人生价值选择并非固化的,在受到外界环境、人生际遇等因素的影响后有可能会发生改变。有的人从正确的人生价值选择转变到错误的人生价值选择,有的人则可能从错误的人生价值选择转变到正确的人生价值选择。社会思潮是影响人们人生价值选择较为直接而深远的一种外在因素。人们只要处在一定的社会环境中,就难免会受到各种社会思潮的影响。社会思潮是一定时期社会存在的反映,是社会气候的"晴雨表",对社会存在具有积极或消极的影响,作用于社会生活的各个方面。正确的社会思潮能够引导人们做出正确的人生价值选择,例如,五四运动时期,毛泽东、周恩来等人正是受到马克思主义这一科学社会思潮的影响而早早地做出为人民谋解放、为民族谋复兴的正确的人生价值选择。反之,错误的社会思潮则会把人们引向人生歧途。改革开放以来,大量的西方错误思潮伴随着改革开放的大潮涌入中国,它们打着"自由""民主""人权"等所谓的"普世"旗号,通过各种先进的传播手段推销西方主流意识形态,标榜"普世价值"的正义性、西方自由民主制度的合理化以及西方生活方式的优越,给我国人民尤其是青少年的人生价值选择带来极大的误导。

二是西方错误思潮的渗透颠覆人们原本正确的价值观念。思想是行为的先导。正确的价值观念不仅是主体精神素质的重要组成部分,而且对于主体在参与社会实践中实现人生价值和意义具有积极作用。在我国,热爱祖国、

第四章　新时代社会主要矛盾转化下人的全面发展面临的挑战

热爱人民、拥护中国共产党的领导、坚定"四个自信"、遵守公民道德规定、践行社会主义核心价值观等，是我国人民必须始终坚守和践行的正确价值观和行为准则。新中国成立以来，中国共产党通过各种思想政治教育途径，帮助广大人民群众尤其是青少年树立正确的价值观，并取得了显著的成效。当前，我国人民普遍怀有炽热的爱国情怀、对中国共产党的领导和执政理念坚定认同，对中国特色社会主义道路充满信心，对实现美好生活和自身全面发展满怀期待。这些有利于汇聚全体人民磅礴力量，共同实现中华民族伟大复兴的中国梦。然而，人是社会关系的存在物，人的思想政治观念和道德品质既是在一定的社会关系中形成和发展起来的，同时也会受到一定社会关系的影响和制约。改革开放以来，新自由主义、民主社会主义、历史虚无主义、功利主义、消费主义等西方错误思潮纷纷涌入我国。这些西方错误思潮往往会披着"自由""民主""人权"等漂亮"外衣"，掺杂着西方意识形态和价值观念，加上西方国家先进的网络传播技术和成熟的渗透机制，使得这些思潮曾一度在我国思想文化阵地大行其道，若长此以往，不加以警惕和制止，将会极大地动摇和颠覆人民群众原有的正确价值观念。为此，党的十八大以来，习近平总书记反复强调意识形态工作是党的一项极端重要的工作，要求全党加强意识形态工作的领导权和话语权，警惕西方错误思潮在我国的传播和渗透，坚定马克思主义在我国的一元主导地位，不断增强我国在国际上的意识形态话语权。

四、民生保障建设问题带来的挑战

民生是人民幸福之基，社会和谐之本。从人的发展角度来看，民生发展不仅直接连接着人民的幸福生活，而且关乎社会的公平正义和人的平等发展。所谓"人的平等发展，是指每个人都应得到平等的发展，每个人都处于平等的地位，享受平等的待遇，这是'人'的全面发展"[①]。在我国，全面发展的"人"是指每一个人，即全体人民。改革开放以来，尤其是党的十八大以来，以习

---

① 王继辉，文学禹，朱剑昌. 尊重人、理解人、关心人——人类个体问题研究[M]. 北京：华龄出版社，2006：192.

近平同志为核心的党中央始终把人民对美好生活的向往作为党的奋斗目标，大力发展基本民生保障事业，使广大人民的获得感、幸福感和安全感得到了极大的提升。尽管这几十年来我国民生发展取得了显著的成效，人民生活的满意度得到整体提升，但是受历史、地理、经济等多重因素的影响，当前我国民生领域仍存在诸多"短板"，这在一定程度上给我国人的全面发展带来了现实挑战。

（一）城乡教育发展的不平衡阻碍人的平等发展

人的发展很大程度上取决于教育的发展水平。教育作为人类社会所特有的培养人的素质和能力的一种手段，是造就全面发展的人的根本方式。新中国成立以来，尤其是党的十八大以来，为了提高国民素质，满足人民教育需求，党和国家高度重视教育事业的发展，大力实施教育优先发展战略，使我国教育事业在短短几十年里蓬勃发展，实现了从人口大国到人力资源大国的历史性转变。据《新中国成立70周年经济社会发展成就系列报告》统计，新中国成立之初全国80%的人口都是文盲，适龄儿童小学入学率不足20%。1982年全国高中及以上受教育程度人口占总人口的7.2%，1990年占9.4%，2000年占14.7%，2010年达到22.9%，2018年提高到29.3%，呈现稳步提升态势。[①] 此外，我国6岁及以上人口平均受教育年限从1982年的5.2年提高到2018年的9.26年，增幅将近80%。[②] 可以说，新中国成立七十多年来，伴随着我国教育事业的蓬勃发展，人民的知识水平和劳动技能已整体大幅提升，人民对教育的获得感和满意度也整体大幅提升。

然而，尽管新中国成立以来我国教育整体发展水平得到较大提升，但是受长期以来的城乡二元结构因素的影响，我国城乡教育发展差距依然较为明显。具体主要体现在三个方面。一是城乡师资数量存在较大差距。从教师资源配置数量来看，《中国教育统计年鉴2016》发布的数据显示，"2016年除小

[①] 国家统计局. 人口总量平稳增长 人口素质显著提升——新中国成立七十周年经济社会发展成就系列报告之二十.[EB/OL]. (2018-08-22). http://www.stats.gov.cn/ztjc/zthd/bwcxljsm/70znxc/201908/t20190822_1692901.html.

[②] 国家统计局. 人口总量平稳增长 人口素质显著提升——新中国成立70周年经济社会发展成就系列报告之二十[EB/OL]. (2018-08-22). http://www.stats.gov.cn/ztjc/zthd/bwcxljsm/70znxc/201908/t20190822_1692901.html.

第四章　新时代社会主要矛盾转化下人的全面发展面临的挑战

学阶段农村教师人数多于城区教师人数外，其余三个教育阶段的农村教师的数量几乎仅占同阶段城区教师数量的半数甚至更少，这直接说明了我国城乡师资配置数量上存在不均衡的问题"[①]。二是城乡师资质量存在较大差距。通过整理《中国教育统计年鉴 2016》数据发现，以教师的学历作为师资质量调查指标，"2016 年城市小学教师中本科学历所占比例（66.01%）最大，而农村小学教师中专科学历所占比例（51.58%）最大；其中农村小学教师和初中教师研究生学历人数远低于城市，而高中以下低学历人数远高于城市"[②]。三是城乡教育基础设施配置存在差距。《中国教育统计年鉴 2016》的数据显示，2016年，除小学阶段城乡教学基础设施用地比例相差不大之外，幼儿园、初中、高中三个阶段中城区教育基础设施用地比例远超过农村，这直接反映出城乡在教育基础设施建设方面存在一定的差距。此外，城乡二元结构态势下，农村在教育财政配置方面也远远落后于城市。教育公平是人的发展公平的根本保障。教育公平包含了三层意蕴：一是教育起点的公平，即强调每个社会成员都有享受教育权利的平等机会；二是教育过程公平，它是指每个社会成员在享有平等的受教育机会之后怎样接受教育，接受什么质量的教育；三是教育结果公平，指最终学生在学业成就上达到实质性的公平且被社会接纳的机会是均等的。[③] 新中国成立以来，尤其是改革开放以来，随着我国各类教育法的不断发展和完善，教育起点公平和教育结果公平问题均得到了较好的解决，当前我国所面临的教育公平问题主要是教育过程的不公平，尤其是城乡教育的不公平问题是导致我国城乡居民在能力、素质方面发展差距拉大的主要因素。

(二)就业领域中存在的问题影响人的全面发展

充分的就业对人的全面发展具有积极意义，它不仅为人们消费需求的满足提供了保障，为人们劳动技能和素质的提升创造了条件，而且为个体价值的实现和社会交往的扩大提供了基础。对当今时代我国社会发展而言，就业是民生之本，是我国十四亿多人口的最大民生。近几年来，我国就业局势稳中向好，民生得到基本保障。但也应该看到，当前就业局势的稳定来之不易，

---

① 王彤. 中国城乡教育差异化现状分析及对策建议[J]. 教育现代化，2019(24)：246.
② 王彤. 中国城乡教育差异化现状分析及对策建议[J]. 教育现代化，2019(24)：246.
③ 韩雪. 从教育公平视域论人的全面发展[J]. 商丘师范学院学报，2018(11)：76-80.

就业中仍存在一些难点和痛点：就业结构性矛盾突出，部分劳动者失业风险加大，高校毕业生就业持续高压，劳动收入增速下降，部分劳动者工作强度大条件差、就业不稳定以及创业风险缺乏社会保障，等等。这些问题不仅会影响人民对美好生活的信心，而且给人的全面发展带来一定的消极影响。具体主要表现在以下三个方面。

一是部分一线工人劳动强度大、条件差，影响其身心健康发展。一般而言，劳动者在其生产行为中自身的发展状况也会发生相应的改变，能够通过劳动产生新的观念和新的品质。可见，人的发展是在劳动实践中实现的，劳动既是人的全面发展的重要内容，也是人的全面发展的根本途径。人作为一种生命机体，除了参与劳动实践之外，还需要有充足的自由时间来恢复体能、补充能量，否则，人的发展将难以持续。《中国人民大学中国社会发展报告2018·更好满足人民美好生活需要》指出，当前我国不少一线工人反映"300小时"是工作常态，即每天至少工作12个小时，每周至少工作6天。生产线工人抱怨，长时间站着工作，枯燥、重复、单调，身心负担很重。即使是一些在"好单位"就业的劳动者，也普遍存在超时加班、带薪休假权益没保障，"过劳死"现象时有发生。[①] 由此可见，当前人们在劳动过程中普遍存在劳动强度大、休息时间少的问题，长此以往，必然不利于人们身心健康发展，降低了人们劳动的满足感和幸福感。

二是劳动收入增速下降易导致人的发展不平等。国家统计局发布的报告显示，2020年，我国城镇非私营单位就业人员年平均工资达到97 379元，实际增长7.6%，比上年增速下降2.2个百分点。[②] 人力资源和社会保障部人力资源市场一线观察调查显示，无论农民工还是高校毕业生，其实际薪酬水平和预期薪酬水平之间都存在着较为明显的差距。总体来看，大部分劳动者的劳动收入水平偏低，尤其在经济下行压力下，劳动者的劳动收入增长速度下降，劳动报酬所占财富比例下降，而住房、教育、医疗及基本生活开支价格

[①] 张建民，洪大用，刘少杰. 中国人民大学中国社会发展研究报告2018：更好满足人民美好生活需要[M]. 北京：中国人民大学出版社，2018：53.

[②] 国家统计局. 2020年城镇非私营单位就业人员年平均工资97 379元[EB/OL]. (2021-05-19). heeps：//www. stats. gov. cn/sj/zxfb/202302/t20230203_1901108. html.

第四章　新时代社会主要矛盾转化下人的全面发展面临的挑战

上涨,导致贫富差距持续扩大和生活收支平衡压力加大,劳动者对其工作报酬不满意度增加。从人的发展角度来看,劳动收入增速下降导致贫富差距拉大,而贫富差距拉大则直接导致人的发展的不平等,并深刻影响着社会关系的和谐。

三是部分劳动者就业不稳定和"找工作难"容易引发精神和心理焦虑。焦虑属于烦躁情绪的一种,主要是由担心自身命运、前景以及担心自己关切的人和事等诸多因素引发的紧张不安。焦虑本身是人类一种正常的情感反应,但是过度的焦虑或过弱的焦虑就会形成情感性或生理性疾病。诱发人们焦虑的因素很多,其中,工作的频繁变动或失业风险的笼罩是现代社会引起人们精神焦虑的重要因素之一。目前,非体制内劳动力市场和低层劳动力市场的"流动性"相对较大,主要包括为了生存和生活游离和奔波于城市之间、区域之间的农民工和其他工人。部分劳动者由于劳动能力不足或受年龄限制,处于求职到就业再到失业再走向求职之路的循环之中,难以通过劳动获取报酬来保障基础性生活,生活质量也因收入不稳定而处于低收入水平状态,长此以往便会容易诱发心理焦虑。此外,当前我国还有大量高龄、低学历、低技能劳动者,其就业困难问题突出,100个城市公共人力资源市场供求数据显示,人力资源市场上45岁以上劳动者长期处于供大于求状态,求人倍率一直少于1,有时接近0.6,即10个劳动者对应的岗位只有6个。[①] 这部分群体的就业困难问题若得不到有效解决也会容易引起他们内心的焦虑,甚至会引发一些社会治安和犯罪问题,从而进一步影响社会关系的和谐。

(三)健康服务供给不足制约人民健康发展水平

健康是人类永恒的追求,是人们幸福生活的基石,更是人的全面发展的必然要求。健康素质是人的综合素质的重要组成部分,健康素质的提升则是人的全面发展的重要内容。关注和解决群众的健康问题是我们党领导社会主义建设不变的初心。新中国成立以来,在几代中国共产党人的长期不懈的努力下,我国健康领域的改革发展事业取得了举世瞩目的历史成就,我国民众的整

[①] 张建民,洪大用,刘少杰.中国人民大学中国社会发展研究报告2018:更好满足人民美好生活需要[M].北京:中国人民大学出版社,2018:53.

体健康素质和平均寿命都较新中国成立前有了显著提升。然而，在肯定过去优异成绩的同时，我们必须清醒地认识到当前我国在心理健康服务、母婴健康服务、老年人健康服务等领域仍存在发展短板。这些短板不仅会制约健康中国战略目标的实现，而且给一些群体的健康素质的发展带来了一定的挑战。

心理健康服务供给不足影响人们心理健康问题的解决。健康之于人而言，既包括身体健康，也包括心理健康。在人的全面发展论域中，全面发展的人必须是身心健康、人格健全的人。心理健康是人的素质发展的重要内容。改革开放以来，随着我国经济社会的快速发展，人民对生活质量的追求日益增长，与此同时，在较快的生活节奏与社会发展变化下，人们的心理压力、焦虑情绪也日益凸显，心理健康问题日益成为全社会都普遍关注和热衷讨论的热点问题。"据《中国青年报》报道，目前发布的我国首部心理健康蓝皮书《中国国民心理健康发展报告(2017—2018)》调研数据显示，11%到15%的国民心理健康状况较差，48%的受访者认为'现在社会上人们的心理问题严重'，74%的受访者认为'获得心理咨询服务不便利'……这些数据显示，虽然绝大部分国民心理健康状况良好，但也有一些人存在突出的心理健康问题，报告数据呈现的增长趋势需要引起重视。"[①]心理健康服务是解决心理健康问题的有效途径。但从现实情况来看，我国心理健康服务发展水平远远不能满足当前人们对心理服务的客观需求，这在一定程度上制约人们日益增长的健康服务需求，不利于人们心理健康问题的及时有效解决。

母婴健康服务供给不足制约母婴健康服务需求的满足。母婴健康服务一般涵盖备孕期母体父体健康、孕期母体及胎儿健康、月子健康、产后健康、新生儿健康、幼儿健康以及母体更年期健康等多方面服务内容。从人的发展的角度来看，完善的母婴健康服务有助于提升人口健康素质，降低孕妇产前风险系数，提升孕妇产后健康恢复水平，保障新生儿、幼儿健康，促进母婴健康知识普及。当前，随着我国"三孩"生育政策的落地以及优生优育理念的普及，母婴健康服务需求将被极大地释放出来。然而，从供给侧来看，"目前我国

---

① 补齐心理健康服务供给短板.[EB/OL].(2019-03-06).海外网，http：//world.haiwainet.cn/middle/3541003/2009/0306/comtent_31509391.html.

第四章　新时代社会主要矛盾转化下人的全面发展面临的挑战

母婴健康服务企业弱小,企业多、规模企业少,一般企业多、品牌企业少,中介企业多、员工制企业少,家族企业多、公司制企业少,传统企业多、新型企业少的现象,远远的不能满足母婴家庭的需求"[1]。母婴健康服务总体供给不足将严重制约母婴家庭对母婴健康服务需求,进而影响母婴的健康素质。

老年健康服务体系不健全制约老年人健康服务需求的满足。老年人的健康问题是全社会关注的话题,提升老年人健康素质则是社会发展的重要目标。从人的发展的维度来看,老人健康素质的增强和健康素养的提升是当前我国人的全面发展的价值追求。长期以来,我国一直都是世界上人口总数最大的国家,拥有庞大的老年人口基数。进入21世纪后,尤其是当前,我国人口老龄化速度在显著提升,庞大的老年人口给我国现有的老年健康服务体系带来巨大的压力。从现实层面来看,我国老年人的整体健康状况并不理想,"据研究,我国人均健康预期寿命仅为68.7岁,患有一种以上慢性病的老年人比例高达75%,失能和部分失能老年人超过4 000万,老年人对健康服务的需求愈发迫切。相比较老年人对健康的迫切需求,配套服务供给却显得有点'跟不上'"[2]。这必将给老年人健康素质的发展带来一定的挑战。

(四)收入分配差距不断扩大制约人的全面发展

收入是民生之源。居民收入水平的高低直接决定了居民的生活水平和福祉,决定着共享发展目标的实现。改革开放四十多年来,尤其是党的十八大以来,随着我国经济持续高速增长,我国居民人均收入水平整体大幅提升,人民生活条件得到根本改善,这也为人的全面发展奠定了物质基础。国家统计局数据显示,2014年全国居民可支配收入20 167.1元,2020年已达到32 188.8元。[3] 然而,虽然全国居民人均收入水平已大幅度提升,但是受各种经济、地理、历史以及个体因素的影响,当前我国在地区间、城乡间以及不同行业间居民收入差距仍客观存在,并呈日益扩大之势。从我国居民收入系数来看,从20世纪80年代开始,我国居民收入基尼系数一直处于上升趋势,

---

[1] 张丽娟. 母婴健康服务供给侧短缺 中医特色迎来行业春天[N]. 中国联合商报,2016-03-21(B01).
[2] 老龄健康市场破解供需失衡出实招[N]. 中国青年报,2019-11-25.
[3] 国家统计局. 中国统计年鉴2021[EB/OL]. (2021-10-09). http://www.stats.gov.cn/tjsj/ndsj/2021/indexch.htm

直到2008年达到最高,为0.491,之后呈现下滑趋势,但始终在0.45以上,这在世界各国比较中也处于较高水平。此外,2019年,我国高收入组家庭人均支配收入为76 400.7元,而低收入组家庭人均可支配收入只有7 380.4元,两者相差10.3倍。从城乡差距上看,我国城乡收入差距从2009年的3.333∶1下降到2014年的2.916∶1,总体虽呈下降趋势,但城乡收入差距仍然巨大;从地区差距来看,2020年,我国东、中、西部地区居民人均可支配收入分别为41 239.7元、27 152.4元、25 416.0元;东、中、西部地区城镇居民人均可支配收入分别为52 027.1元、37 658.2元、37 548.1元;东、中、西部地区农村居民人均可支配收入分别为21 286.0元;16 213.2元;14 110.8元;(见图4-2)从行业收入差距来看,最高的金融业平均收入为11.4万元,最低收入的农、林、牧、渔业,只有3.1万元,行业差距为3.59倍。[①]以上数据表明,当前我国城乡、区域以及行业之间的收入差距依然较大并呈扩大趋势。严重的社会财富分配不公不仅影响社会的公正,而且严重制约人的全面发展。

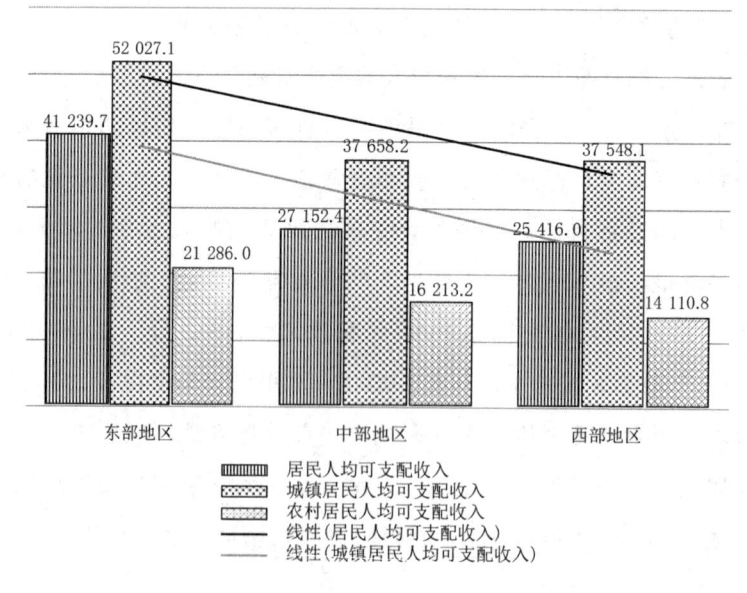

图4-2 2020年我国东中西部居民支配收入情况(元)

---

① 李培林. 2016年中国社会形势分析与预测[M]. 北京:社会科学文献出版社,2015:24-26.

第四章　新时代社会主要矛盾转化下人的全面发展面临的挑战

首先,收入分配差距扩大导致人的发展的不平等。收入是影响消费的决定因素。一般而言,人们的收入水平越高,其消费能力就越强,消费需求就越容易满足,反之,人的消费能力就越弱,消费需求就不容易满足。在当今市场经济条件下,个体的全面发展既离不开一定的物质生活资料,也离不开一定的精神生活资料。人们正是通过消费一定的物质生活资料,才能不断满足自身的生存需求,进而追求更高层次的享受需要和发展需要;人们正是通过消费一定的精神生活资料,才能不断满足自身的精神需要,进而丰富自身的精神世界,提升自身的精神境界。因此,收入水平的高低直接决定人们获取发展资源的多寡,而收入差距的存在则导致人的发展的不平等。例如,从我国居民的教育文化娱乐消费支出来看,2020年,我国农村居民的教育文化娱乐消费为人均1 308.7元,城市居民则人均为2 590.7元,城乡差距近2倍。[①] 此外,由于人均可支配收入差距的存在,导致我国东、中、西部地区居民在教育文化娱乐方面的人均可支配收入同样存在较大差距。正是由于我国城乡、区域之间居民收入水平存在较大差距,因而导致城乡、区域间人们发展的不平等。其次,收入分配差距扩大会直接影响社会关系的和谐。收入分配差距容易诱发各种社会矛盾和冲突,加剧社会关系紧张程度。再次,收入分配差距扩大阻碍国民经济的健康稳定发展,进而间接影响人的全面发展。经济的健康稳定发展是人的全面发展的物质保证。生产、交换、分配和消费是国民经济运行的基本构成要素,其中,生产决定交换、分配和消费,而分配、交换和消费也会反作用于生产。只有实现生产、交换、分配和消费良性互动,才能确保国民经济健康稳定发展。当前,我国收入差距不断扩大,加之低收入人群占社会总人口比例又比较大,这在一定程度上削弱了我国消费需求,不利于市场的扩大和市场潜能的释放,最终会影响国民经济的健康稳定发展。

五、生态文明建设问题带来的挑战

人与自然是生命共同体,是一种共生关系,这个生命共同体一旦被打破,

---

① 国家统计局. 中国统计年鉴2021[M],北京:中国统计出版社,2021.

人的生存和发展就必定会受限。正如恩格斯曾告诫我们，人类不要欣喜于对自然的暂时占有和征服，大自然会用它的方式对人类的贪婪占有加以无情而残酷的报复，并且这种报复是必然发生的。新时代社会主要矛盾转化赋予人的全面发展以生态文明这一新的基本内涵和基本路径。一方面意味着人们对优质生态资源的享有和占有的欲望不断增长，促进人与自然关系和谐发展，构成了新时代我国人的全面发展的现实要求；另一方面也体现了我国生态文明建设还不够不充分，集中体现为：民众绿色生活方式践行不到位、资源短缺问题仍未充分解决，环境污染和生态破坏问题依然存在。这些问题的存在，会影响到当前人民优美生态环境需要的满足和人与自然关系的和谐发展。

(一)绿色生活方式践行不理想影响人与自然和谐发展

如果我国生态文明建设要落实到每个个体的具体生活中，那么就必须让人们养成绿色生活方式。所谓绿色生活方式是指通过倡导人们使用绿色产品、参与绿色志愿服务，引导民众树立绿色增长、共建共享的理念，使绿色消费、绿色出行、绿色居住成为人们的自觉行动，让人们在充分享受绿色发展所带来的便利和舒适的同时，履行应尽的环境责任，按照自然、环保、节俭、健康的方式生活。[①] 人民是绿色生活方式的主体，他们对绿色生活方式的认知情况和践行程度直接影响人与自然关系的和谐发展。我国生态环境部发布的《公民生态环境行为调查报告(2020年)》显示，受访者虽然普遍认识到自身的环境行为对保护生态环境的重要性，但是在践行绿色消费、减少污染产生、关注生态环境和分类投放垃圾等行为领域，仍然存在"高认知度、低践行度"的现象，这在一定程度上会制约人与自然关系的和谐发展。

民众绿色消费践行不足不利于人与自然关系和谐发展。所谓消费是指人为了满足自身需要而消耗各种消费资料和服务的过程，它是人的生存发展的基本条件。[②] 人是自然的一部分，必须依靠自然而生存。实现人的发展需要以消费一定的生态资源和环境为前提和基础。为了满足自身的发展需求，人每天都要消费一定的自然资源和环境，如阳光、空气、水、食物，等等。然而，

---

① 王芳. 环境与社会 跨学科视域下的当代中国环境问题[M]. 上海：华东理工大学出版社，2013：263.

② 王忠武. 科学消费与人的全面发展[J]. 东岳论丛，2002(06)：18-21.

第四章 新时代社会主要矛盾转化下人的全面发展面临的挑战

大部分自然资源和环境在其贮量方面是有限的,因而人类对大自然的欲求不可能长期无限制地被满足,人类应该以可持续发展的战略眼光有所取舍地安排自己的需要满足序列。因此,只有维持人的生态需求与生态消费之间的平衡,才能确保人的发展的持久性和延续性。作为生态消费行为系统的重要组成部分之一,绿色消费是指那种有利于改善生态环境的消费观念、消费结构、消费方式和消费行为。一般而言,如果一个社会的民众绿色消费观念越牢固、绿色消费方式越普及、绿色消费行为越自觉,就越有利于他们的身心健康和全面发展,有利于人与自然和谐关系的生成。然而,从《公民生态环境行为调查报告(2020年)》来看,我国民众对绿色消费的认识已比较清晰,但是绿色消费实际践行度却相对较低。例如,89.8%的受访者赞同购买符合施用化肥和农药标准的绿色食品,实际践行者只占29.3%;89.4%的受访者赞同购物时选择生产过程污染低的绿色产品,实际践行者只占38.5%;88.4%的受访者赞同选择改造利用或交流捐赠闲置品,实际践行者却只占41.3%;84.6%的受访者赞同点餐时不要一次性餐具,实际践行者却只占44.6%;88.4%的受访者赞同购物时自带购物袋,实际践行者却只占48.4%。[①] 可以说,民众过低的绿色消费行为是当下和未来制约人与自然关系和谐发展的重要因素。

民众对减少污染产生的践行度不足不利于人与自然关系和谐发展。环境污染是指人类活动向环境中排放的废气、废水、废渣和各种有害物质的数量、浓度超过了其能够承受或者能获得持续发展的环境指标,其不仅对自然环境产生了破坏,而且对人类社会的可持续发展甚至是基本的生存都产生严重的不良影响。[②] 目前,导致我国环境污染的行为主体既有工厂企业,也有普通民众。在日常生活中,老百姓每天都要消耗一定量的物质生活资料,因而每天都会制造生活废水、废气和废渣等污染物。而我国又是世界上人口基数最大的国家,如果老百姓在日常生活中不注意减少污染产生,将会给我国环境污染治理造成很大的压力。国家生态环境部公布的《2019年中国生态环境统计年

[①] 《公民生态环境行为调查报告(2020年)》发布[EB/OL]. 中华人民共和国生态环境部,(2020-07-04). https:/www.mee.gov.cn/ywgz/xcjy/gzcy_27007/202007/t20200714_789277.shtml.

[②] 《2019年中国生态环境统计年报》发布[EB/OL]. 中华人民共和国生态环境部,(2020-07-04). https://www.mee.gov.cn/hjzl/sthjzk/sthjtjnb/202108/t20210827_861012.shtml.

报》显示，2019年我国生活源化学需氧量排放量为469.9万吨，占全国化学需氧量排放量的82.9%；生活源氨氮排放量为42.1万吨，占全国氨氮排放量的91.1%；生活源总磷排放量为5.0万吨，占全国总磷排放量的83.9%[①]。由此可见，要减轻我国的环境污染问题，不仅要规范和约束工厂、企业等主体的生产行为，更要积极引导和规范广大民众的日常生活行为。然而，从《公民生态环境行为调查报告（2020年）》来看，我国民众虽然对减少污染产生这一问题的认识已比较清晰，但是在日常生活中践行减少污染产生的实际行动却不理想。例如，74.1%的受访者赞同少吃露天烧烤，实际践行者却只占45.6%。[②] 同时，尽管公众低碳出行总体情况良好，但仍有近四成的受访者经常选择自驾出行，这给改善城市空气污染问题带来了不小压力。

民众分类投放垃圾的践行度不足不利于人与自然关系和谐发展。对于个体而言，为了使自身有机体能够正常维持生命运行，人们每天都要同大自然进行物质和能量的交换，每天都要消耗一定的物质产品，而这些被消耗掉的物质产品，一部分转化为有机体的能量的一部分，另一部分则没有进入人的身体，而是以使用价值的形式服务于人的生产生活。然而，不管以何种形式作用于个体，最终都要遵循能量守恒定律而留下大量"残渣"，这些东西实际上已经不具备直接的使用价值，需要人类进行分类处理，否则将对大自然和人居环境造成污染。但是，垃圾无害化处理的费用一般较高，根据处理方式的不同，处理一吨垃圾的费用为一百元至几百元不等。随着人类工业文明的到来，人类在大量消费工业产品、大量享受工业生产带来的物欲享受的同时，每天产生的大量生活垃圾却在不知不觉地将人类紧紧裹挟，不仅挤占人的生活空间，而且极大地污染了人类的居住环境。因此，如何更有效地摆脱生活垃圾对自身的"裹挟"是当今时代几乎所有发达国家都在绞尽脑汁想办到的事情。放眼望去，美国、日本、澳大利亚等国在处理生活垃圾方面积累了比较成熟的经验，但是大多数经验在现实执行过程中可操作性不大，主要是成本很高。因此，最简便而有效的解决这一问题的途径是要么减少垃圾产生，要

---

① 陈亮. 人与环境[M]. 北京：中国环境出版社，2017：5.
② 《公民生态环境行为调查报告（2020年）》发布[EB/OL]. 中华人民共和国生态环境部，(2020-07-04). https: //www. mee. gov. cn/ywgz/xcjy/gzcy_27007/202007/t20200714_789277. shtml.

第四章　新时代社会主要矛盾转化下人的全面发展面临的挑战

么进行垃圾分类,以便回收再利用,而后者是最切实可行的一种手段。因为垃圾分类有利于提高垃圾的资源价值和经济价值,减少垃圾处理量和处理设备的使用,降低处理成本,减少土地资源的消耗,因而它是当今世界各国尤其是发达国家处理垃圾问题的主要方式。为了应对我国日益严峻的生活垃圾问题,近年来,我国从国家层面加速推进垃圾分类制度。而好的制度制定后,关键要靠民众来共同执行。从《公民生态环境行为调查报告(2020年)》来看,超过九成的受访民众认为垃圾分类对保护我国生态环境具有重要意义,但是实际践行者却只占受访者总人数的54.2%。可以说,尽管这个实际践行者比例比2019年的30.1%已有明显提升,但是距离我们的总体预期目标仍有一段距离。

(二)依然突出的环境污染问题威胁着人民的身体健康

人类的生存需要从自然界中获取维持健康生活和自身发展所必需的物质生存资料,但是人对自然的过度索取和破坏必然会造成环境污染问题,进而不但会制约人们获取必需的生存资料,而且会严重危害人们的身体健康。从全球范围来看,愈演愈烈的全球环境污染问题已然成为悬在世界人民面前的一把达摩克利斯之剑。WHO报告显示,2012年全球超过1 260万死亡(占总死亡的23%)和环境因素有关,致癌化学物质暴露导致2%~8%职业人群发生癌症,大气污染、室内空气和二手烟暴露导致一般人群肺癌发病率分别为14%、17%和2%。[①] 当前,我国虽然在蓝天、碧水、净土三大保卫战中取得了阶段性胜利,但是空气污染问题和地下水污染问题依然对人民的身体健康构成较大威胁。

空气污染问题虽有较大改善但依然对人民生命健康构成较大威胁。2018年,医学期刊《刺针》刊登的专家报告显示,每年有至少900万人因污染导致的疾病丧生,其中,空气污染是头号杀手,室外和室内空气污染分别导致450万及290万人死亡。[②] 国家生态环境部公布的《2020中国生态环境状况公报》显示,2020年,全国337个地级及以上城市(以下简称337个城市)中,依然有135个城市环境空气质量超标,占全部城市数的40.1%;337个城市累计

---

① 杨立新.世界卫生组织(WHO)颁发环境健康基准的历程及对我国的借鉴[J].环境科学研究,2021(12).
② 环境污染威胁人类报告:每年逾900万人致死[N].中国日报网,2018-04-23.

发生严重污染345天，重度污染1152天。① 从这些数据不难看出，与2019年相比，我国空气污染问题总体上有了很大的改善，但是仍有四成以上的城市空气质量超标，并且目前我国$PM_{2.5}$和PM_{10}的年均浓度仍远未达到世界卫生组织所给定的指导值（见表4-1）。气象专家和医学专家普遍认为，由细颗粒物造成的灰霾天气对人体健康的危害甚至要比沙尘暴更大。而粒径在2.5微米以下的细颗粒物，直径不足人类头发丝的1/20大小，不易被阻挡。被吸入人体后会直接进入支气管，干扰肺部的气体交换，引发包括哮喘、支气管炎和心血管病等方面的疾病。如果空气中$PM_{2.5}$的浓度长期高于10微克/立方米，死亡风险就开始上升。浓度每增加10微克/立方米，总的死亡风险就上升4%，得心肺疾病的死亡风险上升6%，得肺癌的死亡风险上升8%。此前，《柳叶刀》发表了对中国近四十年来疾病负担和风险因素的大规模分析。在其中，中风、缺血性心脏病、肝癌、肺癌和慢性阻塞性肺疾病是中国人口过早死亡的五个主要因素。而这五个主要因素中有四个与当前我国空气污染问题有关。

表4-1　WHO对于颗粒物的空气指导值和过渡期目标

	PM_{10}（微克/立方米）		$PM_{2.5}$（微克/立方米）	
	年平均	24小时平均	年平均	24小时平均
过渡目标-1	70	150	35	75
过渡目标-2	50	100	25	50
过渡目标-3	30	75	15	37.5
空气质量指导值	20	50	10	25

地下水污染问题依然较为严重，对人民生命健康构成了较大威胁。水是生命之源。水质的好坏，会直接影响人的身体健康。改革开放以来，我国水污染问题不容小觑，每年因水污染而导致的疾病和死亡人数也是相当惊人。2009年《凤凰周刊》以《中国百处致癌危地》作为封面故事，并讲述了我国百处致癌危地。

---

① 2020中国生态环境状况公报[EB/OL]．中华人民共和国生态环境部，(2021-05-24)．http://www.mee.gov.cn/hjzl/sthjzk/．

第四章　新时代社会主要矛盾转化下人的全面发展面临的挑战

2013年龚胜生和张涛在《中国"癌症村"时空变迁分布研究》一文中指出：截至2011年年底，全国累计发现351个"癌症村"，这些"癌症村"与其所处的地理位置尤其是所处的河流分布密切相联，根据有关数据显示，有超过81%的"癌症村"是处在离存在水体污染的河流的五千米之内，可见罪魁祸首就在于环境的污染。① 党的十八大以来，我国水污染治理较之先前取得了显著成效。国家生态环境部公布的《2020中国生态环境状况公报》显示，截至2020年，我国地表淡水监测的1937个水质断面层(点位)中，I～III类水质断面(点位)占83.4%，比2019年上升8.5个百分点。可见，目前我国总体水质状况良好。然而，我国的地下水质状况却十分堪忧。2020年，自然资源部门10 171个地下水质监测点(平原盆地、岩溶山区、丘陵山区基岩地下水监测点分别为7 923、910、1 338个)中，I～III类水质监测点只占13.6%，IV类占68.8%，V类占17.6%；水利部门10 242地下水水质监测点(以浅层地下水为主)，I～III类水质监测点只占22.7%，IV类占33.7%，V类占43.6%，主要超标指标为锰、总硬度和溶解性总固体。② 从上面的数据分析不难看出，当前我国近九成的地下水遭到不同程度的污染，与人民群众日常生活联系较为紧密的浅层地下水也有八成以上被污染。人们若直接饮用被污染的地下水可能会导致癌症、心脑血管病、听力视力障碍、生殖系统疾病、神经性疾病以及消化系统疾病等多种疾病。同时，被污染的地下水会通过影响农畜产品质量，而间接危害人体的健康。

(三)仍旧严峻的生态破坏问题危及人民的生存和发展

所谓生态破坏，是指因人类的不合理开发利用而引起的生态退化及由此衍生的环境效应，其主要包括水土流失、石漠化等。在过去的几十年中，为了单纯追求经济利益，一些地方政府和企业不注重自然资源的合理开发与利用，我国生态系统已经超越其自我修复的"生态阈值"，出现生态失调现象，生态危机的后果正逐步呈现。党的十八大以来，以习近平同志为核心的党中央高度重视我国生态破坏问题，加大我国生态系统修复力度，出台了一系列

---

① 龚胜生，张涛.中国"癌症村"时空变迁分布研究[J].中国人口·资源与环境，2013(09)：156-164.
② 2020中国生态环境状况公报[EB/OL].中华人民共和国生态环境部，(2021-05-24). http://www.mee.gov.cn/hjzl/sthjzk/.

有关生态保护的政策法规,这也使得我国生态破坏问题有所缓解。但是,相较于其他方面的环境治理成效来看,我国生态治理成效并不算明显,生态破坏问题依旧比较严重,这不仅恶化了人们的生存环境、威胁了人们的后代延续,而且加剧了人与自然关系的紧张。

依然严峻的荒漠化问题危及人民的生存环境。马克思认为人的自然化和自然的人化是一个统一的历史过程。自然的人化使"自在的自然"处处打上人类活动的印记,最终变成"人为的自然"。从丛林走向平野是人类生存场域演变的历史轨迹,也是"自然人化"的重要表征。然而,无论生存场域如何变迁,绿色的土地始终是人类赖以生存的根基。失去绿色的土地,就意味着失去粮食、失去水源、失去生态系统的完整性,最终也就失去了人类的现在和未来。当今世界,人类为了生存下去每天都要同各种自然灾害做斗争,每天都要面对各种不同的环境问题,其中,荒漠化是对人类生存和发展构成严重威胁的环境问题之一。对于严重依赖土地生存的人类而言,荒漠化则意味着他们赖以生存的基础——有生产能力的土地的消失。近几百年来,由于气候变化和人类不合理的经济活动等因素,全球荒漠化问题已相当严峻。如何有效应对荒漠化问题已成为众多国家尤其是一些内陆国家共同关心和亟待解决的难题。我国是世界上荒漠化问题较为严重的国家之一,荒漠化治理也是我们党的历代中央领导集体都十分关心并着力解决的大事。党的十八大以来,在党和国家的高度重视之下,我国荒漠化治理取得了显著成效,但是距离满足人民美好生存环境需求的目标仍有不小的差距,荒漠化问题依然危及人民的生存环境。《2020中国生态环境状况公报》显示,根据第五次全国荒漠化和沙化监测结果,全国荒漠化土地面积为261.16万平方公里,沙化土地面积为172.12万平方公里,分别占国土面积的1/4以上和1/6以上。[1] 截至2020年,我国森林覆盖率已达23.04%[2],比第八次全国森林资源清查的森林覆盖率21.63%提高了1.41个百分点,但是我国依然是一个缺林少绿的国家,森林

---

[1] 2020中国生态环境状况公报[EB/OL]. 中华人民共和国生态环境部,(2021-05-24). http://www.mee.gov.cn/hjzl/sthjzk/.

[2] 2020中国生态环境状况公报[EB/OL]. 中华人民共和国生态环境部,(2021-05-24). http://www.mee.gov.cn/hjzl/sthjzk/.

第四章　新时代社会主要矛盾转化下人的全面发展面临的挑战

覆盖率低于全球 30.7% 的平均水平，特别是人均森林面积不足世界人均的 1/3，人均森林蓄积量仅为世界人均的 1/6。[①] 可见，当前我国的荒漠化问题和森林资源总量相对不足的问题依然严峻，这也给当下和未来我国人民的生存环境带来严重威胁。

生物多样性锐减问题严峻制约人的生存和发展。生物多样性对进化和保护生物圈的生命维持系统，具有不可替代的作用。某一种生物的消失，会导致相关生物的厄运，而人作为生态系统中的一员，生物的减少，也会影响人类的生存和发展。[②] 一是制约人们物质生活资料需要的满足。人类作为自然界的一部分，其生存和发展所需的食物、纤维、木材、药材以及多种工业原料等物质生活资料均来源于自然。若生物多样性遭到破坏，这一切都无法得到保障，必然会影响人们的生存质量。二是间接制约人们的生存发展。土壤肥力破坏影响人们粮食供给，水质破坏直接危及人们生命健康，因而二者都会给人们的生存发展带来消极影响。而生物多样性对保持土壤肥力、保证水质发挥着重要作用。三是生态系统的破坏会给人类生存带来意想不到的灾难。生物多样性的锐减必然会导致生态系统的破坏。而近些年来，全球极端自然灾害频频发生，夺走了人类的生命和家园，而这些自然灾害几乎都和人类破坏生态系统有着千丝万缕的联系。四是生物多样性的锐减会使许多药用植物的来源减少，进而削弱人类对抗疾病的能力。此外，生物多样性的锐减还会制约人们的精神生活。生物多样性除了能提供人们所需的各种物质生活资料外，还能满足人们对美丽多彩生活的想象，为人们的审美以及对生命价值的思考提供了素材。然而，人类进入工业文明后，随着人口的猛增、生境的破碎化、环境污染的加剧以及外来物种的入侵，生物多样性每年以超乎人类想象的速度迅速锐减。例如，据《2020 中国生态环境状况公报》显示，当前 4 357 种已知脊椎动物（除海洋鱼类）的评估结果显示，需要重点关注和保护的脊椎动物 2 471 种，占评估物种总数的 56.7%，其中受威胁的 932 种、近危等级的 598 种、数据缺乏等级的 941 种。[③]

[①] 中国森林覆盖率 22.96%[EB/OL]. 国家林业和草原局，(2019-06-17). http://www.forestry.gov.cn/2019-06-17.

[②] 蒙秋明. 生态美[M]. 贵阳：贵州人民出版社，2009：25.

[③] 2020 中国生态环境状况公报[EB/OL]. 中华人民共和国生态环境部，(2021-05-24). http://www.mee.gov.cn/hjzl/sthjzk/.

第五章　新时代社会主要矛盾转化下人的全面发展的路径选择

新时代社会主要矛盾转化既反映出当前我国人的全面发展的历史方位和阶段性特征，也指明了当前我国人的全面发展的新要求及面临的挑战。以辩证思维来看，新时代社会主要矛盾既是困扰人的全面发展的症结所在，也是纾解乃至根治其病痛的"药引"，换言之，化解新时代社会主要矛盾是实现人的全面发展的现实途径。由于不平衡不充分的发展是制约人民美好生活的根本因素，进而也是化解新时代社会主要矛盾和实现人的全面发展的根本因素，因此，解决不平衡不充分发展问题是化解新时代社会主要矛盾和促进人的全面发展的根本出路。由于不平衡不充分发展问题涉及经济、政治、文化、社会、生态等多个领域，因此，本书立足新时代人的全面发展的新要求和现实挑战，从"五位一体"建设的角度提出新时代中国人的全面发展的路径选择。

一、夯实实现人的全面发展的经济基础

经济发展能够为人的全面发展创造物质条件。从新时代社会主要矛盾所折射出来的当前我国经济发展领域存在的问题以及这些问题对人的全面发展的挑战来看，必须立足百年未有之大变局，把握我国经济发展新常态，抓住我国全面深化改革的历史机遇，通过深化供给侧结构性改革，实施创新驱动发展战略、乡村振兴战略、区域协调发展战略等途径，着力解决当前经济建设领域存在的问题，进而不断夯实人的全面发展的经济基础。

(一) 深化供给侧结构性改革

我国在改革开放后的很长一段时期内，由于经济基础薄弱，社会生产力

第五章　新时代社会主要矛盾转化下人的全面发展的路径选择

落后，人民温饱问题尚未解决，经济发展主要聚焦于如何增加商品供给数量，解决物质生活资料短缺问题，一般采取以扩大生产规模、追求发展速度为重心的粗放型发展方式。随着中国特色社会主义进入新时代，在经济发展水平持续提高、人民物质生活资料短缺问题得到基本解决的情况下，人们更加注重生活质量，对高品质物质生活的需求呈日益增长态势。为适应并满足人们需求结构的变化，改变经济增长方式，实现经济高质量发展是当下之关键。而供给侧结构性改革是当前推动我国经济实现高质量发展的必然要求。习近平总书记指出："当前和今后一个时期，我国经济发展面临的问题，供给和需求两侧都有，但矛盾的主要方面在供给侧。"[①]近年来，尽管我国人民的消费能力不断提升、消费需求日益升级，但是国内生产市场却无法有效满足这种消费需求，进而导致我国一度出现大量消费者出境购物和"海淘"现象。比如，国外的"天价马桶""高价奶粉""奢侈品牌"等一众高品质消费品让一些中国消费者不惜花重金也要设法购买到。事实告诉我们，当前我们在正视中国仍拥有世界独一无二的庞大消费市场的同时，应该理性看待当前我国民众消费需求的结构性变化——市场可供应的产品的品质和类别难以跟上消费者需求的快速变化，或者更切实地说是市场可供应的产品的质量和服务跟不上消费者日益升级的需求。从我国经济发展和人的发展双重战略目标来看，有效供给能力不足不仅会引发大量"需求外溢"和消费能力外流现象，不利于我国经济健康持续发展，而且严重制约了人民高品质的物质生活需要的满足，不利于人的全面发展。供给侧结构性改革的初衷便是抓住供需不协调这一主要矛盾，进而通过优化供给环境、提升供给能力不断满足人民日益升级的消费需求，夯实人的全面发展的物质基础。深化供给侧结构性改革，关键要从如何增加有效供给着手。具体主要体现在以下三个方面。

首先，增加高质量产品供给。从市场经济规律来看，供给与需求之间经常处于一种非平衡的矛盾状态，二者之间的矛盾运动正是推动经济发展的内在动力。在经济生活中，尽管我们能普遍认识到供给对需求的决定作用，但

---

① 习近平. 在省部级主要领导干部学习贯彻十八届五中全会精神专题研讨班上的讲话[M]. 北京：人民出版社，2016：31.

我们也不能忽视需求对供给的反作用，强调调整供给结构并不代表对需求的忽视。与此相反，围绕人民群众消费需求转型升级这一客观事实，不断破解我国供给结构现存的矛盾和问题，是当前和未来很长一段时期我国经济发展的突破口和着力点。新时代，随着我国社会生产力水平的整体跃升，我国居民消费结构已由原来同质化、单一化的消费转变为现今个性化、多样化的消费，这也充分昭示着中国逐渐进入了一个以消费为主导的发展时代。因此，满足新时代人民不断转型升级的消费需求，既是党和国家对人民高品质物质生活诉求的现实回应，也是进一步拓展我国经济发展空间、提升我国经济发展质量的应有之举。而要使国内市场所蕴藏的巨大内需潜力充分释放出来，一方面党和政府要从政策、资金等方面加大对教育、医疗、旅游等服务业的支持力度，提升服务业在三大产业中的占比，增强服务业服务人民的质量和水平；另一方面党和政府要继续鼓励和发展高新技术产业，扩大对人工智能、物联网等新兴领域基础设施建设的投资力度，进而不断提升产品的经济效益和质量。总之，新时代，党和政府只有从供给侧不断设法突破当前产品和服务质量不充分的发展瓶颈，才能不断满足人民日益增长的高质量消费需求，才能有效提升人民生活的幸福感和满意度。

其次，增加有效制度供给。在当前经济新常态下，我国经济发展有没有活力关键在于市场主体。而要激发市场主体的活力，关键在于深化改革，明确市场和政府各自在经济发展中的地位和作用，正确处理好市场调节与政府管理在市场经济运行中的进退关系，努力构建政府与市场、市场与企业以及政府与企业之间的和谐关系，扩大企业自主权，激发企业经济活力。深化供给侧结构性改革的目标不仅在于增加高质量产品供给以满足人民日益升级的消费需求，而且在于不断增加有效制度供给以破除制约当前经济发展活力和动力的各种障碍和藩篱。具体主要体现在两个方面。一是要立足世情、国情的变化不断坚持和完善我国社会主义基本经济制度。近些年来，受全球新冠疫情等客观因素的影响，世界经济发展速度整体放缓，以美国为首的西方发达国家，为了继续维持经济霸权，阻扰我国和平崛起，恣意对我国经济发起一系列挑战。然而，面对美国发起的这些挑战，我国之所以能够从容应对和一一化解，其重要原因之一在于我国社会主义基本经济制度明显优于资本主

第五章　新时代社会主要矛盾转化下人的全面发展的路径选择

义经济制度。社会主义基本经济制度以促进全体人民共同富裕为目标，以市场加政府"双重调节"为手段，以维护人民经济利益为旨归，因而是人类历史上迄今为止最能激发市场活力也是最能赢得人民支持的经济制度。二是要深化"放管服"改革，主要是针对政府宏观调控进行深化改革，根据微观经济的发展状况协调好政府和市场各自对资源配置的功能和作用，激发和释放市场活力，给予市场更大的自由调节空间，尽量减少行政主体对经济活动的直接干预，并完善产权制度，保障企业的自主权。此外，还要不断健全财政政策和货币政策等机制，推动社会主义市场经济健康平稳发展。

最后，增加先进技术供给。党的十九大在提出经济高质量发展目标的同时，特别强调发展质量比发展速度更重要，以改革供给侧为依托推动经济质量、效益和动力三重变革。在经济学上，"技术进步率"是衡量技术进步对经济增长所带来的贡献的一个重要指标。从新时代社会主要矛盾转化所折射出来的我国经济发展现状来看，经济增长动力不足、技术进步率不充分是当前我国经济发展所面临的现实困境，也是制约我国经济高质量发展的症结所在。从人类经济发展史来看，任何时期的经济发展都和技术的革新与进步密不可分。马克思和恩格斯在《共产党宣言》中曾对技术革命带来的资本主义经济繁荣和历史变革给予了高度的肯定和赞扬。在他们看来，正是由英国人瓦特改良的蒸汽机引发的产业革命，才使得"资产阶级在它的不到一百年的阶级统治中所创造的生产力，比过去一切世代创造的全部生产力还要多，还要大"[①]。新中国成立以来，我们党高度重视科技在经济发展中的重要地位和作用，甚至在改革开放初期把科技提到第一生产力的高度。新时代，深化供给侧结构性改革，党和政府除了从制度设计层面为经济发展提供有效支撑外，还须加大对科技创新的支持力度，进而为经济高质量发展增加有效技术供给。具体可从五个方面着力：一是要加大对基础研究和应用基础研究的支持力度，强化原始创新，加强关键核心技术攻关；二是推进科技体制改革，加快科技成果向现实生产力转化；三是健全以企业为主体的产学研一体化创新机制；四

---

① 马克思恩格斯选集：第一卷[M]. 中共中央马克思恩格斯列宁斯大林著作编译局，译. 北京：人民出版社，2012：405.

是完善风险投资体系，发挥金融在高新技术产业和技术创新中的支持作用；五是加强对知识产权的保护力度，完善相关法律法规。①

(二)实施创新驱动发展战略

创新是推动经济高质量发展的动力所在。新时代国家要推动经济健康稳步发展，须坚定不移地坚持创新驱动发展战略，从而不断地为激发经济活力、增强经济发展后劲奠定坚实基础。一方面，创新驱动发展战略有利于提高社会整体生产力水平。当今世界，科技实力对一个国家或民族在世界舞台赢得发展先机和国际话语权具有重要的战略意义。科技创新不仅能促进生产力发展和生产关系变革，激发社会经济活力，推动生产要素向现实产力转变，而且能有效推动整个社会生产力朝着高质量发展目标稳步迈进，增加经济发展效益。另一方面，高附加值的创新驱动发展战略是推动经济发展方式转变的重要手段。高新科技的研发和运用相比传统发展模式具有无可比拟的优势，不仅能够有效降低成本，减少人力、物力和财力的投入，而且能实现高附加值，在增加经济收益过程中提高中国经济韧性，进一步增强中国经济在国际社会的影响力和竞争力。同时，以科技引领经济发展能够提高资源能源的利用率，相对减少资源和能源的无效利用，对当下我国生态文明建设、建设清洁美丽的现代化强国具有重大战略意义。综上可知，创新驱动发展战略不仅是我国经济新常态下抵御经济下行风险、克服结构性矛盾的重要途径，而且是我国经济行稳致远的重要保障，更是关系国家富强、民族振兴和人民幸福的战略性举措。

2016年，在中国科协第九次全国代表大会上，习近平总书记高度重视创新驱动发展战略对实现中国梦这一宏伟目标的深远意义，指出要"坚持走中国特色自主创新道路，面向世界科技前沿、面向经济主战场、面向国家重大需求，加快各领域科技创新，掌握全球科技竞争先机"②。科技是创新之首要，教育是创新之基础，人才是创新之根本，文化是创新之灵魂，因此，当下必须大力推进创新驱动发展战略，从而为国家和社会发展注入时代动力。我国

---

① 曹立. 推动中国经济高质量发展[M]. 北京：人民出版社，2019：14.
② 习近平. 为建设世界科技强国而奋斗——在全国科技创新大会、两院院士大会、中国科协第九次全国代表大会上的讲话[M]. 北京：人民出版社，2016：5.

第五章 新时代社会主要矛盾转化下人的全面发展的路径选择

坚持创新驱动发展战略需要多措并举,具体包括以下三个方面。一是要把科技创新作为推动经济发展的第一引擎。前面提到,无论是经济结构的转型升级,抑或是经济发展方式的科学化集约化,都离不开科技创新的推动。因此,要充分发挥好科技创新在经济发展中的引擎作用,在全社会营造良好的科技创新氛围,鼓励、支持和引导企业尤其是民营企业技术创新。同时,要以推进产业技术变革和创新为目标,团结力量、集中资源,充分发挥科技创新在加快产业向高新技术型、服务型转变过程中的重要作用,从而推动构建在国际市场上具有核心竞争力和高附加值的新型产业体系。二是要全力打造一大批实力雄厚的科研创新平台。在当今世界,无论中国还是其他科技发达的国家,任何重大科技创新成果的"孵化"都离不开实力雄厚的科研创新平台。一个资金雄厚、技术过硬、人才齐备、制度完善的科研创新平台是科技创新尤其是关键核心技术创新的"孵化器"和"加速器"。为此,我们要在立足我国科技发展的远景目标和面向市场经济发展的现实要求的基础上建立以创新技术为主的新型科研平台和机构,并围绕市场基本需求建立一批重点科技创新项目,进而不断推动我国市场经济的健康发展和提升我国科技创新能力。从长远发展来看,高层次和高水平的科研人才是科研创新的关键,因此,除了科研创新平台建设非常重要外,着力培养或引进一支具有高层次和高水平的科研创新队伍也至关重要。三是要加强多元化的科研创新投入。对一个国家而言,科研投入的数量和方式直接影响其科研创新能力和发展水平。为此,必须通过实施积极的税收制度,增加多元化的科研创新投入,加大银行对各项科研创新平台和项目的投入,对各项重点科研创新项目还应加大资金扶持和投入。

(三)大力实施乡村振兴战略

新时代,我国发展的不平衡不充分问题在乡村最为突出,乡村经济发展水平远远落后于城市。由于长期以来城乡经济发展不平衡,城市居民享有的发展机会和资源远超于农村居民,进而导致城乡居民在人的发展程度上存在较大差距。而要促进城乡经济协调发展和城乡居民平等发展,最艰巨最繁重的任务在农村,最广泛最深厚的基础在农村,最大的潜力和后劲也在农村。实施乡村振兴战略是新时代解决好"三农"问题、缩小城乡经济发展差距、实现城乡居民平等发展的根本举措。具体可从以下三个方面加以分析。

首先，振兴乡村经济必须将产业兴旺置于优先地位。产业兴旺是我国实施乡村振兴战略的核心要求，也是推动乡村其他各种矛盾和问题解决的关键。这是因为，产业兴旺是乡村经济繁荣发展的基础，而经济繁荣发展可为解决乡村脱贫问题、就业问题、教育问题、住房问题、医疗问题、卫生问题等奠定坚实的物质基础。因此，在实施乡村振兴战略过程中，必须千方百计地促进产业兴旺。而要实现产业兴旺须注意三点。一是要根据当地的要素禀赋和区位环境，选择产业发展的方向。从市场经济发展规律来看，任何地区的产业投资和开发都要契合市场需求和当地发展实际。因此，在乡村投资产业和开发项目亦当如此，一定要结合当地的区位优势和特点，深入挖掘当地适合产业发展的各种要素禀赋，唯有此，才能降低投资风险，发挥当地的发展优势。二是要积极开拓市场，确保产品销路畅通。产品销路问题直接关系乡村产业发展的命脉。当前，导致我国众多乡村产品销路不畅的主要原因是没有发展好市场，因此，在发展乡村产业过程中要把解决产品的销路问题置于产业发展的优先位置，积极利用当前网络直播带货、扶贫直播带货以及利用当地媒体宣传等途径开拓产品市场。三是要立足当地发展条件和产业特点，不断优化经营方式，采取合理的生产经营主体组合模式，进而确保乡村产业的资金、技术、人才等各种要素能够实现优化配置。

其次，振兴乡村经济必须坚持多层次融合发展方式。实现多层次融合发展有助于协调乡村产业结构、优化乡村产业经营方式以及培育乡村产业市场，因而它是推动乡村产业兴旺的根本举措。一是要坚持以多层次融合发展方式协调乡村产业结构。过去，第一产业在农村经济结构中长期占据绝对优势地位，第二、三产业在农村经济结构中占比非常小，甚至在很多农村几乎可以忽略不计。事实上，无论从西方发达国家的发展经验来看，还是从我国乡村振兴的现实要求来看，振兴农村经济不可能单靠第一产业就能成功，必须在巩固第一产业的基础地位条件下，实现第一、二、三产业融合协调发展。二是要坚持多种经营主体的融合发展以优化乡村经营方式。在乡村产业发展过程中，除了乡村企业外，还会有诸多不同的新型经营主体参与进来，如家庭农场、专业合作社、农业企业等。这些经营主体在乡村产业发展中居于不同的地位，有着不同的功能，因此，要优化乡村产业经营方式，并充分发挥各类经营主体的功能，就必须从乡村产业发展的基本特点出发，将各类经营主体有机融合起来。三是坚持城乡融合发展以解决市场培育发展问题。农村产业兴旺离不开各类市场的培育和发展。只有不断培育和开发国内外市场，乡村生产的产品和服务才能最终实现其经济价值，而城乡融合发展正是解决这一问题的关键所在。

最后，振兴乡村经济必须充分激发农村生产要素活力。从经济学角度来看，无论何种类型产业的发展都与劳动力、资金、土地、技术等基本生产要素的配置和活力密切相关。因此，新时代，要通过乡村振兴促进城乡居民平等发展，除了继续依靠乡村外部力量的支持外，还须不断激发和增强乡村内部各生产要素的活力。具体可从两个方面入手。一是努力提升农村劳动力素质。人才是农村生产的关键要素。人的发展是推动社会发展的主体力量，实施乡村振兴战略的根本目的是使乡村居民能够获得与城市居民同等的发展资源和机会，但从另一个角度来看，乡村振兴战略的有效实施也离不开高素质人才的支持。而要提升农村劳动力素质，关键在于提升农村基础教育质量，着力解决农民子女特别是留守儿童的教育问题，从而从整体上不断提升农村子女的文化素质和学历水平。此外，各地农业部门还应加大对当地农民进行农业生产技术方面的培训和引导力度，帮助他们掌握现代农业科学知识和生产技术。二是合理配置和利用土地资源。土地是农业发展最基本的要素，而农村土地问题则是与农民从事农业生产活动最直接相关的利益问题。当前，在我国农村土地问题主要是指农民根据土地需要进行使用和流转等问题，深化农村改革的主线仍是处理好农民和土地的关系，为此，必须依据农村发展特征进行农村土地制度创新，进而不断规范农民土地使用权和承包权，保障农民合法土地权益。

(四)推进区域协调发展战略

推动区域协调发展，缩小区域发展差距，既是经济新常态下推进我国经济高质量发展的根本举措，也是立足新时代社会主要矛盾转化，解决区域间人的发展不平衡问题的根本要求。解决区域发展不平衡问题，要求我们建立有效性区域协调发展新机制以推动区域协调发展战略的实施。就是要根据我国各区域的分布特点和发展实际情况，有针对性地制定旨在推动各区域协调发展的各项政策。在战略和政策制定落实过程中必须重点关照革命老区和民族地区、边疆地区和欠发达地区，尤其需要在财政资助上加大对这些地区的帮扶，促进当地经济的发展。要加强区域间尤其是发达地区与经济落后地区之间的合作互动，建立健全区域协调发展机制。具体举措可从以下三个方面展开分析。

一是要增强区域政策顶层设计的精准性。受资源、历史、文化、政策等综合因素的影响，我国各个区域都有各自发展的优势和劣势，因此，在设计和制定各区域的发展政策和具体方针时必须将各个区域的发展特点充分考量进去，进而不断增强区域政策顶层设计的精准性。具体主要从两个方面予以落实。一方面，政府在进行区域政策顶层设计时首先要科学认识和准确划分区域所属的基本类型，并根据各区域所属类型定位其核心功能，进而精准聚焦各区域主体功能，坚持以当地经济发展能力为核心、以区域公共服务水平为参照，构建实施有效、系统科学、协调有序、治理有方的区域政策体系。另一方面，针对传统产业发展模式为主的地区进行产业升级转型，通过转变发展方式达到激发经济发展活力目的；针对污染严重、生态功能衰退的区域，提出有针对性的政策举措进行综合治理和系统治理；积极发挥区域制造业和核心产业对区域经济发展的支撑作用，努力打造区域经济知名品牌，不断提高核心产业的竞争优势。

二是要加强区域间的合作互动。首先，深化核心经济区包括京津冀、长三角、珠三角等地区与其他地区之间的经济合作，拓宽合作领域、增加合作机遇，同时，加强其他地区与东北老工业基地的合作以促进东北地区的经济振兴；加快如成渝两地经济发展速度相似、发展潜力相当的城市一体化建设，形成合力，共同推动地区之间的协调发展。其次，加大对一些民族地区如西藏、青海、宁夏、新疆等地发展的资金支持和政策帮扶，尤其是要深化对少数民族地区的扶贫工作，加强民族地区与困难地区、革命老区之间的合作力度。在合作互助过程中，经济发达地区要着力帮助和支持对口合作地区积极推动产业向新型产业、高附加值产业进行转移，优化产业布局，提高产业的持续发展能力，为经济发展增添新动力。同时，应积极调整和优化地区和区

第五章　新时代社会主要矛盾转化下人的全面发展的路径选择

域间的核心产业、特色产业结构，转变产业发展方式，实现产业结构优化升级，构建区域产业转移引导制度，增强区域产业链条核心竞争力。最后，加大区域对外开放力度，提高参与国际合作的主动性和积极性，以"一带一路"建设为引领，构建全方位开放的经济体系，进而在国际合作中提升经济发展竞争力。

三是要健全区域协调发展机制。我国幅员辽阔，无论南北还是东西，各区域间在人文、地理、经济等诸多方面都存在较大差异。因此，要牢固实现区域间资源互补、经济互助、人文互通的协调发展，要求国家从顶层设计层面不断健全区域协调发展机制。一方面，要健全区域间的市场机制，打破原有区域间的市场壁垒。健全的市场机制不仅能够有效发挥政府、企业和社会组织等多元主体的作用，促进区域间商品流通、人才交流以及构建多层次、多领域的区域合作网络，而且有利于形成东西互助、南北协调的合作发展格局。另一方面，要健全区域互助机制和扶持机制。在我国，落实国家"先富带后富"的共同富裕目标、实现区域协调发展的一项重要举措就是坚持发达地区对欠发达地区进行直接或间接的对口支援和帮扶，这一举措的成效在每次欠发达地区遇到重大自然灾害时都充分体现出来。为此，要更好地坚持区域协调发展战略，就必须不断完善发达地区对欠发达地区的对口支援制度和措施，加强对贫困地区、欠发达地区的人力、物力和财力的支持力度，推动资源、政策和援助向贫困地区倾斜，进而实现基本公共服务均等化。[①]

二、强化实现人的全面发展的政治保障

民主和法治是人民美好政治生活的根本内容，而满足人民美好政治生活需要是新时代社会主要矛盾转化对人的全面发展提出的现实要求。虽然新中国成立以来我国民主法治建设不断取得新成就、新突破，人民当家作主的民主法治权益得到了很好的保障，人的全面发展的政治条件也日趋成熟和完善，但是对照新时代人民对民主法治的要求以及我国政治文明建设的目标不难发现，当前我国民主法治建设仍存在诸多不完善之处，这在一定程度上制约了

---

① 逄锦聚，等.中国特色社会主义政治经济学通论[M].北京：经济科学出版社，2018：284.

人民美好政治生活需要的实现,阻碍了人的全面发展。因此,从满足人民美好政治生活需要出发,加强中国特色社会主义民主法治建设,是新时代中国人的全面发展的必由之路。

(一)坚持中国共产党的全面领导

历史和实践一再证明,坚持中国共产党的领导是保证我国各项事业取得伟大胜利之根本。领导全体人民实现全面发展是中国共产党从成立之日起就确立的崇高理想,百年来,正是在这一崇高理想的牵引和激励下,我们党领导人民不仅实现了民族独立和政治解放,而且使人民各方面素质和生活质量都得到极大提升,这也为当下和未来我国持续推进人的全面发展事业奠定了坚实基础。然而,作为人类发展的终极理想,实现人的全面发展不可能是一件轻而易举就能完成的事业。在人的全面发展过程中,社会发展状况尤其是生产力发展状况会深刻影响人的全面发展的实现。近代以来,我国人的全面发展遭遇过诸多不同的挑战和困难,其历程之艰难、道路之崎岖可谓难以想象,但是,在中国共产党的坚强领导之下,这些困难和挑战总能得到有效解决,人的全面发展始终朝着光明的道路前行。帝国主义、封建主义和官僚资本主义"三座大山"是人的全面发展于新民主主义革命时期面临的最大和最主要的挑战,在这"三座大山"的压迫之下,人民不仅政治上得不到解放,而且其他诸如物质需要、精神需要、自由个性等方面也得不到发展。为此,中国共产党牢记为人民自由和解放而奋斗的初心使命,领导各族人民顽强拼搏、勠力同心,在经过二十八年的浴血奋战之后最终赢得了新民主主义革命的胜利,使我国人的全面发展事业迎来了新的历史起点。社会主义过渡时期,制约我国人的全面发展的根本因素是"资产阶级与无产阶级的矛盾,社会主义道路与资本主义道路之间的矛盾",人民渴望摆脱私有制的剥削和压迫。为了彻底斩断剥削和压迫人民的私有制生产关系,中国共产党不仅科学制定了社会主义过渡时期的总路线,而且领导人民提前顺利完成社会主义改造任务,进而为我国人的全面发展事业开辟新的道路。全面建设社会主义时期,人的全面发展面临的最主要的困难表现为人民日益增长的经济文化等物质需要同不发达、落后的社会生产之间的矛盾。为了解决这一矛盾,中国共产党领导各族人民积极探索社会主义工业化道路,并致力于解决我国人民温饱问题。遗

第五章　新时代社会主要矛盾转化下人的全面发展的路径选择

憾的是,受当时国际国内政治局势变动的影响,加之党中央未能认清当时的基本国情,致使在战略和决策上出现了严重偏差,阶级斗争代替经济建设成为社会生活的主题,这在一定程度上使我国人的全面发展事业遭受了严重挫折。"文革"结束后,以邓小平为核心的第二代中央领导集体审时度势,从当时国内国际形势出发,牢牢抓住和平与发展这一时代主题,汲取治国理政的历史经验,一方面积极纠正党内长期积淀下来的错误思想和阶级斗争路线,另一方面领导全党全国各族人民重回社会主义现代化建设的正确轨道,以深化改革和对外开放为依托加快经济建设,这也为我国人的全面发展事业开创了历史新局面,奠定了坚实的物质基础。历经四十多年波澜壮阔的改革开放,我国经济社会发展功成事遂,人民物质文化需要也得到基本满足,开始对更高层次的美好生活充满了期待。

虽然新时代我国人的全面发展较之过去条件更充分、基础更扎实,但是人的全面发展面临的挑战一点也不比过去少,应对这些挑战的难度也一点不比过去小。中国共产党是新时代社会主要矛盾论断的提出者,也是化解这一主要矛盾的领导力量。而要成功应对新时代我国人的全面发展的挑战,需要通过党领导人民化解社会主要矛盾来不断推动。为此,强化中国共产党的领导,是新时代中国人的全面发展的政治保障。具体须从两个方面着力。一方面,必须坚决维护习近平总书记党中央的核心、全党的核心地位。"万山磅礴必有主峰",领导核心对国家和政党至关重要,干系国家长远发展和政党稳固执政。保持党组织的整体性和系统性,促成全党上下知行合一、党组织内部成员在思想和行动上的高度统一是推动马克思主义政党科学化和成熟化的基本要求,也是维护党中央核心地位、坚持其统一领导地位的客观要求,这有利于凝聚社会力量形成强大合力,为党科学执政、民主执政奠定坚实基础,增强执政党应对各种风险和挑战的能力。此外,对推进中国特色社会主义伟大事业和民族复兴大业亦具有不可替代的作用。[①] 另一方面,完善并坚持党的全面领导制度是客观要求。坚持党的全面领导并非是一句抽象而空洞的政治

---

① 中共中央宣传部. 习近平新时代中国特色社会主义思想三十讲[M]. 北京:学习出版社, 2018:76-77.

口号，而应具体落实到一切政治生活和治国理政的各个环节之中。首先，要完善并健全党对国家和社会全面领导的体制和机制，针对重大工作完善顶层设计，加强党的统筹协调作用，提高社会治理能力，确保各项工作和事业能够得到统筹和协调推进。其次，要深化党和国家机构改革。深层次推动党组织机构改革、优化机构运行效率是党优化执政方式和提高执政能力的重要途径，也是国家治理体系和治理能力不断提升和优化的集中表现。这就要求明确党和国家各项机构的职责，着力解决目前党的领导机制中存在的各项弊端，并将党的全面领导落实到各个环节。

(二)健全社会主义民主制度

民主不仅表现为人民依法享有参与民主选举、民主管理、民主决策和民主监督等保障人民当家作主的民主活动的权利，合法表达对国家和社会事务的意见和建议也是民主的重要体现。民主是孕育人的全面发展的土壤，它不仅使人的主体性得以确立，使人的尊严和价值得到尊重，而且为人的全面发展开辟道路。改革开放以后，特别是党的十八大以来，全体人民的物质生活需要在国家生产力发展和社会稳步前进中得到基本满足，人民精神文明素养整体得到较大提升，人民对民主的需求开始不断凸显出来。社会主义民主制度既是我国人民民主需要的重要内容，也是保障我国人民民主需要得到满足的政治条件。因此，健全社会主义民主制度，是新时代满足人民民主需要、促进人的全面发展的必然选择。推动社会主义民主制度的健全和完善需要从以下几个方面协同发力。

首先，坚持和完善人民代表大会制度是发扬社会主义民主的根本保证。作为坚决维护人民利益的社会主义国家，"人民当家作主是社会主义民主政治的本质特征"[1]，尊重人民主体性、维护人民主人翁地位是基本要求，若人民民主不能实现，那么社会主义民主便会丧失根本。人民代表大会制度不仅是能够有效保障人民作为国家主人地位的制度设计和安排，而且是党贯彻落实群众路线、保持党和人民密切联系的根本制度。同时，加强党同人民群众血

---

[1] 习近平.决胜全面建成小康社会　夺取新时代中国特色社会主义伟大胜利——在中国共产党第十九次全国代表大会上的报告[M].北京：人民出版社，2017：36.

第五章　新时代社会主要矛盾转化下人的全面发展的路径选择

肉联系"是实行人民代表大会制度的内在要求,是人民对自己选举和委派代表的基本要求"①。坚持和完善人民代表大会制度,在具体实践中,一方面,要求根据时代特征不断完善管理国家事务的体制机制,在坚持民主集中制的原则下密切联系群众,反映人民关心的问题,保障人民当家作主权利得以充分实现。另一方面,要求人大代表机关强化责任意识,保证人民畅通表达利益诉求,着力解决阻碍人民实现美好生活的各种难题。无论是中央还是地方的人大代表都要密切联系群众,履行好人大代表的政治职责,考察民情、反映民意,鼓励人民参与政治生活。此外,人大机关和人大代表的权利行使既要服务人民,也要时刻接受人民监督,努力做到程序民主和实质民主的统一。

其次,坚持和完善基层群众自治制度。作为发扬社会主义民主的重要形式,基层群众自治制度有利于彰显人民当家作主的本质特征。完善和发展基层民主,一方面是要积极发挥党在发扬基层民主中的核心领导作用,增强党总揽全局、协调各方的功能和作用,保持基层民主建设与党的宗旨和原则高度一致,与中国特色社会主义政治发展道路交相辉映,不断推动我国政治建设科学化、民主化和现代化。另一方面要拓宽民意表达路径、畅通民意反映渠道,健全基层民主选举、协商、决策等制度,让广大人民群众在自我管理、自我服务、自我教育、自我监督中感受到作为国家主人的主体地位。此外,还要聚焦人民群众的精神文化需要以及健康服务、平等教育、充分就业等民生领域的需要,鼓励和引导广大人民群众积极参与基层民主实践活动,提高基层民主管理的专业化能力和法治化水平,进而不断激发人民参与基层民主的主动性。

最后,坚持和完善中国特色社会主义新型政党制度以及民族区域自治制度。我国独特的新型政党制度不仅是政党建设史独特而伟大的政治创举,而且是将中国共产党与各民主党派紧密联系、精诚合作的重要形式,符合我国政党发展的要求。这一新型政党制度既能彰显中国共产党在各党派中的执政和领导地位,又能充分保证中国共产党与各民主党派民主协商、共商国是,

---

① 习近平. 在庆祝全国人民代表大会成立 60 周年大会上的讲话[M]. 北京:人民出版社,2014:13.

有利于更广泛地反映不同人群、不同阶层的利益诉求,从而更加真实和有效地维护广大人民群众的利益,这与代表少数人利益的资本主义政党制度有着本质区别。新时代社会主要矛盾转化下人的全面发展,一方面要求坚持党的领导,优化党的领导方式,厚植党的领导基础,拓宽民众利益诉求,并为促进人的发展进行广泛民主协商,不断满足人民日益增长的民主需求。另一方面,作为我国基本政治制度的重要组成部分,民族区域自治制度符合中国这一统一多民族国家的国情,是解决我国民族问题的重要制度保障。立足人的全面发展这一目标,完善民族区域自治制度,必须坚持民族共同繁荣和共同发展原则,在提高民族地区人民物质生活水平、促进民族地区实现全面现代化的基础上,关注各民族之间经济、政治和文化发展不平衡和不充分的问题,进而为实现全体人民的全面发展创造有利条件。

(三)加强社会主义法治建设

法治不仅基于人的生存发展需要而产生,而且对人的全面发展发挥重要作用。保障人的权利并维护人的尊严不仅是社会主义民主政治建设的基本要求,而且是推动我国法治建设的价值追求。在法学上,应有人民权利经由法律人民权利向实在人民权利的转变,彰显了法律对人民权利保障的重要性。可见,人是法治的目的,法治的初衷在于维护人的权利。因此,在新时代特定环境下实现人的全面发展需不断强化社会主义法治建设,通过法治维护和保障人民各项权利,增强人民当家作主的主体意识和自觉性。加强社会主义法治建设须从以下几个方面努力。

首先,加强和改进立法工作。坚持科学立法、民主立法是维护人的发展权利的首要途径。在社会主要矛盾未发生转化之前,党和国家为充分满足人民的物质性需要,在法制方面大量制定相应的法律法规来充分维护和保障人民各项物质生活权益。社会主要矛盾转化之后,人民在物质生活得到基本满足的基础上开始追求发展性需要,尤其是追求自我价值的实现和自我个性的彰显。新时代,若现有法律体系难以满足人民的美好生活需要和服务于人的全面发展要求,那么,保障人民发展权利的法律就会表现出滞后性,在解决社会矛盾成效上也难以立竿见影。因此,这就要求党和政府从人民价值立场出发,坚持完善保障人民发展权利的相关制度体系,加强以人为本的立法工

第五章 新时代社会主要矛盾转化下人的全面发展的路径选择

作,并且这些法律要突出以实现人的全面发展为终极旨趣。在具体实践中要以法治国家和法治政府为统领积极构建法治社会,为人的全面发展提供法律保障。依法保证人民基本自由,鼓励人民参与经济生活、政治生活等能够有利于实现个人发展的各种权利,促进公平正义并充分调动人民的热情,满足人民的自然需要和社会需要、物质需要和精神需要、生存需要和发展需要,以及安全、尊重、自我实现等其他形式的需要,保障人民依法共享经济、政治和社会发展的成果。

其次,保证法律有效实施。"法治的核心是宪法和法律的实施"[1],法律的实施不仅是法律权威的重要体现,而且是彰显法律生命力的基本形式。如果说完善立法是依法保障人的发展权利的前提,那么保证法律的有效实施则是保障人的发展权利的关键一环。只有法律得以实施,人民的各种发展权利才能得到切实保障。社会主义法治建设的科学化和系统化需要以建立协调统一、完备高效的法治体系为首要前提,以完善执行有力的法治实施体系为重要保障。具体要求遵守宪法精神、坚持依宪治国,加强宪法执行力,促进人民遵守宪法和法律。要以维护宪法尊严为基础完善违反宪法精神的严惩制度,增强人民遵纪守法的自觉意识。此外,还要建立严格的法律实施监管制度,提高立法人员和执法人员的公信力,对法制实施进行全过程监管,发挥社会力量对法制实施的民主监督作用。

最后,要加强法治宣传教育。法治宣传教育是社会主义法治建设的重要内容和途径,其旨在增强人民法治意识,提升人民法治实践能力。加强社会主义法治建设,除了要坚持科学立法和严格执法外,还须通过法治宣传教育提升人民法治素养。具备较强的法治意识和良好的法治素养是依法求助的前提,只有如此,人民权益遭受侵害时才能自觉运用法律武器保护自己。可以说,良好的法治素养既是新时代美好政治生活对我国人民政治素质发展的基本要求,也是更好地实现人民美好政治生活的主体条件。因此,增强人民法治意识不仅有利于推动中国特色社会主义法治建设向高水平发展,而且有利于实现人民的美好政治生活。这就要求政府和宣传部门要加强社会主义法治

---

[1] 徐汉明.法治的核心是宪法和法律的实施[J].中国法学,2013(01):39-45.

宣传教育,增强人民民主法治观念,使人民认清发展权之于自身价值的实现和完善的重要意义,从而进一步明确发展权的实现对自身的全面发展的特殊意义。此外,还要积极弘扬社会主义法治精神,形成人人学法律、人人懂法律、人人会运用法律武器的法治共同体,形成法治化的社会风气,即当合法权益遭受非法侵害时人民能够依法求助,善用法律维护自身正当权益的良好社会风尚。

三、创造实现人的全面发展的文化条件

新时代社会主要矛盾转化彰显了人民对美好精神生活的渴望和追求。满足人民充盈的精神生活需要是人的全面发展的重要内容,也是人的全面发展在新时代的现实要求。尽管改革开放以来我国社会主义精神文明建设取得了很大成就,人民精神生活水平也有了较大幅度的提升,但这并不能掩盖当前我国精神文明建设领域存在的诸多问题。这些问题在一定程度上制约了人民美好精神生活需要的满足,更阻碍了人的全面发展的实现,因此,必须通过加强社会主义文化建设,提升社会主义精神文明水平,才能为新时代我国人的全面发展创造良好的文化条件。

(一)繁荣发展社会主义文艺

中国共产党自成立以来始终坚持人民至上的发展理念,立足人民高质量的精神文化需要,不断繁荣社会主义文艺事业,在满足人民健康的精神文化需求的同时不断为社会发展注入强大精神力量。随着新时代社会主要矛盾的转化,人民对美好精神生活的向往与日俱增,越来越多的人希望享有品质优良、内容新颖的文艺产品。社会主义文艺事业也应当顺应人民群众对精神文化的现实需求,不断提升社会主义文艺为人民服务的水平,进而为人的全面发展提供良好的文化条件。具体须从以下几个方面着力。

首先,文艺创作要坚守以人民为中心的价值立场。习近平总书记非常关心我国社会主义文艺事业的发展,并在多次重要讲话中反复强调发展社会主义文艺要遵循服务人民、歌颂人民的价值原则。为此,他对我国广大文艺工作者提出了明确要求:"广大文艺工作者要坚持以人民为中心的创作导向,把人民放在心中最高位置,把人民满意不满意作为检验艺术的最高标准,创作

第五章 新时代社会主要矛盾转化下人的全面发展的路径选择

更多满足人民文化需求和增强人民精神力量的优秀作品,让文艺的百花园永远为人民绽放。"①坚持文艺为人民服务和体现人民立场并非新时代的"创举"。实际上,早在新民主主义革命时期毛泽东就已经提出了文艺的"人民性"问题,改革开放新时期邓小平进一步提出"文艺属于人民"的口号。可见,坚持为人民服务是我们党领导下的文艺事业在发展过程中一以贯之的价值准则和根本方向。随着新时代的到来,我国社会主义文艺发展也迎来了新高潮。在现实生活中,文艺作品的质量高低是影响文艺发展的关键因素。一般而言,只有那些能够满足人民精神生活需要、引领社会道德风尚的文艺作品,才是体现这个时代精神的作品。然而,从现实情况来看,在我国文艺市场上,文艺创作和文艺作品脱离群众生活、互相抄袭、缺少创新等现象仍屡见不鲜,究其根本原因在于文艺工作者在创作过程中思维悬浮于现实生活之上,没有在特定的语境中创作出反映人民现实生活和精神需要的作品。除此之外,更有一些僭越道德伦理和颠覆历史的文艺次品,这些次品会给人们道德观和价值观带来消极影响,甚至对社会的和谐稳定造成一定的冲击。习近平总书记在 2014 年文艺工作座谈会上明确指出:"有没有感情,对谁有感情,决定着文艺创作的命运。如果不爱人民,那就谈不上为人民创作。"②可见,当前要从根本上解决我国文艺创作中存在的问题,必须要求广大文艺工作者始终坚持以人民为中心的文艺创作价值导向。社会中的人不是抽象的个人,而是活生生的处于各种联系和交往中的人。因此,文艺工作者必须扎根社会、扎根群众,用心用情去了解社会现实和人生百态。同时,要不断充实自身专业知识,在创作文艺作品过程中坚持理论与实践相结合,唯有此,才能创作出真正属于人民的良品佳作。

其次,正确处理社会主义文艺事业与市场的关系。改革开放以来,我国确立了社会主义市场经济制度,文艺事业要获得长足发展,也必须要进入市场,接受市场和群众的双重检验和评价。但是,当前一些文艺创作受市场逻辑主导过于严重。一些创作者们强调经济效益第一位,为了赢得流量获得利

---

① 习近平. 在中国文联十一大、中国作协十大开幕式上的讲话[N]. 人民日报, 2021-12-15(02).
② 习近平. 在文艺工作座谈会上的讲话[M]. 北京: 人民出版社, 2015: 18.

润，不惜以低俗的内容博人眼球，以市场标准取代艺术标准，在文艺市场上造成了"劣币驱逐良币"的恶劣现象。对此，习近平总书记明确提出："文艺不能在市场经济大潮中迷失方向，不能在为什么人的问题上发生偏差，否则文艺就没有生命力。"①因此，正确处理文艺与市场的关系，保持文艺与市场协调发展，使文艺作品在实现其精神价值和艺术价值的同时，获得应有的经济效益。就目前社会主义文艺事业发展的现状而言，要保持文艺与市场关系的协调发展，需要从文艺作品的供给侧寻找突破点。既要从广大人民对美好生活的向往出发，也要了解市场的基本需求，遵循市场经济发展规律。在收获了观众喜爱的同时，也赢得了市场的青睐。"叫好"又"叫座"的作品大多基于人民、基于历史、基于实际，能够折射现实、反映时代、引发群众内心的共鸣。社会主义文化事业的供给侧改革要改变有数量缺质量，有"高原"缺"高峰"的文艺现状，就必须将作品本身的社会价值放在第一位，实现文艺与市场的良性互动和平衡发展。

最后，在传承、互鉴和交流中彰显社会主义文艺的中国特色。"博大精深的中华文明是中华民族独特的精神标识，是当代中国文艺的根基，也是文艺创新的宝藏。"②对当代中国而言，要实现真正的文化自信，首先必须确保国民对本民族文化的自信。中华优秀传统文化为文艺事业发展提供了丰沃的土壤，文艺工作者要学会从传统文化中吸取养料，以现代化技术为载体重新诠释中华传统文化的内在精神，实现中华传统文化的创造性转化和创新性发展。如《中国诗词大会》《舞千年》《国家宝藏》等节目就显示出了中华优秀传统文化与当代创意碰撞所产生的巨大能量。这种能量不仅增强了人们对中华民族的文化自信，而且使传统文化重新焕发出活力与魅力。在世界历史进程中，没有哪种文化是能完全独立发展的，文化除了传承，更是要在互鉴和交流中不断充实本身的内容。因此，要在世界民族之林彰显社会主义文艺的中国特色，传承是应有之义，但也不能故步自封。实现社会主义文艺事业的可持续发展，也要充分吸收和积极借鉴国外各类优秀文化成果，用创意思维、创新意识去

---

① 习近平. 在文艺工作座谈会上的讲话[M]. 北京：人民出版社，2015：9.
② 习近平. 在中国文联十一大、中国作协十大开幕式上的讲话[N]. 人民日报，2021-12-15(02).

第五章 新时代社会主要矛盾转化下人的全面发展的路径选择

开阔文艺视野，是保证社会主义文艺持续繁荣的重要支撑。例如，美食系列纪录片《风味人间》，探讨了不同地域同种美食的共性与特殊性。这样的文化交流方式让不同国家的文艺创作者在合作中开阔了视野、增进了默契、丰富了经验，同时加深了彼此之间的文化认同，体会到弥足珍贵的人文共识。总之，唯有在坚守"本来"的基础上"吸收外来"，用不拘一格的创意思维去丰富我们的文艺产品，方能更好体现出社会主义文艺的"未来"优势。

(二)弘扬社会主义核心价值观

"根深才能叶茂，本固才能枝荣"，一个国家的内核和灵魂在于这个国家的核心价值观。社会主义核心价值观是从中国特色社会主义文化的土壤中孕育出来的，集中体现了中国社会主义文化的精神内核。在目前复杂多元的文化环境下，一些不良社会思潮的传播已经给人们的思想道德观念带来了极大的消极影响。因此，弘扬和践行社会主义核心价值观不仅是社会主义文化建设的重要任务，更关系到社会发展中每个个体的价值塑造和全面发展。这需要国家重视社会主义核心价值观的弘扬和培育，提高人们辨别错误思想的能力，学会立足社会主义核心价值观对各种社会思想进行甄别和批判，抵制错误思潮对正确观念的腐蚀。

首先，要着力提升社会主义核心价值观的理论解释力。作为当代中国精神的高度凝练，社会主义核心价值观的背后是一个庞大的理论体系，是对马克思主义中国化最新成果的充分运用。这个理论体系并不是一成不变的教条，而是随着时代的发展不断丰富和开放的理论体系。倘若直接将富含理论深度又缺少喜闻乐见阐释的社会主义核心价值观僵硬式地灌输给人们，一般情况下人们会熟记核心内容，但总体缺少对内容的实质性了解，也不利于真正从内心去认同和接受。所以需要完善社会主义核心价值观的宣传方式和表达方式，以丰富多彩的形式提升理论解释力，从而拉近理论与人们的心理距离。第一，增强社会主义核心价值观理论表述方式的时代性。时代性，即强调理论要与实践相统一。要突出社会主义核心价值观与时俱进的理论品质，就需要将相对抽象的理论融入当今中国发展的实际情况中，结合具体实际来解释不同层面核心价值观具有的丰富内涵。可以使人们在基本认知和了解社会主义核心价值观的基础上，真切地感受到我国社会发展的成就。第二，塑造理论表述方式的现实性。主要是指理论阐释不能为空中楼阁，需要接地气，不能脱离了人们的实际生活，这是提升社会主义核心价值观理论解释力的重要途径。而增强理论表述的现实性，就是要将社会主义核心价值观的理论大众化，从人们的实际生活出发，运用简单、通俗的语言进行阐释，使人们能够领悟社会主义核心价值观的核心要义和时代精神。

其次，增强社会主义核心价值观的批判力。改革开放的持续推进以及世界范围内经济全球化的纵深发展，使得国家之间的经济交往、政治互动日益频繁，人们所需的各种生产资料和消费产品实现了全球范围内的流通与共享，与此同时，人们所需的文化产品的产出与消费也日益突破国界，并与世界各国文化形成激烈的碰撞。西方文化和社会思潮借机涌入我国，它们在与我国文化交流过程中还试图对我们的文化进行抨击，甚至质疑和否定我国的基本制度。这些错误的社会思潮在人们的生活中无孔不入，势必会对人们的思想观念产生一定的冲击，进而影响社会主义核心价值观在社会主义文化建设中的交流和传播。因此，必须提升社会主义核心价值观对西方腐朽文化和错误社会思潮的批判力，进一步发挥其价值引领作用。第一，社会主义核心价值观的宣传须要明确表达立场。尤其是在面对错误思潮时，要敢于亮剑，指明这些思潮的本质及危害，勇于驳斥它们对社会主义核心价值观的诋毁与歪曲。这是因为只有在批判错误思潮的过程中才更能体现社会主义核心价值观强大的价值引领作用。第二，积极发挥网络媒体传播速度快、效果强的显著功能，对错误思潮、腐朽文化进行批判。"适应互联网快速发展形势，善于运用网络传播规律，把社会主义核心价值观体现到网络宣传、网络文化、网络服务中，用正面声音和先进文化占领网络阵地"[①]，各级各类宣传部门以及新闻媒体要主动为社会主义核心价值观提供宣传平台，扩大优质信息资源的供给，针对西方社会思潮的价值取向进行澄明，传播正确的知识，弘扬网络正能量，引导正确的舆论导向，切实提高人们明辨是非的能力。另外，除了对错误的社会思潮要坚持抵制之外，正确的社会思潮也不能忽视其积极作用，要善于寻找社会主义核心价值观与正确社会思潮的内在契合点来进行观念塑造。社

---

① 关于培育和践行社会主义核心价值观的意见[M]. 北京：人民出版社，2013：13.

第五章 新时代社会主要矛盾转化下人的全面发展的路径选择

主义核心价值观对其引领作用则是通过揭示两者的内在统一性实现的,错误的思潮与社会主义核心价值观是相互冲突的,必须加以评判和摒弃,而正确的思潮是符合社会主义发展方向的,能够与社会主义核心价值观融合共存。

最后,增强社会主义核心价值观的渲染力。意识上的认同和情感上的共鸣是践行的前提,只有人们对社会主义核心价值观的精神内核表示认同和接受,才有利于推动全社会弘扬和践行社会主义核心价值观精神,这需要提升社会主义核心价值观的内在感染力,使其更加生活化和形象化。生活化和形象化,要求社会主义核心价值观的传播要贴近生活、贴近实际、贴近群众,真正做到落细落小落实,唯有此,才能积极推动民众由衷地接受和认同社会主义核心价值观。而要推动社会主义核心价值观更加生活化和形象化,就必须关照和走进人们的日常现实生活,采用通俗有趣、充满活力的素材内容、表达方式和传播手段,让人们对社会主义核心价值观的理解更加方便,记忆更加简单,印象更加深刻,直击人们的灵魂深处,成为自身的价值导向和行为准则。"从表现形式看,所提炼出的社会主义核心价值观应该通俗易懂。"[①] 要积极拓展社会主义核心价值观的传播渠道,结合现代网络、信息、媒体等多种技术手段,运用音频、视频等多种表现形式,在动静态表现形式结合的基础上刺激民众的视觉和听觉,推动社会主义核心价值观深刻而广泛地呈现于人民群众的日常生活领域。

(三)加强社会思想道德建设

2019年10月,中共中央、国务院印发的《新时代公民道德建设实施纲要》,明确强调了加强社会思想道德建设的重要性,即"加强公民道德建设、提高全社会道德水平,是全面建成小康社会、全面建设社会主义现代化强国的战略任务,是适应社会主要矛盾变化、满足人民对美好生活向往的迫切需要,是促进社会全面进步、人的全面发展的必然要求"[②]。国无德不兴,人无德不立。必须要突出社会思想道德建设在社会主义文化建设中的重要位置,引导人们形成正确的道德情感和良好的道德素质,进而在全社会形成一股崇

---

① 李建华. 社会主义核心价值观构建与践行研究[M]. 北京:人民出版社,2017:234.
② 中共中央国务院印发新时代公民道德建设实施纲要[N]. 人民日报,2019-10-28(01).

德向善的力量。

  首先，推动网络空间道德治理能力现代化。随着互联网的迅速发展，人们的生存发展空间开始由现实的生活领域拓展到虚拟的网络空间。网络空间由于具有虚拟性、自由性和即时性等特点，致使各种良莠不齐的信息在快速传播过程中影响着人们的思想观念和道德行为。正是由于网络空间具有开放性特点，因而要求我们必须通过治理手段来严格规范网络空间的道德建设。一是要完善网络社会道德协同治理机制，让每个网民既是网络消费者也是网络监督者，将监督贯穿全员全过程。二是要加强网络空间道德治理的法治化建设。要规范网络空间中主体的道德实践行为，需要法律的约束和调节。因此，要尽快完善网络立法。同时要加强网络空间的执法力度，提高网络治理的综合水平，积极引导广大网民遵纪守法、恪守道德规范，自觉维护良好的网络秩序和网络生态，对网络欺诈、造谣、诽谤、谩骂、色情、低俗、暴力等违法行为坚持依法分类进行查处整治，让败德违法者受到应有的惩治，让网络空间清朗起来。此外，人工智能在近几年的兴起为推动网络空间道德治理能力现代化提供了新路径。应充分发挥新型科学技术的作用，探索新的网络空间道德治理模式，如人工智能预警模式、大数据监督模式等，以智能化手段维护网络空间道德秩序、提升网络空间道德治理能力。

  其次，运用英雄模范事迹引领社会思想道德风范。英雄模范人物是社会思想道德的人格化典范，他们的先进事迹是对社会思想道德规范的生动诠释。当前，面对中华民族伟大复兴的战略全局和世界百年未有之大变局，"实现我们的目标，需要英雄，需要英雄精神"[1]。近些年来，历史虚无主义仍然存在，特别是借助网络平台不断蔓延，企图通过抹黑革命领袖、诋毁革命英雄、质疑革命成就等来丑化党史和国史、否定党的领导和我国社会主义制度。这不仅解构了与英雄联系在一起的国史、党史和军史，造成人们对历史和现实的错误认知，而且解构了英雄所展现的价值追求，为社会思想道德建设带来了消极影响。习近平总书记就宣传英雄人物、先进典型工作做了许多重要论述。

---

[1] 习近平. 在颁布发"中国人民抗日战争胜利70周年"纪念章仪式上的讲话[N]. 人民日报, 2015-09-03(02).

第五章　新时代社会主要矛盾转化下人的全面发展的路径选择

他提出："多宣传报道人民群众中涌现出来的先进典型和感人事迹，丰富人民精神世界，增强人民精神力量，满足人民精神需求。"[①]英雄来自人民群众，不是与现实生活脱离的完美人设。运用英雄模范人物事迹引领社会思想道德风范，既要说清楚英雄人物出现的时代背景和现实依据，又要体现英雄与普通群众之间的相对差异。这样可以在一定程度上消除人民群众对英雄高高在上的刻板印象，在拉近英雄人物与群众距离的同时，更能起到一定的示范引领作用。

（四）深入实施文化惠民工程

文化是民族的血脉，是人民的精神家园。建设社会主义文化强国，必须要高度重视并致力于满足人民群众的精神生活需要。文化惠民工程，是与人民群众精神生活和精神利益直接相关的民心工程。推进文化惠民工程建设，是推动社会主义文化大发展大繁荣、保障人民公共文化权益的重要举措，是真正惠及人民群众的工程。具体可从以下两个方面着力推进。

一方面，完善公共文化服务体系。公共文化服务体系是我国文化民生工程的重要内容，对保障人民文化权益具有重要现实意义。社会公共文化服务体系建设需要注意以下几个方面。首先，政府要在提供公共文化服务上发挥主导作用。在新时代中国，满足人民公共文化服务需要，是加快建设服务型政府的题中应有之义，也是建设社会主义文化强国的价值追求。为此，我国行政机关要以满足人民美好精神生活需要为要旨，以改善公共文化服务质量为重点，充分发挥在完善公共文化服务体系中的主导作用。具体举措包括加大政府对公共文化服务的政策鼓励、资金支持，创新公共文化服务的运营模式，并针对不同年龄、不同职业、不同学历、不同阶层、不同社区以及不同族群对公共文化需求的偏好，构建公共文化需求反馈机制，等等。其次，要完善对城乡基层文化建设的政策支持，借助社区和乡镇综合文化站、特色农家书屋以及农村电影放映等惠民工程，实现文化资源和文化信息在城乡之间共享、协调发展，化解因文化资源分配不均导致的城乡文化发展不平衡问题，竭力满足乡村地区尤其是经济特别落后的偏远乡村地区居民的精神文化需求。

---

① 习近平谈治国理政：第一卷[M]．北京：外文出版社，2008：154．

最后，需要加大对公共文化服务的资金投入，"必须进一步开放投资准入门槛，引导社会资本和产业资本进入公共文化服务领域"①。不断推动公共文化服务的大众化和普及化。

另一方面，着力打造一流的文化品牌。过去，我国在文化惠民工程建设中长期存在忽视挖掘本地文化资源和民间独特文化资源的问题。由于过去主要聚焦政府文化资源和国有文化单位文化资源的开发和利用，致使本地和民间文化资源的挖掘未能受到应有的重视，加之政策支持和资金投入的缺乏，许多大众喜闻乐见的独特文化和民间文化正面临着失传和没落的风险，这显然与我国政府倡导的弘扬和传承中华优秀传统文化的初衷相背离。我国人口众多，大杂居、小聚居的分布特点为民间文化的丰富与发展创造了独一无二的先决条件。我国民族文化资源丰富且内容、形式别出心裁，是中华优秀传统文化的重要组成部分，因此，要积极以文化惠民工程为依托推动地方文化和民间文化的健康发展，提升中华优秀民族文化在中华文化中的影响力和感染力。具体而言，就是要不断优化民间文化、本地文化以及民族文化的质量，以满足人民文化需求为依据提升文化品位，对全国文化资源进行深入和广泛调研，摸清文化资源开发和保护现状，在保护稀有传统文化过程中重点挖掘文化特色和独特价值，从而走出一条彰显中国特色的文化发展道路。另外，要将历史资源和文化资源有机融合起来，在着力打造历史文化品牌的同时深挖本地文化的历史底蕴，整合当地各种文化资源，借助旅游宣传打响文化品牌，提升民间文化在全国的影响力。此外，加大文化宣传力度，广泛吸收和借鉴各地"中国民间文化艺术之乡"的成功经验，并将挖掘和利用地方和民间文化资源贯穿于文化惠民工程实施的全过程。

四、提升实现人的全面发展的民生质量

随着新时代社会主要矛盾的转化和个体自我意识的觉醒，人民对高质量的民生保障需要愈发强烈，而现实民生发展领域仍存在诸多短板，这在一定

---

① 李昆明，王缅. 大国策：通向大国之路的中国文化发展战略[M]. 北京：人民日报出版社，2009：150.

第五章　新时代社会主要矛盾转化下人的全面发展的路径选择

程度上制约了人民美好生活需要的满足,阻碍了人的全面发展进程。因此,立足人民高质量民生保障需要,以问题为导向,聚焦当前民生发展领域的短板,加强民生保障和社会建设,既是化解新时代社会主要矛盾的内在要求,也是促进人的全面发展的现实路径。

(一)努力办好人民满意的教育

实现人的全面发展离不开教育。马克思在论及人的全面发展的实现途径问题时,总是强调教育对培养人的技能、塑造人的个性、提升人的素质的重要作用。在我国,教育不仅是人民最基本的民生保障需要,而且是关乎民族百年复兴大计的重大民生工程。新时代,"更满意的教育"已成为人民美好生活需要的重要内容,人民渴望获得高质量的教育资源,渴望通过接受高质量的教育实现自身发展,改变自身命运。过去几十年,我国教育事业发展取得惊人成绩,实现了从人口大国到人力资源大国的历史性转变,然而,在肯定过去取得成就的同时,应清醒地认识到当前我国教育发展仍面临一些突出问题,如城乡区域教育发展不平衡问题、优质教育资源供给不充分问题、幼儿教育发展滞后问题,等等。这些问题若不及时妥善处理,不仅会制约社会主要矛盾的解决,而且会直接影响人的全面发展。为此,新时代,中国共产党须立足人民高质量的民生保障需要,以促进人的全面发展为导向,努力办好让人民群众满意的教育。具体须从以下几个方面着力。

首先,办好人民满意的教育要不断强化政府办学责任。"现代教育制度、国民教育制度、公共教育制度,从根本上说是政府举办和管理、为公民提供公共教育服务的制度。"[①]这一教育制度的设计和问世可谓是人类教育史上的"哥白尼革命",它宣告人类历史上长期以来由精英阶层垄断教育的时代一去不复返以及人类大众教育时代的正式到来。我国的国家性质和社会性质决定,要办好让人民满意的教育,必须充分发挥政府在教育管理中的作用,强化政府办学责任。具体可从两个方面发力:一是不断完善公共教育制度,强化政府办学行为。在我国,教育事业不同于其他行业,它具有很强的社会公益性,不能按照市场运行规则和管理模式来发展教育,否则,教育发展就会偏离社

---

① 孙玉学. 当代中国民生问题研究[M]. 北京:人民出版社,2010:67-68.

会主义方向、违背人民群众根本利益。改革开放以来，随着我国民营经济不断涉足教育领域，泛市场化教育思潮在我国开始悄然兴起。这种教育思潮的本质就是要弱化和削弱政府提供公共教育的责任，而极力推行教育市场化。不可否认，在某种程度上教育市场化确实能减轻政府办学的负担和压力，但是它也会加剧教育资源分配的不均衡，使大量优质教育加速流向城市和经济发达地区，这与我国教育事业发展的初衷背道而驰，也会加剧教育的不公和人的发展的不平等。而要避免我国教育发展陷入市场化的陷阱，就必须不断坚持和完善公共教育制度，不断强化政府办学责任。二是政府要始终坚持将教育事业置于优先发展的战略地位。在我国，教育发展是关乎民族振兴和人民发展的根本大计，无论社会经济发展状况如何，发展教育永远是党和国家必须着力办好的优先事项。政府作为我国教育事业发展的"责任人"，要"以更大的决心、更多的财力支持教育事业，经济社会发展规划要优先安排教育发展，财政资金要优先保障教育投入，公共资源要优先满足教育和人力资源开发需要"[1]。总之，只有不断强化政府办学责任，才能保证我国教育事业始终沿着人民满意的方向不断前进。

其次，办好人民满意的教育要优化优质教育资源配置机制。当前影响我国民众教育满意度的一个较为突出的问题就是义务教育阶段"择校热"问题。所谓择校，"主要体现为一种由广大家长自下而上发起，以金钱、关系以及权力等方式竞逐公立'重点'学校优质学额的现象"[2]。"择校热"现象的兴起一方面表明当前我国义务教育阶段的优质教育资源相对稀缺，总量难以满足人民日益增长的需求，另一方面反映出当前我国优质教育资源在配置层面存在不均衡、不合理现象。"择校热"现象给我国教育事业发展和社会发展带来了一定的消极影响。对教育发展影响而言，"择校热"容易诱发义务教育腐败问题，也容易加剧义务教育阶段校际间的恶性竞争，例如，一些学校为了跻身"名校"行列，不惜花高价从其他学校挖名师、抢优质生源。对社会发展影响而言，"择校热"现象加剧了民众对子女教育问题的焦虑，并且容易使原本由政

---

[1] 胡锦涛. 在全国优秀教师代表大会上座谈会上的讲话[N]. 人民日报, 2007-08-31.
[2] 卢乃桂, 董辉. 审视择校热现象：全球脉络与本土境遇下的思索[J]. 教育发展研究, 2009(20)：1.

第五章　新时代社会主要矛盾转化下人的全面发展的路径选择

府统一供给的公共教育服务与家长的社会地位和经济能力等外在因素挂钩,从而影响社会公平正义和人的平等发展。不可否认,当前我国义务教育阶段校际差异是客观存在的,并且这一种差异不可能在短期内就能消弭,这也意味着解决"择校热"问题不仅要从供给侧千方百计地增加优质教育资源的总量,而且要充分发挥政府宏观调控作用,完善优质教育资源长效配置机制,进而引导民众公平、有序地理性择校。一方面,教育相关部门要从顶层设计入手,结合当前我国优质教育资源的分布情况和公众的教育需求制定明确适度的择校政策,地方政府须根据教育部制定的择校政策、相关文件精神和当地实际情况制定明确的择校标准,并且在择校标准制定后要及时向社会公布择校细则。另一方面,要建立保障择校政策落实的监督机制,严厉打击学校及相关部门执行择校政策不到位或变相的教育腐败行为。此外,除了义务教育阶段存在"择校热"现象外,我国幼儿教育阶段同样存在"择校热"现象,因而同样需要教育相关部门和地方政府通过优化优质教育资源配置机制加以解决。

最后,办好人民满意的教育要着力解决城乡教育发展不平衡问题。前面提到,城乡教育发展不平衡是新时代社会主要矛盾转化下我国教育发展面临的最突出问题,其主要表现为农村教育发展水平滞后于城市教育发展水平。这一问题的存在不仅会严重影响农村居民对我国教育发展的满意度和获得感,而且会导致城乡居民之间的发展差距不断拉大。因此,缩小城乡教育发展差距既是新时代社会主要矛盾转化对我国民生建设提出的现实要求,也是新时代促进城乡居民平等发展的根本之举。而要解决城乡教育发展不平衡问题须从两个方面着力。一是要坚持城乡教育均衡发展理念。改革开放以来,受城乡二元结构体制的影响,一些地方政府在制定教育发展规划和战略时总是习惯于"重城轻乡",这也是导致当前我国城乡教育发展不平衡的重要原因之一。为此,新时代,要推动城乡教育均衡发展首先要求政府必须打破"重城轻乡"的传统发展思维模式,坚持城乡教育均衡发展理念,制定切实可行、积极稳健的城乡教育均衡化发展政策,进而为促进城乡教育均衡发展和城乡居民平等发展提供制度保障。二是要加强对乡村教育发展的支持力度。当前,我国城乡教育发展不平衡的短板在乡村教育这一边。因此,加强对乡村教育发展的支持力度,促进乡村教育高质量发展是解决当前我国城乡教育发展不平衡问题的根本出路。具体措施主要有三点。第一，政府要持续加大对乡村教育的财政投入，不断加强乡村教育基础设施建设，优化乡村教育发展"硬件"。第二，政府要通过提高教师待遇、增加教师编制等多种途径努力留住现有乡村师资队伍，同时要想方设法招揽更多的优秀师范毕业生强化乡村教育师资队伍。第三，地方财政要继续加大对农村家庭经济困难学生的帮扶力度，解决他们上学的后顾之忧，同时要着力解决好留守儿童教育问题。总之，只有解决好乡村教育发展问题，才能实现城乡教育平衡发展、促进城乡居民平等发展。

(二)促进更高质量和更充分就业

就业是民生之本，关系到每个人的切实利益和发展。从人的发展维度来看，无论是满足人的生存所需、提升人的生活质量，还是实现人的生命价值，抑或是确证人的本质力量，均离不开劳动就业。同时，高质量就业还是推动经济高质量发展的重要动力，因为劳动力是经济发展的根本因素，只有实现全社会劳动者的充分就业，才能保证劳动力资源得到最优配置，进而推动经济高质量发展。当前，虽然我国就业局势保持总体稳定，基本实现社会充分就业目标，这也成为我国经济社会建设的一大亮点，但是也应看到，未来一段时期，我国就业总量压力持续和结构性矛盾突出的特征仍然不会改变，就业中存在的难点和痛点亦不容忽视。因此，对党和国家而言，稳就业和保就业这两根弦要始终牢牢绷紧，不断完善就业服务体系，加强劳动力市场建设，努力促进更高质量和更充分就业，进而为提升人民幸福指数、促进人民充分发展创造有利条件。

首先，坚持以经济高质量发展促进高质量就业。劳动者能否充分就业受诸多因素影响，其中经济发展是影响就业的根本因素，也是拉动就业的"火车头"。一般而言，经济发展质量越高，社会能够提供的就业岗位就越多，劳动者实现就业的机会就越大。合理的经济结构既是经济高质量发展的重要标志，也是拉动就业的加速器。改革开放以来，我国作为后发型现代化国家，在推进现代化过程中凭借特殊的"后发优势"，一度长期保持经济高速增长态势。然而，随着新时代的到来，这种"后发优势"逐渐消失，我国经济开始迈向以稳增长调结构为特征的新常态。为此，转变经济增长方式、优化经济结构，

第五章　新时代社会主要矛盾转化下人的全面发展的路径选择

推动经济高质量发展既是当下和未来我国经济发展的根本出路，也是促进我国高质量就业的应然之举。一方面，要求党和国家在制定经济社会发展战略目标和规划时，能够把实现更高质量和更充分的就业有机统一起来，并将二者共同纳入经济社会发展的优先目标。另一方面，要坚决防范经济"脱实向虚"风险，大力发展实体经济，做强做优制造业，做大做强新兴产业集群，加快发展现代服务业，发展新产业新业态，不断拓展就业空间，创造更多高质量的就业岗位和创业机会。

其次，立足就业市场需求不断完善教育与技能培训体系。劳动者能否实现就业除了受经济发展的客观因素影响之外，还与他们所学专业和技能是否符合就业市场需求密切相关。因此，立足劳动力市场需求，建立和完善教育与技能培训体系是实现更高质量和更充分就业的重要举措。一是要求教育相关部门在学科评估过程中充分将就业和市场需求作为评估学科专业等级的重要指标，适时减少那些在劳动力市场趋于饱和或已经饱和的学科专业招生名额，适量增加劳动力市场亟须的学科专业招生名额，进而从源头上解决学科专业与就业市场相脱节的矛盾。二是要完善劳动者终身职业培训体系以帮助劳动者建立终身学习能力和职业适应能力。在市场经济环境下，包括劳动技能在内的各种生产要素总是随着市场环境和供需矛盾的变化而不断变化，这也意味着市场经济所提供的就业岗位具有较大的变动性，换言之，市场经济不可能给劳动者提供一成不变的"铁饭碗"，劳动者只有具备较强的终身学习能力和职业适应能力，才能在瞬息万变的市场经济大潮中不必担心因职业能力跟不上市场需求而中途失业。为此，建立和完善劳动者终身职业培训体系，是新时代我国创新人才培养模式和满足劳动者提升职业技能的差异化需求的必由之路。三是要加大对新产业、新技术和新业态的人才培训力度。当前，我国要想摆脱世界第一生产大国的帽子，实现经济高质高效发展目标，就必须坚持创新驱动发展战略，优化现有产业结构，应对新技术变革带来的挑战。从劳动就业层面来看，就是要从产业布局、加强教育与培训体系建设出发，改善人力资源供给结构，把应对技术发展挑战的过程变成推动产业升级、优化人力资本结构和促进高质量就业的过程。[①]

最后,大力倡导和鼓励劳动者创业,以创业带动就业。在当今中国,创业是劳动者实现就业的重要途径之一。作为一种重要的就业形式,创业兴起于改革开放之后,是社会主义市场经济发展的必然产物。在改革开放以前,我国经济发展模式主要以指令性计划经济为主,个体生产与集体生产牢牢捆绑在一起,这种经济模式不允许个体有任何私营经济活动,更不用提自主创业,劳动者就业的主要方式是国家分配工作。这不仅容易扼杀劳动者就业的积极性、主动性和创造性,而且难以激发经济发展活力,容易引起劳动者技能与所分配工作岗位不匹配的问题。鼓励劳动者创业,以创业带动就业是对我国过去以"等""靠""要"为特征的传统就业理念的现实超越。改革开放以来,在国家"让一部分人先富起来"理念感召下和相关经济政策支持下,大量劳动者纷纷加入社会创业大军之中,一时间,创业已俨然成为当今我国大量劳动者就业的重要途径。然而,与其他就业形式相比,目前我国创业人数在整个社会就业人口中的占比仍较低,大多数待业者都缺乏创业勇气和相关能力。此外,创业文化是影响社会成员创新创业能力的重要因素。为恢复国民经济活力,我国曾在新中国成立后实行计划经济体制,在一定程度上扼杀了创业的思想和行为,导致整个社会创业文化发展滞后。社会主义市场经济体制建立后,由于受传统就业观念的影响和制约,自主创业的观念尚未形成,社会自主创业动力严重不足。为此,除了民众应以时代要求为参考积极更新就业观念外,党和政府也要加大对自主创业的政策支持和宣传力度,弘扬创业精神,在全社会营造鼓励创业的风气,使有利于创业的各种要素、力量竞相迸发,营造万众创业的社会文化。

(三)大力实施健康中国战略

健康的身体是人们创造和享受美好生活的前提与基础,也是人的全面发展的必然要求,因为人一旦失去健康,将会在根本上限制他参加其他方面活动的能力,并且这种限制无法通过其他替代性途径获得满足。同时,一个国

[①] 张建明,洪大用,刘少杰. 中国人民大学中国社会发展研究报告 2018:更好满足人民美好生活需要[M]. 北京:中国人民大学出版社,2018:61.

第五章　新时代社会主要矛盾转化下人的全面发展的路径选择

家的国民健康水平不仅反映了该国的社会发展水平,而且体现了该国人民美好生活愿望的实现程度和人的全面发展程度。改革开放以来,尤其是党的十八大以来,随着我国人民物质生活水平的不断提升,人民对健康的重视程度以及对健康服务的需求比过去任何时期都要强烈。自2009年实施新医改以来,我国医疗卫生事业得到快速发展,国民健康服务水平有了很大改进,不仅基本医疗保险覆盖率维持在95%以上,而且国家在卫生财政投入方面也逐年增加,个人现金卫生支出占卫生总费用的比例逐年下降[1],但是,国民健康服务领域的短板依然较为突出,"看病难、看病贵"问题并没有得到根本解决,这在一定程度上影响了国民健康水平的提高以及人们对美好生活的体验。因此,新时代,必须从国民健康服务领域的短板出发,大力实施健康中国战略,健全国民健康服务体系,不断提高人民健康水平。

一方面,健全国民健康服务体系,满足人民健康服务需求。虽然改革开放以来,我国国民健康服务体系日趋完善,但是仍难以满足人民日益增长的健康服务需要。为此,健全国民健康服务体系是破解当前我国国民健康服务领域短板的根本出路。具体措施主要有三条。第一,以实现真正"三医联动"为目标,不断完善医疗保障制度。在我国,过去很长一段时期,主要通过行政干预的方式来规范医生行为和管控药品价格,事实证明这种方式的实施效果并不理想。随着我国医保制度的不断完善,医保日益在控制医生行为和药品价格方面发挥着基础性作用,这在某种程度上大大推进了我国健康服务事业的发展进程。第二,强化行业监管,努力构建全面综合的监管体系。我国医疗事业的健康发展,离不开强有力的内外监管。不仅要规范行政机关的监管,而且要向医生团体放权,形成真正的职业性质的医生协会,以及鼓励患者组织的发展,形成一个全面综合的监管体系。第三,构建民营和公立医疗机构公平合理的市场环境。随着社会主义市场经济的发展,我国医疗服务行业同样面临如何理顺"政府主导"与"市场调节"的关系的问题。而要解决二者之间的矛盾,必须大力改革以摆脱不利于医疗卫生事业发展的行政束缚,优

---

[1] 张建明,洪大用,刘少杰.中国人民大学中国社会发展研究报告2018:更好满足人民美好生活需要[M].北京:中国人民大学出版社,2018:115.

化民间资本办医环境,包括取消公立医院机构的人员编制审核制度、给医疗机构更大的经营自主权等。

另一方面,加强全民健康教育,提升居民健康知识素养。"近年来,我国居民健康素养逐年提高。2015年,我国居民基本知识和理念素养为20.60%,健康生活方式与行为素养为10.36%,基本技能素养水平为13.94%。但是,与发达国家相比,我国居民的健康素养存在较大的差距。"[1]居民健康素养与居民疾病预防意识之间有着直接的联系。一般而言,居民健康素养不足会直接导致居民疾病预防意识淡薄,而居民疾病预防意识淡薄则会直接提高疾病风险,进而影响居民的健康水平。此外,健康素养不足导致部分患者容易受到虚假宣传的消极影响。健康教育能够培育人们良好的健康意识,进而使人们能自觉调整过去不健康的生活方式,让自己的身体变得更加健康。加强全民健康教育应从两个方面入手。一是采用多途径、多元化的方式增强宣传教育的针对性。宣传教育外化为行动的前提是意识的内化与牢固,只有让广大人民由衷地认同国家和政府的健康宣传教育,才能进一步推动社会范围内践行健康行动的良好风尚。宣传教育应遵循教育规律,坚持因材施教的原则,根据不同阶层、不同年龄段的人们的受教育程度进行健康知识教育,才能最大限度地提升人们的健康意识。二是增强健康教育的服务水平和能力。在网络时代,大量与健康相关的信息铺陈开来,冲击着人们的头脑,影响着人们的行为。在众多的健康信息中,如果民众缺乏专业知识和辨别错误信息的能力,可能导致错误行为的发生,甚至因网上的伪知识造成病情耽搁,对民众的生命健康构成威胁。因此,宣传教育机构应提高专业能力和服务水平,不仅重视宣传的效果,更应该重视宣传教育的内容,真正以提高民众健康知识为目标,以专业的水平、科学的内容推动健康宣传教育的大众化,进而为人民的健康保驾护航。

(四)深化收入分配制度改革

收入不仅会影响人民对美好生活的体验,而且直接决定了人民生存发展

---

[1] 张建明,洪大用,刘少杰.中国人民大学中国社会发展研究报告2018:更好满足人民美好生活需要[M].北京:中国人民大学出版社,2018:122.

第五章 新时代社会主要矛盾转化下人的全面发展的路径选择

的物质条件。目前，我国收入不平衡问题较为突出，收入差距处于高位阶段，城乡、区域发展差距仍然存在，这不仅影响社会和谐稳定，阻碍共同富裕，还制约了人的平等发展。新时代，立足人民高质量民生保障需要，促进人的全面发展，须不断优化我国分配制度，重视分配公平，实现发展效率和分配公平的有机统一，进而使社会发展成果更多地惠及全体人民。深化收入分配制度改革能有效解决收入差距问题，是实现共同富裕和促进共同发展的根本举措。具体须从以下三个方面着力。

首先，要完善初次分配，提高劳动者收入报酬。在市场经济条件下，初次分配是指国民总收入直接与生产要素相联系的分配，它是社会财富在社会群体之间按劳动和多种方式进行分配的最初阶段，也是决定居民收入分配格局的基座。从人的发展角度来看，人民只有在收入得到提升、摆脱了贫困状态后，才会更加积极地参与社会活动，社会交往不断延伸，社会关系不断丰富，人与人和谐的社会关系才容易建立。为此，改革不完善的收入分配制度，有利于协调好政府与市场的关系，运用市场配置资源和政府宏观调控促进分配公平，释放社会各主体的创造力和活力，促进社会生产要素自由流动，进而为实现人的全面发展而不断提升社会物质生产能力和精神生产能力。当前，我国社会财富分配格局仍处于失衡状态，因此，需要深化初次分配制度改革，完善劳动者工资报酬正常增长机制，提高劳动者在初次分配中的报酬和最低工资标准，以政府减税、企业让利使劳动报酬与社会经济发展和企业盈利同比增长，保障以劳动促进增收，为实现劳动者参与政治生活、艺术创作、体育活动等提供经济基础。此外，还要在注重效率的基础上，规范初次分配秩序，兼顾公平，尤其是保障农民工的劳动报酬正常增长，让全体人民共享改革发展的红利。

其次，要完善再分配，控制收入差距范围。对我国而言，高质量发展主要表征为经济的快速增长、发展的协调性和可持续性不断彰显等特征，是发展效率和分配公平的有机统一。新时代，党和政府立足人民美好生活需要，通过实现高质量发展，不断推动新时代社会主要矛盾的化解和人的全面发展现实目标的实现。再分配是调节居民收入的又一重要途径，能够有效缩小贫富差距，推进共同富裕，进而为实现人的全面发展创造条件。由于劳动生产率的高低差异，致使社会成员之间占有社会财富存在不均衡现象，社会贫富差距不断扩大。少数富人在强大经济实力的基础上有能力实现高水平发展，而大多数人仍处于为实现体面生活而奋力拼搏的状态，全面发展的需要更难以顾及。只有收入差距不断缩小，才能最大限度地激发人力资本潜能，进而为经济高质量发展、人的全面发展和社会全面进步提供力量支撑。为此，需要政府进行战略升级，发挥宏观调控对促进分配公平的正面调节作用，通过税收制度、社会保障和转移性支出增加等方式，着力解决城乡居民收入不平衡问题，防止两极分化，推进共同富裕。一是完善税收体制，优化税收结构，调整税率范围，尽可能保障居民收入合法性增长。二是完善社会保障体制，提高社会保障制度的精准性。三是以转移性支付为补助，实现城乡之间、区域之间公共服务均等化，促进各地政府财政收入水平的整体提升。

最后，以第三次分配为补充，提升人民的幸福感。第三次分配是一种非强制性的收入分配方式，也是对初次分配和再分配的有益补充。它以个人或企业为主要捐赠主体，以自愿、自主、自发捐赠为主要方式，以慈善机构为主要载体，带有明显的公益性、公共性和社会性等特征。党的十八大以来，以习近平同志为核心的党中央高度重视第三次分配对实现共同富裕的重要作用，强调要"发挥第三次分配作用，发展慈善事业，改善和收入分配格局"[1]，促进"初次分配、再分配、三次分配协调配套的基础性制度安排"[2]。第三次分配具有经济价值和社会价值，就经济价值而言，第三次分配能对初次分配和再分配进行有益补充，以三种分配方式多管齐下，促成社会财富格局更加公正合理，由此为实现人民幸福生活和实现共同富裕创造条件。就社会价值而言，第三次分配以公共道德为支撑，具备独特的社会价值，对构建人与人相互扶持的和谐生活，促进社会团结、推动社会和谐发展具有重要意义。因此，在新时代社会主要矛盾转化下，要提升人民幸福感，一是要健全第三次分配机制，完善国家税收支持，对特定人群进行税收优惠。采取社会褒奖机制，引导正向施善行为。二是要发挥慈善机构的作用，有效配合国家开展社会救

---

[1] 中共中央关于制定国民经济和社会发展第十四个五年规划和二〇三五年远景目标的建议[M].北京：人民出版社，2020：32.

[2] 习近平.扎实推动共同富裕[J].求是，2021(20)：7.

助和社会福利活动,提升对居民基本生活兜底的保障力度,进而为人的全面发展创造和谐的社会环境。

五、优化实现人的全面发展的生态环境

从新时代社会主要矛盾转化下生态文明建设与人的发展的现实境遇来看,一方面,人民对舒适宜人的生态环境的憧憬伴随着其物质生活需要的相对满足以及生态意识的不断觉醒而日益呈增长态势,另一方面我国生态文明建设与经济发展之间存在较大的落差,二者之间的不平衡给人的全面发展和社会的可持续发展带来了严重挑战。通过研究发现,尽管过去几十年来我国生态文明建设取得了一些成就,但对照新时代美丽中国建设目标以及人民美好生态愿望,仍存在一些突出的问题,如民众绿色生活方式践行不理想、大气污染和地表水污染问题依然严峻、生态破坏问题依然不容小觑以及严峻的资源短缺问题等。这些问题的存在不仅影响人民的生活质量和对美好生态环境的期许,而且会严重危及人民生命健康和永续发展。为此,必须着力解决当前我国所面临的生态环境问题,从而为我国人的全面发展创造良好的生态环境。

(一)加强全民生态文明宣传教育

人类从诞生伊始到演化至今乃至未来,一刻也不能脱离自然而存在和发展,始终与自然构成命运共同体。地球——这个孕育生命的美丽蓝星,是所有人的共同家园。而生活于这个家园的每个人,既是大自然的直接受惠者,也是大自然的保护者和建设者。生态文明建设是一项系统而复杂的工程,是一项需要人人参与、人人负责、人人贡献的工程。因此,新时代,要推进生态文明建设,须充分发挥人民主体作用,不断增强人民生态环保意识,提升人民生态环保自觉。然而,在现实生活中,人民的生态环保意识并非自发产生的,在很大程度上有赖于国家生态文明宣传教育。为此,应从我国人民生态素养实际情况出发,在全国范围内积极开展生态文明宣传教育,着力提升全民生态环保意识和素质,既是新时代社会主要矛盾转化对生态文明建设提出的现实任务和要求,也是新时代推进我国人的全面发展的有效途径。具体须从以下几个方面着力。

首先,加强生态文明宣传教育要以增强全民"三个意识"为重点。认识是

行为的先导。要促使全民形成良好的生态文明行为，必须先培养他们正确的生态文明意识。党的十八大以来习近平总书记在重要场合多次论及生态文明宣传教育议题，并强调增强全民节约意识、环保意识和生态意识之于生态文明建设的重要意义。具体而言，一是要通过生态文明宣传教育不断提升和增强全民节约资源的意识。在我国传统文化中，节约素来被人们奉之为一种美德。面对当前地球日益枯竭的自然资源和人类不断膨胀的发展欲望，节约资源可谓当前人类处理自身发展与资源紧张之间矛盾的一条必由之路。人作为一种物质的存在物，无论是其维持生命的延续还是实现自身的发展都离不开对一定自然资源的开发和利用。然而，在地球众多自然资源中，除了风力、太阳能等少数自然资源是取之不尽用之不竭的可再生资源外，其余的绝大多数自然资源都会随着人类无节制地开采和利用而逐渐趋于枯竭，甚至彻底从地球上消失。因此，节约自然资源是人类应对资源危机、实现可持续发展的必由之路。当前，我国生态文明宣传教育的重要任务之一就是要使全体人民自觉树立节约资源意识，让人们明白资源并非取之不尽、用之不竭，"石油紧张、矿物减少、淡水缺乏、粮食短缺等已经严重影响人们日常生产生活、直接威胁人类长远发展"[①]。唯有此，才能使人民在日常生产生活中，牢固树立节约资源意识，极力避免各种浪费行为的发生，进而为生态文明建设贡献出自己的力量。二是要通过生态文明宣传教育树立和增强全体人民的环保意识。从人的发展维度来看，良好的环保意识是现代社会中公民应有的一种素质。从生态文明建设的价值目标来看，增强全民环保意识是我国生态文明宣传教育的重要任务，也是当前我国解决生态环境问题、建设美丽中国的必由之路。一般而言，人们的环保意识越强，其环保行为就越自觉。通过生态文明宣传教育，就是要让人们深刻认识到只要"金山银山"而不顾"绿水青山"的严重后果；就是要让人们深刻认识到"绿水青山"一旦失去，后续修复的难度和付出的代价是巨大的，甚至是不堪承受的；就是要让人们时刻树立环境底线思维，坚持走可持续发展道路。三是要通过生态文明宣传教育树立和增强全民生态意识。所谓"生态意识是指人们处理人与自然关系的基本立场、观点和方法，

---

① 丁金光.进一步加强生态文明宣传教育[N].人民日报，2014-11-24(07).

第五章　新时代社会主要矛盾转化下人的全面发展的路径选择

也即人们处理短期利益和长远利益、局部利益和整体利益、经济效益和环境效益、开发与保护、生产与生活等关系应具备的生态观念"[1]。在现实生活中，人们是否具有生态意识会直接影响他们在处理自身与自然关系时的行为选择。为此，公民生态意识的强弱通常被作为衡量现代社会文明程度的重要标准。在我国，国家推行生态文明宣传教育的核心任务就是要向民众传递正确的生态理念，传播科学的环保知识，从而提升全体人民生态文明素养。因为通过这种教育，能帮助人们清醒地认识到人与自然是命运共同体的关系，任何破坏自然环境、违背自然规律的行为必将遭到大自然的无情惩罚；同时能引导人们在生产生活中自觉树立尊重自然爱护自然的生态价值理念。

其次，加强生态文明宣传教育要以构筑社会生态伦理和生态文化为目标。保护生态，除了靠强制性的生态政策或法律法规来约束人们的生态行为外，还要依靠人们内心的道德自律来规约自己的生态行为，这种道德就是生态伦理道德。在人们传统的思维认知中，道德通常被归类到人际关系的范畴或者被视之为处理人际关系的一种工具。然而，随着现代工业文明的强势崛起，以及随之而来的愈发严峻的生态问题的不断出现，人们开始不自觉地用伦理观念审视人与自然的关系，并寻求和呼唤以伦理的方式应对各种层出不穷的生态问题。这种认识和处理人与自然关系的道德规范就是所谓的生态伦理。在马克思主义论域中，生态伦理主要通过人与自然对立统一的关系表征出来。在马克思看来，"自然界，就它自身不是人的身体而言，是人的无机身体"[2]。习近平总书记在论及生态环境保护之于人类的重要意义时则要求"像保护眼睛一样保护生态环境，像对待生命一样对待生态环境"[3]。可见，人类对生态环境的道德关怀与呵护，本质上也是一种对自身生命的道德关怀与呵护，换言之，人类对自然的任何"敬"与"不敬"，自然界都会予以相应的现实"回应"。正是由于生态伦理扩展了道德的范围，超越了人与人的关系，因而它能够使公众发自内心地拥护国家生态保护政策，自觉摒弃人类中心主义的错误理念，

---

[1] 贾卫列，刘宗超. 生态文明 愿景、理念与路径[M]. 厦门：厦门大学出版社，2020：32.
[2] 马克思恩格斯文集：第一卷[M]. 中共中央马克思恩格斯列宁斯大林著作编译局，译. 北京：人民出版社，2009：161.
[3] 中共中央文献研究室. 习近平关于社会主义生态文明建设论述摘编[M]. 北京：中央文献出版社，2017：8.

努力实现人与自然的和谐发展。实际，除了生态伦理能够对人们的生态行为产生规约作用外，生态文化同样能对人们的生态行为产生潜移默化的正向引导作用。所谓"生态文化是指人与自然和谐发展、共存共荣的意识形态文化、价值取向和行为方式等"①。从生态文化的含义不难看出，人与自然和谐发展是生态文化的价值要旨，崇尚自然、保护自然是生态文化的基本特征。从过程的维度来看，生态文化是人类在反思人类中心主义价值取向的基础上产生的，以实现人与自然和谐发展为旨归的文化。综上可知，无论是生态伦理，还是生态文化都能对公众的生态行为起到很好的规约作用。因此，新时代，要通过扎实推进生态文明宣传教育，使全体人民自觉树立良好的生态伦理观念，并不断夯实全体人民生态文化基础，进而使他们在处理人与自然关系时能自觉按照生态伦理和生态文化的要求规范自身的生态行为。

最后，创新宣传教育方法和途径是加强生态文明宣传教育的关键。生态文明宣传教育是一项系统而复杂的工作，要取得良好效果，须根据教育对象的特点和时代发展的要求，不断创新宣传教育途径和方式。具体可从三个方面努力。一是适应新时代网络发展新趋势，不断创新和发展生态文明宣传教育的载体。生态文明宣传教育的根本任务在于将党和国家的生态文明理念和要求灌输给广大人民，使他们逐步树立起正确的生态文明观，养成良好的生态文明行为。在现实生活中，生态文明宣传教育的载体较多，如宣讲活动、课堂教学、书刊宣传、报纸报道、广播电视等，不可否认，这些载体在我国早期乃至现在的生态文明宣传教育中发挥了重要作用，然而，这些载体在实际发挥作用过程中受时空限制的影响较为明显。新时代，我国网络信息技术快速发展，网民人数不断激增，这在某种程度上要求党和国家在加强生态文明宣传教育过程中必须善于运用网络新媒体，不断提升生态文明宣传教育的效率和范围。二是发挥新闻媒体等主流宣传作用和舆论影响力，采取多元化、层次化的宣传途径和手段，深入挖掘可利用的资源，对社会上那些破坏生态环境的犯罪行为要敢于曝光和及时曝光，充分发挥新闻媒体的舆论监督职责和社会教育作用。三是发挥政府在生态文明宣传教育中的主导作用。要积极

---

① 陈丽鸿. 中国生态文明教育理论与实践[M]. 北京：中央编译出版社，2019：91.

第五章　新时代社会主要矛盾转化下人的全面发展的路径选择

构建政府主导、社会参与、部门协调、全民遵守的一体化的生态文明宣传教育格局，充分发挥各界人士的积极性和主动性，同时结合教育部门、政府环保部门强化全社会的生态文明教育宣传，进而有效形成全社会生态文明宣传教育的合力。

(二)坚持绿色发展方式和生活方式

人与自然休戚与共、命运相连，人在自然界中生存、生活和发展，唯有遵循大自然的客观规律才能与之和谐共处，违背这一规律则可能遭到大自然的无情报复，进而给人类可持续发展带来灾难性后果。从另一方面来看，人类要确保生存和维持可持续发展需要从大自然中攫取自然资源，而开发和利用自然资源同样要建立在尊重自然规律的基础之上，否则可能对有限的自然资源和脆弱的生态系统造成不可逆的伤害。不可否认，改革开放以来我国经济的快速发展在很大程度上提升了人民的物质生活水平，但由于我们在经济发展过程中，长期坚持把 GDP 增长等同于发展的发展模式以及将物质消费等同于生活质量提升的生活理念，致使我国经济得到快速发展的同时积累了大量的生态环境问题。这显然不符合我国人民对经济发展的期待，也从根本上制约了人民优美生态环境需要的满足，因而必须下大气力努力扭转这种局面。

推动形成绿色发展方式和生活方式是我国生态文明建设的内在要求，也是我国推进经济社会发展的重要方向，它不仅指明了实现美丽中国的主要路径，而且顺应了人民对美好生活的热切期待。绿色发展是对传统低效率、高耗能发展模式的一种变革与创新，它主要强调在经济发展和资源开发过程中，要充分考量资源环境的现实承载力，自觉将环境保护作为可持续发展的重要支柱。从内涵层面来看，绿色发展主要蕴涵了三层要旨。一是绿色发展要求在经济发展过程中，充分考量资源环境承载力，把节约资源和保护环境作为经济发展的重要指标。二是绿色发展以实现经济与生态协调、可持续发展为价值目标，确保当代人的发展不会危及后代的生存环境。三是"绿色化"和"生态化"既是推动经济发展的两种方式，也是衡量绿色发展的重要指标，还是绿色发展的内容要旨。所谓绿色生活方式是指人们为了保护生态环境、实现可持续发展而自觉选择按照环保、节俭、健康的理念进行生活的一种方式，它要求人们在日常生活中养成绿色消费、绿色出行、绿色居住的生活理念和行为习惯。无论是绿色发展方式，还是绿色生活方式，都是解决新时代社会主要矛盾转化下制约人的全面发展的生态问题的重要方式。

立足人民优美生态环境需要，推动形成绿色发展方式和生活方式须从三个方面着手。一是加快转变经济发展方式。改革开放后的很长一段时期，为了尽快改变我国生产落后面貌，缩小与世界发达国家间的发展差距，我国在经济发展过程中主要采取粗放型经济发展方式，这在短期内确实使我国经济实现了快速发展的初衷，但是也让我国在后续发展过程中不得不承受巨大的资源环境压力。显然，这种粗放型经济发展方式不符合我国人民的长远发展利益，更不应该成为我们实现现代化强国目标的战略选择。这就要求我国在当下和未来经济发展中，必须转变经济发展方式，改变过去单纯依靠增加物质资源消耗推动经济增长的粗放型发展方式，减少高能耗和高排放，坚持改革创新，发挥创新引领发展优势，以创新驱动助推形成低耗能和高产出的经济效应。可以说，这种绿色发展方式契合中华民族永续发展、人与自然和谐发展的价值追求和未来路向。二是积极构建鼓励和保障绿色发展的体制机制。如果单纯地将推行绿色发展方式寄望于人们的生态伦理自觉，那未免太过于理想化，很难在短期内达到理想效果。这就要求党和政府在对经济发展进行顶层设计时，充分将制度建设与绿色发展有机结合起来，积极构建有利于鼓励和保障绿色发展方式的各项政策和法律法规，从而使那些坚持绿色发展方式的企业或个人得到应有的支持和保障，也使那些违背绿色发展方式的企业或个人得到相应的惩戒。三是牢固树立人民绿色生活理念。个人既是良好生态环境的直接受益者，也是良好生态环境的主要维护者。尽管每个个体对整个环境的影响可谓"微不足道"，但是每个个体加起来所形成的环境破坏力却不敢想象，因此，新时代加强生态文明建设，要从塑造人们绿色生活理念入手，使每个人都能正确认识到环境与自我的紧密联系，进而在日常生活中自觉做到绿色消费、绿色出行和绿色居住。

(三)建立健全生态文明制度体系

生态文明建设既有赖于经济发展方式的变革和人民绿色生活方式的形成，也有赖于生态文明制度体系的建构和完善。相较于道德而言，制度和法律对于主体在生产生活中的生态行为具有更强的规约作用，因而能够为新时代我

第五章 新时代社会主要矛盾转化下人的全面发展的路径选择

国生态文明建设提供强有力的保障。建立健全生态文明制度体系不仅是秉持依法治国基本方略的基本要求，更是优化生态环境、推动人的全面发展的客观需要。新时代社会主要矛盾转化背景下，生态文明制度体系不完善、不健全问题已日益成为制约生态文明建设取得实质性进展的重要阻碍因素，因此，必须把制度建设作为推进生态文明建设的重中之重。具体可从以下三个方面着力。

首先，建立严格的生态文明源头保护制度。在我国，解决生态环境问题，必须要从源头上溯清这些环境问题产生的原因，进而才能有针对性地制定出科学有效的环保举措。可见，加强生态文明建设，必须把源头保护置于首要位置，建立严格的生态文明源头保护制度，唯有此，才能从问题出现的源头上彻底解决长期困扰人们的生态环境问题。建立严格的生态文明源头保护制度须从两个方面着手。一是健全自然资源资产产权制度。在现实生活中，保护资源不是一句空洞的环保口号，而应落实到具体的责任人头上。那么，如何明确划定资源保护的责任人呢？这就需要从法律层面对自然生态空间的使用划定权力的边界，明确自然资源使用"主人"的权利和义务，使他们在享受自然资源带来的利益的同时，自觉承担起保护这些自然资源的责任。二是建立和完善自然资源用途管制制度。所谓自然资源用途管制，是指"对一定国土空间里的自然资源按照自然资源属性、使用用途和环境功能采取相应方式的监管"[①]。通过相应的制度建设加强对自然资源用途进行统一管制，有助于避免自然资源被无节制使用和大量浪费现象，进而有助于推动人与自然关系的和谐发展。总之，建立严格的生态文明源头保护制度，是当前我国从源头上防范和解决生态环境问题的根本之举，也是当前我国在环境治理制度化进程中取得的宝贵经验。

其次，建立和完善生态文明赔偿制度。自然资源既不是取之不尽用之不竭的，也不是无须付出任何代价就可以随便开采和使用的。在我国，自然资源属于国家和集体所有，不属于任何单位或个人，因此，单位和个人要想开采和使用自然资源，必须征得国家或集体的同意，并需要向国家或集体支付

---

① 逄锦聚，等.中国特色社会主义政治经济学通论[M].北京：经济科学出版社，2018：499.

一定的费用。与其他的商品相比，资源性价格除了会体现出一般的由市场供求关系所决定的商品价格外，还会体现出其独特的生态价值。换言之，不能简单地用一般商品的价格来概括或评估自然资源的价值，而更应该重视自然资源本身所蕴含的独特的生态价值。然而，值得注意的是，在我国过去经济发展过程中普遍存在资源性产品的市场价格与其实际价值不相符的问题，一些个人或单位在购买资源性产品时所支付的费用，往往没有将资源本身包含的生态价值的费用包含进去。正是由于使用自然资源的费用成本过低，因而容易导致个人或单位对自然资源的浪费和无节制使用。为此，在建立和完善生态文明赔偿制度过程中，要先建立单位和个人有偿使用自然资源的制度，即单位和个人在开发利用自然资源后，须向国家或集体支付由自然资源的生态价值和市场供求关系共同决定的资源产品价格的费用。另外，要完善生态文明赔偿制度还应建立生态补偿制度。这种制度主要用于奖励那些保护生态环境的个人或组织，惩罚那些破坏生态环境的个人或组织，补偿那些因生态环境破坏或保护而受到损害的个人或组织。可以说，生态补偿制度对激发人们生态环境保护意识、减少生态环境破坏行为有着重要的积极意义。

最后，建立和完善生态文明责任追究制度。只有对那些破坏生态环境行为的组织或个人及时追责，并根据他们行为后果的严重程度给予相应的处罚，才能在源头上杜绝类似的生态环境破坏行为再次发生。然而，在过去很长一段时期，我国一些地区由于缺乏生态环境保护意识或者因过度重视经济增长而忽视生态环境保护，致使以牺牲生态环境为代价的经济发展行为时有发生，进而导致这些地区的生态环境破坏问题十分严重。然而，每次这些环境破坏问题出现之后，一些本应承担责任的组织或个人实际上并未被追责，这显然不符合我国社会主义法治精神，更有违我国生态文明法治建设的初衷。因此，必须建立并严格落实生态文明责任人赔偿制度。一方面，要建立专业能力强、政治素质硬以及思想觉悟高的生态环境损害评估机构，能够对生态环境损害程度做出实时准确评估，进而使落实责任人赔偿制度建立在合理的范围之内；另一方面，要依据我国国情和当地治理特征制定科学、系统且符合生态要求的赔偿制度，从而规范赔偿的标准和原则。此外，建立和落实领导干部责任追究制也是完善严格的生态文明责任追究制度的内在要求。在现实生活中，

第五章　新时代社会主要矛盾转化下人的全面发展的路径选择

领导干部在生态文明建设中承担着重要职责，他们的生态意识和在生态文明建设中的战略决策往往会对当地生态文明建设产生直接而深远的影响。例如，在我国过去一段时期，为了实现 GDP 高速增长目标，一些地方领导干部在处理经济发展和环境保护之间的关系时，往往选择以牺牲生态环境换取经济高速发展的错误决策，致使多年后当地老百姓仍要为这些领导干部当年的错误决策埋单。建立并落实领导干部追究制旨在督促领导干部在领导经济建设过程中，要善于协调经济发展与环境保护之间的矛盾，自觉履行好在生态文明环境建设中的领导职责。

参考文献

一、经典著作类

[1]马克思恩格斯选集[M].中共中央马克思恩格斯列宁斯大林著作编译局,译.北京:人民出版社,2012.

[2]马克思恩格斯全集:第一卷[M].中共中央马克思恩格斯列宁斯大林著作编译局,译.北京:人民出版社,1995.

[3]马克思恩格斯全集:第二十一卷[M].中共中央马克思恩格斯列宁斯大林著作编译局,译.北京:人民出版社,2003.

[4]马克思恩格斯全集:第三十卷[M].中共中央马克思恩格斯列宁斯大林著作编译局,译.北京:人民出版社,1995.

[5]马克思恩格斯全集:第三十一卷[M].中共中央马克思恩格斯列宁斯大林著作编译局,译.北京:人民出版社,1998.

[6]马克思恩格斯全集:第三十二卷[M].中共中央马克思恩格斯列宁斯大林著作编译局,译.北京:人民出版社,1998.

[7]马克思恩格斯全集:第三十四卷[M].中共中央马克思恩格斯列宁斯大林著作编译局,译.北京:人民出版社,2008.

[8]马克思恩格斯全集:第四十六卷下册[M].中共中央马克思恩格斯列宁斯大林著作编译局,译.北京:人民出版社,1980.

[9]马克思恩格斯全集:第四十卷[M].中共中央马克思恩格斯列宁斯大林著作编译局,译.北京:人民出版社,1982.

[10]马克思恩格斯文集:第一卷[M].中共中央马克思恩格斯列宁斯大林著作编译局,译.北京:人民出版社,2009.

[11]马克思恩格斯文集：第三卷[M].中共中央马克思恩格斯列宁斯大林著作编译局，译.北京：人民出版社，2009.

[12]马克思恩格斯文集：第九卷[M].中共中央马克思恩格斯列宁斯大林著作编译局，译.北京：人民出版社，2009.

[13]马克思恩格斯文集：第十卷[M].中共中央马克思恩格斯列宁斯大林著作编译局，译.北京：人民出版社，2009.

[14]列宁全集：第一卷[M].中共中央马克思恩格斯列宁斯大林著作编译局，译.北京：人民出版社，1984.

[15]列宁全集：第二十四卷[M].中共中央马克思恩格斯列宁斯大林著作编译局，译.北京：人民出版社，2017.

[16]列宁全集：第二十八卷[M].中共中央马克思恩格斯列宁斯大林著作编译局，译.北京：人民出版社，2017.

[17]列宁全集：第五十五卷[M].中共中央马克思恩格斯列宁斯大林著作编译局，译.北京：人民出版社，2017.

[18]列宁全集：第六十卷[M].中共中央马克思恩格斯列宁斯大林著作编译局，译.北京：人民出版社，2017.

[19]列宁选集：第四卷[M].中共中央马克思恩格斯列宁斯大林著作编译局，译.北京：人民出版社，2012.

[20]斯大林文选：1934～1952(下)[M].中共中央马克思恩格斯列宁斯大林著作编译局，译.北京：人民出版社，1962.

[21]斯大林选集(上)[M].中共中央马克思恩格斯列宁斯大林著作编译局，译.北京：人民出版社，1979.

[22]毛泽东文集：第七卷[M].北京：人民出版社，1999.

[23]毛泽东选集[M].北京：人民出版社，1991.

[24]邓小平文选：第三卷[M].北京：人民出版社，1993.

[25]邓小平文选：第一至二卷[M].北京：人民出版社，1994.

[26]江泽民文选[M].北京：人民出版社，2006.

[27]胡锦涛文选[M].北京：人民出版社，2016.

[28]习近平谈治国理政[M].北京：外文出版社，2014.

[29]习近平谈治国理政：第二卷[M].北京：外文出版社，2017.

[30]习近平谈治国理政：第三卷[M].北京：外文出版社，2020.

二、重要文献类

[1]中共中央文献研究室.建国以来重要文献选编：第九册[M].北京：中央文献出版社，1994.

[2]中共中央文献研究室.建国以来重要文献选编：第十册[M].北京：中央文献出版社，1994.

[3]中共中央文献研究室.建国以来重要文献选编：第十一册[M].北京：中央文献出版社，1995.

[4]中共中央文献研究室.十四大以来重要文献选编（上）[M].北京：人民出版社，1996.

[5]江泽民.在庆祝中国共产党成立八十周年大会上的讲话[M].北京：人民出版社，2001.

[6]习近平.之江新语[M].杭州：浙江人民出版社，2007.

[7]马克思恩格斯文集资料汇编[M].中共中央马克思恩格斯列宁斯大林著作编译局，译.北京：人民出版社，2011.

[8]关于培育和践行社会主义核心价值观的意见[M].北京：人民出版社，2013.

[9]习近平同全国劳动模范代表座谈并发表重要讲话[J].当代兵团，2013(09).

[10]中共中央宣传部.习近平总书记系列重要讲话读本[M].北京：人民出版社，2014.

[11]习近平.在文艺工作座谈会上的讲话[M].北京：人民出版社，2015.

[12]十八大以来治国理政新成就编写组.十八大以来治国理政新成就（上）[M].北京：人民出版社，2017.

[13]习近平.决胜全面建成小康社会　夺取新时代中国特色社会主义伟大胜利——在中国共产党第十九次全国代表大会上的报告[M].北京：人民出版社，2017.

[14]中共中央文献研究室.习近平关于社会主义社会建设论述摘编[M].北京：中央文献出版社，2017.

[15]马克思，恩格斯.共产党宣言[M].北京：人民出版社，2018.

[16]中共中央宣传部.习近平新时代中国特色社会主义思想三十讲[M].北京：学习出版社，2018.

[17]习近平：坚决打好污染防治攻坚战　推动生态文明建设迈上新台阶[N].人民日报，2018-05-19.

[18]习近平.在纪念马克思诞辰200周年大会上的讲话[N].人民日报，2018-05-05.

[19]习近平.在庆祝改革开放40周年大会上的讲话[N].人民日报，2018-12-19.

[20]中共中央关于加强党的政治建设的意见[M].北京：人民出版社，2019.

[21]中国共产党中央委员会工作条例[M].北京：法律出版社，2020.

[22]习近平.扎实推动共同富裕[J].求是，2021(20).

[23]习近平.在庆祝中国共产党成立100周年大会上的讲话(全文)[J].求是，2021(14).

[24]习近平在中国文联十一大、中国作协十大开幕式上的讲话[N].人民日报，2021-12-15.

[25]中共中央关于党的百年奋斗重大成就和历史经验的决议[N].人民日报，2021-11-17.

三、学术专著类

[1]刘荣春.新时代社会主要矛盾与人的全面发展[M].北京：经济管理出版社，2020.

[2]贾卫列，刘宗超.生态文明 愿景、理念与路径[M].厦门：厦门大学出版社，2020.

[3]何士青.人的全面发展的法治向度研究[M].北京：中国社会科学出版社，2020.

[4]彭曼丽.马克思恩格斯生态思想发展史研究[M].北京：人民出版社，2020.

[5]陈先达.历史唯物主义与当代中国[M].北京：中国人民大学出版社，2019.

[6]石建勋.新时代我国社会发展的主要矛盾研究[M].北京：人民出版社，2019.

[7]沈湘平，杨仁忠.新时代社会主要矛盾与人的发展[M].北京：经济管理出版社，2019.

[8]孙建华.马克思主义中国化思想通史：第三卷[M].北京：人民出版社，2019.

[9]项益才.社会保障与人的发展研究[M].北京：中国商务出版社，2019.

[10]童世骏，文军，等.我们时代的精神文化生活[M].上海：上海人民出版社，2019.

[11]逄锦聚，等.中国特色社会主义政治经济学通论[M].北京：经济科学出版社，2018.

[12]顾相伟.马克思人的全面发展思想及当代发展研究[M].上海：复旦大学出版社，2018.

[13]张建明，洪大用，刘少杰.中国人民大学中国社会发展研究报告2018：更好满足人民美好生活需要[M].北京：中国人民大学出版社，2018.

[14]欧阳辉.走近卡尔·马克思[M].北京：人民出版社，研究出版社，2018.

[15]李皋.变迁与启示——改革开放四十年化解社会矛盾经验研究[M].北京：中国民主法治出版社，2018.

[16]谢建社.新时代中国社会变迁与社会治理若干问题研究[M].北京：中国社会科学出版社，2018.

[17]丰子义.马克思主义社会发展理论研究[M].北京：北京师范大学出版社，2017.

[18]袁杰.马克思人的解放理论与实践研究[M].北京：人民出版社，2017.

[19]李建华.社会主义核心价值观构建与践行探究[M].北京：人民出版社，2017.

[20]周彦霞.论马克思人的解放思想与马克思主义整体性[M].沈阳：东北大学出版

社，2017.

[21]陈亮. 人与环境[M]. 北京：中国环境出版社，2017.

[22]王沪宁. 政治的逻辑[M]. 上海：上海人民出版社，2016.

[23]王友洛. 人的全面发展与社会主义：多重视域的研究[M]. 社会科学文献出版社，2016.

[24]任国忠，李丙清，仲爱萍. 中国特色社会主义与人的全面发展[M]. 北京：中国社会科学出版社，2016.

[25]张亮，周嘉昕，孙乐强. 理解马克思：卡尔·马克思的生平与核心著作导读[M]. 北京：人民出版社，2016.

[26]陈志尚. 人学新探索：来自马克思主义哲学视角的反思[M]. 北京：北京师范大学出版社，2016.

[27]李培林. 2016年中国社会形势分析与预测[M]. 北京：社会科学文献出版社，2015.

[28]谢仁生. 民生改善与马克思主义大众化[M]. 北京：人民出版社，2015.

[29]王芳. 环境与社会跨学科视域下的当代中国环境问题[M]. 上海：华东理工大学出版社，2013.

[30]任玉岭. 大国民生[M]. 北京：电子工业出版社，2013.

[31]吴楠. 人与社会关系思想的历史性生成：青年马克思思想探析[M]. 北京：中国社会科学出版社，2013.

[32]辛世俊. 马克思主义人学中国化[M]. 北京：人民出版社，2013.

[33]朱秀英. 中国特色社会主义理论的内在同一性研究[M]. 北京：人民出版社，2012.

[34]袁贵仁. 马克思主义人学理论研究[M]. 北京：北京师范大学出版社，2012.

[35]杨文圣，焦存朝. 社会形态嬗变与人的发展进程研究[M]. 北京：首都经济贸易大学出版社，2011.

[36]陆剑杰. 社会主义与人[M]. 郑州：河南人民出版社，2011.

[37]孙学玉. 当代中国民生问题研究[M]. 北京：人民出版社，2010.

[38]齐英艳. 生活质量与人的全面发展[M]. 北京：中国社会科学出版社，2010.

[39]李昆明，王缅. 大国策：通向大国之路的中国文化发展战略[M]. 北京：人民出版社，2009.

[40]宁克强，魏如芳. 人类文明的呼唤——马克思主义人的全面发展思想的当代审视[M]. 石家庄：河北人民出版社，2009.

[41]张述元. 人的全面发展在中国[M]. 北京：时事出版社，2009.

[42]陈新夏.可持续发展与人的发展[M].北京:人民出版社,2009.

[43]刘建新.马克思现代性批判视域中的人的全面发展[M].北京:人民出版社,2009.

[44]杨竞业,姜晓丽.人的全面发展问题的当代论域[M].武汉:武汉大学出版社,2009.

[45]宋增伟.制度公正与人的全面发展[M].北京:人民出版社,2008.

[46]赵兴良,等.社会主义社会的全面发展与人的全面发展研究[M].南昌:江西人民出版社,2008.

[47]赵太长.马克思的需要理论及其当代价值[M].郑州:河南人民出版社,2008.

[48]徐春.人的发展论[M].北京:中国人民公安大学出版社,2007.

[49]王克婴.中国文化传统、社会变迁与人的全面发展[M].天津:天津人民出版社,2007.

[50]涂艳国.走向自由——教育与人的发展问题研究[M].天津:天津人民出版社,2007.

[51]杨东升.促进人的全面发展研究[M].北京:中国文联出版社,2007.

[52]王继辉,文学禹,朱剑昌.尊重人、理解人、关心人——人类个体问题研究[M].北京:华龄出版社,2006.

[53]钟明华,等.马克思主义人学视域中的现代人生问题[M].北京:人民出版社,2006.

[54]郑永廷.人的现代化理论与实践[M].北京:人民出版社,2006.

[55]胡大平,姜迎春,郭榛树.全面建设小康社会与人的全面发展[M].南京:江苏人民出版社,2005.

[56]韩庆祥,亢安毅.马克思开辟的道路——人的全面发展研究[M].北京:人民出版社,2005.

[57]李超.社会主义市场经济的人学底蕴[M].北京:人民出版社,2004.

[58]袁贵仁,韩庆祥.论人的全面发展[M].南宁:广西人民出版社,2003.

[59]金炳华.马克思主义哲学大辞典[M].上海:上海辞书出版社,2003.

[60]中南财经政法大学哲学政治学系编.马克思主义在当代[M].北京:中国财政经济出版社,2002.

[61]王晓霞.社会发展与人的发展[M].天津.天津古籍出版社,2002.

[62]郭湛.主体性哲学——人的存在及其意义[M].昆明:云南人民出版社,2002.

[63]陈卫平.人的全面发展是建设新社会的本质要求[M].上海:上海社会科学出版社,2002.

[64]赵科天.当代中国社会矛盾分析[M].北京:中国文史出版社,2002.

[65]梁周敏,衡彩霞.新时期人民内部矛盾问题研究[M].北京:人民出版社,2001.

[66]刘培平.社会矛盾与近代中国[M].济南：山东教育出版社，2000.

[67]袁贵仁.马克思的人学思想[M].北京：北京师范大学出版社，1999.

[68]黄楠森.马克思主义哲学史[M].北京：高等教育出版社，1998.

[69]汪信砚，肖新发.科学真理的困惑与解读[M].武汉：湖北人民出版社，1998.

[70]查尔斯·狄更斯.双城记[M].孙法理，译.南京，译林出版社，1996.

[71]马尔库塞.单向度的人[M].张峰，吕世平，译.重庆：重庆出版社，1993.

[72]肖前，等.辩证唯物主义原理（修订本）[M].北京：人民出版社，1991.

[73]陈桂生.人的全面发展理论与现时代[M].上海：上海教育出版社，1988.

[74]马斯洛.自我实现的人[M].许金声，刘锋，等，译.北京：生活·读书·新知三联书店，1987.

[75]埃利希·弗洛姆.逃避自由[M].陈学明，译.北京：工人出版社，1987.

[76]鲍·季·格里戈里扬.关于人的本质的哲学[M].汤侠声，等，译.北京：生活·读书·新知三联书店，1987.

[77]徐琳.恩格斯哲学思想研究[M].北京：北京出版社，1985.

[78]爱尔维修.论精神[M].北京大学哲学系，译.北京：商务印书馆，1963.

四、学术论文类

[1]杨明.正确把握新时代我国社会主要矛盾[J].红旗文稿，2022(02).

[2]陈建兵，师帅朋.百年来中国共产党对我国社会主要矛盾演进的科学判断及经验启示[J].思想教育研究，2022(02).

[3]丰子义.人学视域中的"美好生活需要"[J].学术界，2021(11).

[4]李霞.新时代美好生活方式的人的全面发展尺度[J].山东社会科学，2021(10).

[5]李国泉.新时代社会主要矛盾转化的马克思主义阐释[J].东南学术，2021(01).

[6]张廷广."历史合力论"视域下新时代社会主要矛盾的化解路径探析[J].科学社会主义，2021(06).

[7]刘亚敏，张国启.新时代社会主要矛盾转化影响社会发展动力的机理与应对[J].广西社会科学，2021(02).

[8]杨立新.世界卫生组织（WHO）颁发环境健康基准的历程及对我国的借鉴[J].环境科学研究，2021(12).

[9]何晓龙.国内学界农村公共文化服务供需失衡研究综述[J].国家图书馆学刊，2021(05).

参考文献

[10]李淑颖.基于社会主要矛盾视域下实现人的全面发展路径探析[J].贵阳学院学报(社会科学版),2021(02).

[11]史丹.中国社会主要矛盾转变与党对经济工作的领导[J].当代中国史研究,2021(06).

[12]陈永福.中国共产党关于人的全面发展规律的百年探索[J].福州大学学报(哲学社会科学版),2021(04).

[13]魏波,邝薪颖.新发展阶段社会与人的全面发展的辩证思考[J].中国特色社会主义研究,2021(03).

[14]李红松.不平衡不充分的发展与人的全面发展——社会哲学层面的一种思考[J].郑州轻工业学院学报(社会科学版),2020(04).

[15]李松龄.私人劳动和社会劳动的深化认识及其当代意义——基于新时代社会主要矛盾的思考[J]学术探索,2020(12).

[16]任志芬.生态文明与美好生活的创建——基于新时代社会主要矛盾的生态视角[J].绍兴文理学院学报,2020(07).

[17]陶晶.乡村振兴视域下农村公共文化服务体系建设的路径选择[J].农业经济,2020(08).

[18]陈跃,余练.社会主要矛盾转化与基层社会治理创新探析[J].理论探索,2020(04).

[19]刘洪刚,施雅琪.美好生活需要的人学解读——从人的自由全面发展出发[J].中共成都市委党校学报,2020(02).

[20]杨鲜兰,程亚勤.论习近平对人的全面发展理论的创新发展[J].湖北社会科学,2020(04).

[21]廖小琴.论美好生活需要的历史生成及其价值意蕴[J].广西教育学院学报,2020(02).

[22]秦维红,张玉杰.马克思需要理论视域中"美好生活需要"探析[J].马克思主义理论学科研究,2020(04).

[23]刘林.新时代人民美好生活需要的人学意蕴——以马克思主义人学为视角[M].中共南宁市委党校学报,2020(05).

[24]张晓刚.新时代我国社会主要矛盾转化的生成逻辑和现实意蕴[J].理论视野,2020(11).

[25]张媛媛,张荣军.化解新时代社会主要矛盾的科学方法论与实践逻辑[J].江西社会科学,2020(05).

[26]陈金钊.用法治推进社会平衡发展——化解新时代社会主要矛盾的基本方式[J].社会科学战线,2020(05).

[27]施烨.新时代社会主要矛盾转化与人全面发展的新际遇新路径[J].延边党校学报，2020(02).

[28]廖小琴.论美好生活需要的历史生成及其价值意蕴[J].广西教育学院学报，2020(02).

[29]陈新夏.新时代社会主要矛盾转化的人学思考[J].山西师范大学学报（社会科学版），2020(04).

[30]申曙光，曾望峰.健康中国建设的理念、框架与路径[J].中山大学学报（社会科学版），2020(01).

[31]田克勤，田天亮.从三重维度研判新时代社会主要矛盾的转化[J].思想政治教育研究，2019(03).

[32]王永灿.新时代社会主要矛盾转化与人的全面发展[J].上海社会主义学院学报，2019(02).

[33]沈江平，侯耀文.历程·成就·经验：中华人民共和国成立70年与人的发展变迁[J].云南社会科学，2019(06).

[34]赵福浩，张晓平.新时代中国社会主要矛盾变化的逻辑分析[J].贵州社会科学，2019(05).

[35]李程锦.新时代美好生活的理论意蕴及实现路径[J].江西社会科学，2019(06).

[36]石云霞.论社会主义现代化强国思想的创新和发展[J].思想理论教育导刊，2019(05).

[37]左亚文，刘争明.论逻辑矛盾与辩证矛盾及其辩证关系——辩证矛盾法再探之一[J].马克思主义理论学科研究，2019(5).

[38]张秀峰，刘卓红.新时代社会主要矛盾转化科学命题的三大哲学逻辑[J].广东社会科学，2019(01).

[39]刘儒，贺升杰.诠释新时代社会主要矛盾的三个维度——基于中国特色社会主义政治经济学的分析[J].财经问题研究，2019(10).

[40]王彤.中国城乡教育差异化现状分析及对策建议[J].教育现代化，2019(24).

[41]刘须宽.社会基本矛盾和社会主要矛盾的历史唯物主义阐析[J].中共云南省委党校学报，2019(01).

[42]邹广文，沈丹丹.社会主要矛盾的演变与人的存在方式——一种基于历史唯物主义视角的考察[J].马克思主义与现实，2019(01).

[43]翁良殊，路日亮.人的需要与社会主要矛盾的转变[J].北京交通大学学报（社会科学版）.2019(03).

[44]王凯，庞震.从社会主要矛盾变化看我国城乡收入差距的不平衡[J].当代经济管理，

2019(05).

[45]张夺，王桂敏.变与不变：我国社会主要矛盾转化的内在逻辑与内涵实质[J].思想政治教育研究，2019(04).

[46]王向清，杨真真.社会基本矛盾和社会主要矛盾及其辩证关系论析[J].世界哲学，2019(04).

[47]钱书法.我国社会主要矛盾的转化与应对——一个政治经济学的解读[J].内蒙古社会科学(汉文版)，2019(05).

[48]严文波，李寅熊.辩证认识我国社会主要矛盾的转化[N].中国社会科学报，2019-02-28.

[49]郭杰忠，于东，郭宗萱.我国社会主要矛盾变化的理论依据和实践意蕴[J].江西社会科学，2019(01).

[50]白显良，崔建西.中华人民共和国成立70年来我国社会主要矛盾变化的三重逻辑[J].思想教育研究，2019(08).

[51]陈红，孙雯.生态人：人的全面发展的当代阐释[J].哈尔滨工业大学学报(社会科学版)，2019(06).

[52]邹红军，林丹，柳海民.论以实现"人的全面发展"为核心的新教育公平[J].广西社会科学，2019(10).

[53]李娉.新发展理念与人的全面发展[J].思想教育研究，2019(03).

[54]张三元.论美好生活与人的全面发展[J].理论探讨，2018(02).

[55]陈新夏.人的发展视域中的美好生活需要[J].华中科技大学学报(社会科学版)，2018(04).

[56]卫兴华.对新时代我国社会主要矛盾转化问题的解读[J].社会科学辑刊，2018(02).

[57]沈湘平，刘志洪.正确理解和引导人民的美好生活需要[J].马克思主义研究，2018(08).

[58]栾亚丽，宋则宸.新时代中国社会主要矛盾转化及其深远影响[J].宁夏社会科学，2018(01).

[59]吕普生.论新时代中国社会主要矛盾历史性转化的理论与实践依据[J].新疆师范大学学报(哲学社会科学版)，2018(04).

[60]赵中源.新时代社会主要矛盾的本质属性与形态特征[J].政治学研究，2018(02).

[61]何红连.新时代中国特色社会主义社会主要矛盾中人的发展追问[J].思想教育研究，2018(11).

[62]陈玉斌,刘友田.习近平人的全面发展思想刍议[J].佳木斯大学社会科学学报,2018(06).

[63]李慎明.正确认识和科学把握中国特色社会主义新时代社会主要矛盾[J].世界社会主义研究,2018(02).

[64]赵灯峰,武峥,杨利峰.习近平社会主要矛盾思想的依据及价值[J].福建省社会主义学院学报,2018(01).

[65]徐国民.新时代我国社会主要矛盾的依据、内涵及其定位[J].华东理工大学学报(社会科学版),2018(01).

[66]艾四林,康沛竹.中国社会主要矛盾转化的理论与实践逻辑[J].当代世界与社会主义,2018(01).

[67]杨敏.习近平人的全面发展思想探析[J].科学社会主义,2018(02).

[68]程艳,孙来斌.科学认识新时代我国社会的主要矛盾[J].学校党建与思想教育,2018(01).

[69]章泽武.社会主要矛盾变化对经济发展的新要求[J].探求,2018(03).

[70]陈灿芬.我国社会主要矛盾变化的依据、意义及要求[J].学习与实践,2018(02).

[71]陈明珍.社会主要矛盾变化对政法工作的新要求[J].云南警官学院学报,2018(04).

[72]杜孝珍.新时代解决我国社会主要矛盾的基本路径[J].红旗文稿,2018(08).

[73]凌加英.社会主义初级阶段主要矛盾的变化及其意义——以马克思人的全面发展思想为视角[J].浙江工业大学学报,2018(01).

[74]林密.马克思"世界历史"视域中的新时代社会主要矛盾转化及其意义初探[J].天津社会科学,2018(02).

[75]鹿林.不平衡不充分发展的根由在人——学习新时代我国社会主要矛盾的几点体会[J].山东青年政治学院学报,2018(01).

[76]朱荣英.马克思人的全面发展理论的逻辑理路及其价值旨归——兼论促进人的全面发展是中国特色社会主义的最高命题[J].河南大学学报(社会科学版),2018(02).

[77]缪雨.人的全面发展视域下的乡村振兴战略[J].云南民族大学学报(哲学社会科学版),2018(03).

[78]刘玖玲.习近平人的全面发展思想研究[J].学校党建与思想教育,2018(06).

[79]吕松涛.毛泽东经济建设思想及其当代启示[J].理论学刊,2018(01).

[80]高永强.新时代人的生态需要逻辑转换与生态文明建设路径选择[J].理论学刊,2018(03).

参考文献

[81]韩雪.从教育公平视域论人的全面发展[J].商丘师范学院学报,2018(11).

[82]韩文龙,陈航.当前我国收入分配领域的主要问题及改革路径[J].当代经济研究,2018(07).

[83]周海荣,何丽华.马克思主义社会矛盾理论视域下我国社会主要矛盾的转变[J].社会科学,2018(04).

[84]李慎明.正确认识和科学把握中国特色社会主义新时代社会主要矛盾——学习党的十九大报告的体会[J].世界社会主义研究,2018(02).

[85]田天亮.透视改革开放初期党对社会主要矛盾认识的基本内涵、生成逻辑及价值成效[J].湖北社会科学,2018(12).

[86]金建萍.人的全面发展:新时代中国特色社会主义的核心要义[J].郑州轻工业学院学报(社会科学版),2018(06).

[87]邱耕田.准确认识发展不平衡不充分问题[N].大众日报,2018-01-05.

[88]刘光明.辩证认识新时代我国社会主要矛盾[N].经济日报,2018-01-04.

[89]常修泽.理论价值 时代价值 人类文明价值 "不断促进人的全面发展"的三重价值[J].人民论坛,2017(S2).

[90]冯霞.五大发展理念与人的全面发展[J].马克思主义理论学科研究,2017(03).

[91]陈婷.人的全面发展在当代中国的现实境遇及实践路径[J].中共云南省委党校学报,2015(04).

[92]龚胜生,张涛.中国"癌症村"时空变迁分布研究[J].中国人口·资源与环境,2013(09).

[93]徐汉明.法治的核心是宪法和法律的实施[J].中国法学,2013(01).

[94]李朝祥,叶玲春.社会矛盾的内生性根源探析[J].求实,2013(07).

[95]刘金祥.注重人的精神世界现代化[J].民主与科学,2012(03).

[96]于文湖,牟文谦.人的需要和人的全面发展的互动关系探微[J].改革与战略,2012(01).

[97]罗姗.论精神生活与人的全面发展[J].思想教育研究,2012(03).

[98]沧南,彭臻.论中国特色社会主义社会的基本矛盾和主要矛盾[J].湘潭大学学报(哲学社会科学版),2012(05).

[99]高永强,陈尚伟.论人的政治需要与人的发展[J].理论月刊,2012(05).

[100]冯海波.列宁社会矛盾思想研究[J].辽宁省社会主义学院学报,2011(02).

[101]周鑫.系统论视域下的生态文明建设——兼论马克思系统分析方法的指导意义[J].

甘肃理论学刊，2010(03).

[102]王翠华.论二维形态的民主与人的全面发展[J].人大研究，2010(10).

[103]黄锡富.收入分配与人的全面发展的关系[J].改革与战略，2010(09).

[104]王爱平.论邓小平对社会主义矛盾理论的发展[J].岭南学刊，2009(03).

[105]麻艳香，蔡中宏.人的全面发展：人类社会发展的价值追求[J].甘肃社会科学，2009(04).

[106]周书俊.马克思"对象性存在"与社会主义和谐社会的构建[J].江西财经大学学报，2008(02).

[107]任自涛.人的需要与生态和谐——对马克思关于人的需要理论的哲学解读[J].实事求是，2007(03).

[108]刘荣军.以人的全面发展为尺度的社会发展及其历史本原[J].西南大学学报(社会科学版)，2007(02).

[109]俞可平.马克思论民主的一般概念、普遍价值和共同形式[J].马克思主义与现实，2007(03).

[110]刘世廷.资源有限性与人类需要无限性的矛盾——人类社会基本矛盾的现代透视[J].科学社会主义，2006(06).

[111]张荣华，赵华.对当前我国社会主要矛盾的新认识和新表述[J].石油大学学报(社会科学版)，2005(01).

[112]刘红霞.人的全面发展：社会发展的最高目标[J].学术交流，2004(09).

[113]陈树文.论人的全面发展与社会发展的辩证统一[J].北方交通大学学报(社会科学版)，2003(01).

[114]刘曙光.邓小平对社会主义社会主要矛盾和根本任务理论的贡献[J].湘潭大学社会科学学报，2003(05).

[115]李敏.浅析人的全面发展与社会发展的关系[J].南京医科大学学报(社会科学版)，2003(02).

[116]石书臣.人的全面发展的本质涵义和时代特征[J].河北大学学报(哲学社会科学版)，2002(02).

[117]王忠武.科学消费与人的全面发展[J].东岳论丛，2002(06).

[118]李瑞清.论社会发展的不平衡性[J].前沿，2002(06).

[119]余源培.人的需要和人的全面发展——对我国全面建设小康社会的一种哲学审视[J].学术月刊，2002(11).

[120]张光年. 人的全面发展与社会主义[J]. 湖北社会科学，2002(11).

[121]王忠武. 人的全面发展在当代中国社会发展中的地位和作用[J]. 天津社会科学，2002(03).

[122]陈志尚，张维祥. 关于人的需要的几个问题[J]. 人文杂志，1998(01).

[123]马仲良. 论社会基本矛盾与社会主要矛盾的关系[J]. 北京社会科学，1992(02).

[124]何畏. 社会矛盾学说的新发展——兼论社会根本矛盾、基本矛盾、主要矛盾及其关系[J]. 求索，1983(06).

[125]刘青华."社会基本矛盾"和"社会主要矛盾"这两个概念是不恰当的[J]. 国内哲学动态，1979(04).

五、学位论文类

[1]白雪. 新时代我国社会主要矛盾研究[D]. 哈尔滨：哈尔滨师范大学，2021.

[2]左腾飞. 新时代中国社会主要矛盾研究[D]. 济南：山东师范大学，2020.

[3]常春. 中国共产党认识社会主要矛盾的演进研究[D]. 青岛：中国石油大学（华东），2015.

[4]张立鹏. 马克思人的全面发展理论及其在当代中国实现条件研究[D]. 兰州：兰州大学，2014.

[5]温浩. 论人的需要与社会发展的统一性[D]. 长春：吉林大学，2013.

六、外文资料类

[1]G·Lukács：*History and Class Consciousness*，The MIT Press，1997.

[2]Corrliss Lamont：*Humanism as a Philosophy*，Philosophy Librarg，1949.

[3]Erich Fromm：*Marx's Concept of Man*，Continuum International Publishing Group，1961.

[4]Selim Japhan. *Measuring Human Development：Evolution of the Human Development Index*[M]. UNDP working paper，2002.

[5]Oakeshott. *On Human Conduct*[M]. Oxford University Press，1975.

[6]Human Development Report 2002：*Deepening Demoracy in a Fragmented World*[R]. Oxford University Press，2002.

[7]Diener E. Emmons, R. A. Larsen R. J. Griffin S. *The Satisfaction With Life Scale*[J]. Journal of personality Assessment，1985.

后　记

本书是在我的博士论文《新时代社会主要矛盾转化下人的全面发展研究》的基础上修订而成的。

将人的全面发展问题这一马克思主义人学的重要论题置于新时代社会主要矛盾转化视角中加于全面考察和研究，可以说是我学术研究之路上的一次大胆尝试和突破。在当今中国，无论经济社会如何快速发展，无论各项科技排名如何靠前，最终都不能忽视人的发展，没有人的发展，一切发展都毫无意义。但是，我们不能孤立地、抽象地去看待和讨论人的发展问题，而应将其与社会发展问题统筹起来加以整体考察和具体研究。在历史唯物主义论域中，人类社会发展是由贯穿于社会发展过程始终的社会基本矛盾所驱动的，而这一矛盾在不同社会形态及其不同历史阶段所具化的社会主要矛盾则是推动社会发展的主要动力。同时，现实的人是社会发展的主体力量和价值承担者，他们在推动社会生产力发展和生产关系变革过程中，不断推动着社会主要矛盾沿着"转化"—"化解"—"转化"的历史轨迹演变。在此过程中，人自身也会随着社会主要矛盾的历史演变，逐渐从必然王国走向自由王国。在厘清社会发展与人的发展、社会主要矛盾与人的发展之间的逻辑关联后，再来探讨新时代社会主要矛盾转化下人的全面发展问题似乎一切都变得豁然开朗起来。

然而，因为学术能力和理论水平的有限，在到达这种"豁然开朗"的状态之前，我经历了一段很长时期的理论困惑和思想迷茫，甚至一度想过放弃这个选题。幸运的是，这个念头很快被我的导师陈跃教授及时、果断地打消了。

后　记

作为我们这个学科领域的资深学者，陈老师很早就关注到新时代社会主要矛盾理论，并围绕新时代社会主要矛盾这一论题写出了多篇高质量的理论文章。因此，凭借对这一论题的多年研究和对理论前沿问题的精准把握，陈老师十分笃定我的论文选题的研究价值和意义，并鼓励我一定要坚持把这个选题做下去，并且做好。为了帮助我走出研究困区，陈老师不仅一遍又一遍地帮助我梳理、分析和破解研究中的疑难问题，而且多次召集师门在校弟子集体研讨我的论文提纲。论文成稿后，陈老师又对论文大到逻辑结构、小到错别字和标点符号等问题一一提出详细的修改建议。可以说，陈老师的汗水与心血，浸润在本书的字里行间。同时，博士求学途中，陈老师从做人到做学问，再从做学问到做人，都给予了我谆谆教诲和严格督导。在此，深深地感谢我的导师陈跃教授！

在书稿即将付梓之际，我要特别感谢我的硕士导师靳玉军教授！从硕士拜在恩师门下至今，近十年来靳老师始终对我的学术、工作和生活给予慈父般的深深关爱。感激之情，感念之心，弟子实难仅以"谢谢"二字言尽，唯有今后在工作中做出更多的好成绩方能不负恩师素日之教诲！

在此，我要特别感谢罗洪铁教授，当年正是在罗老师的考博理念感召下和"八字方针"指引下，我才有了读博的动机和信心。从读硕士至今，罗老师始终关心我的学习和成长。至今难忘，在我博士论文写作比较困难的那段时期，罗老师多次找我去家里、去办公室谈心，鼓励我好好规划自己的学术研究和生活，使我重振学习的勇气和信心。

感谢西南大学马克思主义学院的教授团队。在此一并感谢黄蓉生教授、崔延强教授、孟东方教授、邓卓明教授、张新民教授、白显良教授、王永友教授、何玲玲教授、周琪教授、邹绍清教授、张永红教授、吴艳东教授、胡刘教授、王丰教授等诸位良师，感谢你们对我的理论浇灌和学术指引。

感谢西南大学马克思主义学院 2017 级的同窗好友们！感谢你们陪伴我一起度过品读经典、交流学术、畅谈人生的美好时光。尽管现在大家各奔一方，但那个和谐温馨的大集体，是我今生难忘的美好回忆。感谢"陈门"的蒙云龙师兄、李俊斌师兄、谈娅师姐、谢秀军师兄、李娜师姐、余练师姐、李海军师弟、岳静师妹、杨德友师弟、李瑞文师妹、谭林莉师妹、杜艳师妹、刘颖师妹以及"陈门"的师弟师妹们，感谢你们这些年来对我的关心、帮助和支持！

  最后，我还要深深地感谢我的父母、岳父岳母、妻子、妹妹、妹夫对我的无限信任和无条件支持。尤其是我的妻子，求学这么多年，为了让我心无旁骛地完成学业，她独自以女子柔弱的肩膀帮我扛下了全部家庭负担，无怨无悔地独自照顾着年幼的孩子和年迈的父母。

作者

2023 年 10 月